W0363657

EN SÉPARANT LE SABLE ET L'EAU…

LA CRÉATION

CHEZ LE MÊME ÉDITEUR

DANS LA COLLECTION JEUNESSE LUMIÈRE

Ivre de vivre! Daniel-Ange, 1985.
Le Pâtre blessé, Daniel-Ange, 1985.
Infinie sa tendresse, Marie-Michel, 1986.
Ce Jésus que tu cherches, Marie-Michel et Daniel-Ange, 1986.

DANS LA COLLECTION LUMIÈRE VÉRITÉ

Un amour nommé Jésus, André Manaranche, 1986.
Rue de l'Évangile, André Manaranche, 1987.
Premiers pas dans l'amour, André Manaranche, 1988.
Ton corps fait pour l'amour, Daniel-Ange, 1988.
Ton corps fait pour la vie, Daniel-Ange, 1988.
Questions de jeunes, André Manaranche, 1989.

DANS LA COLLECTION TÉMOINS DE LA LUMIÈRE

Les témoins de l'avenir, Daniel-Ange, (2e édition), 1989
Dans 5 heures je verrai Jésus, Journal de prison, Jacques Fesch, 1989.
Franck ou le Sida vaincu par l'espérance, Daniel-Ange, 1989.
Et si Dieu me parlait! Faustino, José Maria Salaverri, 1989.
Lieutenant Tom Morel, André Ravier (mars 1990).

DANS LA COLLECTION GUIDES TOTUS

Travailler avec méthode, c'est réussir, précis de méthodologie pour l'étudiant chrétien,Dr Pascal Ide, 1989.

COLLECTION LUMIÈRE VÉRITÉ

ANDRÉ MANARANCHE

En séparant le sable et l'eau...

La création

Le Sarment

FAYARD

Merci au Père Jacques Gellard, mon supérieur Provincial, de m'autoriser et de m'encourager à publier ce livre.

Paris, le 21 novembre 1989

Merci au Père Maurice Vidal, vicaire épiscopal de Paris, de me donner le feu vert de la Sainte Église, au nom du Cardinal Jean-Marie Lustiger dont je suis le diocésain.

Paris, le 4 décembre 1989

L'éditeur et l'auteur autorisent toute reproduction partielle des textes du présent ouvrage en vue d'une annonce gratuite de l'Évangile. Ils souhaitent que mention soit faite de l'origine.
Cette autorisation ne saurait en aucun cas s'appliquer à une quelconque diffusion commerciale.

© Librairie Arthème Fayard, 1990
ISBN 286679 047 2
ISSN 0985-8202
Dépôt légal en mars 1990

Mon jeune ami,

Je rentre de Compostelle (toi aussi, peut-être) à la fois émerveillé et fourbu. J'ai vécu neuf jours à la limite de mes possibilités sportives, avec des nuits grignotées par les deux bouts : la fin de la veillée et la préparation de l'enseignement du matin, c'est-à-dire moins de cinq heures de sommeil. J'ai rêvé plus d'une fois d'une bonne douche et d'un coin lessive, surtout sur ce *Monte del Gozo* où douze hectares de duvets gisaient dans une brune poussière... Mais, ceci dit, quel pélerinage bouleversant ! Pas seulement à l'arrivée, mais tout au long du chemin, qui, pour ma route, commençait au Mont-Saint-Michel ; avec un véritable sommet spirituel à San Juan de Ortega, non loin de Burgos. Oh ! cette messe maronite avec le Père Labaky, et cette nuit d'adoration dans la petite église romane du prieuré, surtout quand une bonne confession vous avait blanchi le cœur ! Nous étions 2 000 dans la joie.

Mais trêve de romantisme. La transition que je cherche pour en venir à mon sujet, c'est cette consigne insistante donnée par Jean-Paul II à ces 500 000 jeunes venus d'un peu partout (même de Tahiti, qui est le bout de l'Europe !) : évangéliser, évangéliser à tout prix. D'où la question du Pape : « Êtes-vous prêts à... ? ». Et son invitation rassurante : « N'ayez pas peur d'être des saints ». À l'applaudimètre, il a sûrement été entendu : on n'a pas seulement loué le chanteur, mais aussi sa chanson, aux moments les plus exigeants ! Reste maintenant à passer à l'action.

L'action suppose d'abord que toi et moi nous nous convertissions à l'Evangile : pas moyen d'en douter un seul instant. Mais cette conversion s'effectue à tous les niveaux de notre être : le cœur et l'intelligence. Peut-on d'ailleurs isoler ces deux domaines ? Je ne le crois pas. La foi est inséparable de la charité. Celui qui n'est pas amoureux de Dieu n'aura sans doute aucune envie de pénétrer les merveilleuses confidences de sa révélation. Et comment un non-connaisseur serait-il capable de dire la Bonne Nouvelle ? L'audace n'est pas compatible avec l'ignorance ni avec le doute. Le missionnaire ne se tâte pas le pouls chaque matin pour savoir si sa forme est bonne : convaincu, il fonce.

Comprends-moi bien, ami. Je n'ai nullement l'intention de t'embarquer dans des complications décourageantes et de surcroît inutiles : je désire que tu puisses rendre compte de l'espérance qui t'habite (1 Pierre 3, 15), avec la culture qui est la tienne propre. Pas davantage je n'entreprends de te dessécher le cœur : non, je voudrais te dire les choses d'une façon toujours chaleureuse, en te fournissant des vérités nourrissantes, des vérités qui portent à la prière ; des vérités que j'aurais priées moi-même avant de te les écrire. D'ailleurs, comme toi, j'ai horreur des mots prétentieux et des cheveux coupés en quatre : fais-moi confiance.

Dans mon dernier ouvrage, j'ai déjà passé en revue diverses *Questions de jeunes* [1], glanées durant les missions. Ç'a été un sport de les classer et d'y répondre d'une façon claire, sans être trop long. Alors même que j'en remettais le manuscrit à l'ami Jacques, mon éditeur, celui-ci me demandait, avant même de l'avoir ouvert : « Et après cela, quel sujet vas-tu aborder ? ». A vrai-dire, à l'époque, je ne savais pas quoi répondre à une telle question, parce que je ne planifie pas ma production, mais j'essaie d'accueillir la volonté de Dieu à mesure que ma vie se déroule.

1. Le Sarment Fayard 1980, même collection

Or, depuis mon retour de Compostelle, et après la mort d'un frère très aimé, une chose s'impose à moi : tant de jeunes m'interrogent sur la question des origines du monde, sans que j'aie la possibilité de leur répondre en deux petites pages, soit par lettre, soit dans le courrier de *Famille chrétienne.* Alors, pourquoi ne pas passer à l'acte en écrivant un livre sur la création,... qui appellera sans tarder un autre livre sur le péché originel ? C'est la raison pour laquelle je me suis mis au travail aujourd'hui, le cœur tout plein de joie et de prière.

Le sujet m'est familier, car, depuis plusieurs années, je l'enseigne en divers lieux, notamment aux élèves du Grand Séminaire de Toulon et aux jeunes moines de l'abbaye de Saint-Wandrille. Mais, si la matière se trouve déjà rassemblée, je voudrais simplifier le style au maximum, en évitant les citations, sauf les plus importantes et les plus faciles à trouver, afin que cela coule de source. Je t'en fais la promesse, ami, et je la tiendrai. Je te montrerai en même temps que cette question de la création n'est pas un débat fumeux pour quelques scientifiques à l'état pur, du genre « professeur Tournesol », mais qu'elle répond aux aspirations les plus fortes de tous les mal-aimés, en quête d'une raison d'être leur servant de raison de vivre. Tu verras : nous ne sortirons pas de l'actualité la plus brûlante. C'est la raison pour laquelle Jean-Paul II ne cesse d'aborder ces thèmes dans les audiences du mercredi ou dans plusieurs de ses messages (sur la famille, sur le travail, sur la dignité de la femme). Le cardinal Ratzinger fait de même lui aussi. Avec eux, nous ne sommes pas hors du temps et nous ne cultivons pas des broutilles.

Voici donc comment nous allons procéder :

1. Je voudrais d'abord te parler de la *création*, cet acte totalement original qui est le propre de Dieu seul, et que les gens confondent avec n'importe quoi, avec fabriquer par exemple. Mélangeant la question du *fondement* (la source permanente de tout être) avec celle du *commencement* (le début temporel de ce monde),

ils tentent des explorations savantes en direction du *big bang*, cherchent à savoir si Adam est l'australopithèque ou l'homme de Cromagnon, et, désespérés de n'y plus rien comprendre, finissent par opposer la foi et la science en cessant de croire. C'est peut-être ton histoire personnelle. Ou bien alors, ils continuent d'adhérer au christianisme, mais en se demandant ce que signifie pour eux cette lointaine archéologie : Dieu se serait-il contenté de ne créer que le premier homme, le seul et unique qui aurait été voulu pour lui-même et regardé les yeux dans les yeux ? Après quoi, Dieu, épuisé par l'effort et vautré dans un paresseux sabbat, aurait-il confié à la biologie — à nos parents — le soin d'assurer la duplication infinie du prototype, assortissant ce devoir d'un plaisir non-négligeable pour en faciliter l'exécution ? Et moi, perdu dans la série des reproductions, suis-je vraiment créé, créé autant qu'Adam, voulu et aimé du Père aussi passionnément que lui ? Ou bien la procréation est-elle pour moi un prix de consolation destiné à compenser une création qui ne m'est pas offerte ? Et si la procréation s'est faite sans amour, si je suis le produit d'un viol, ou d'un incident technique dans la contraception, ou d'une nuit d'ivrognerie ; si j'ai été porté à l'Assistance publique comme un paquet non désiré, comme un objet non réclamable,... alors ai-je une raison d'être, une raison de vivre ? Je voudrais bien avoir là-dessus des idées nettes.

Je te dis cela d'entrée de jeu, ami, pour te mettre en appétit voire pour te rassurer si tu crains de poursuivre ta lecture ; tu n'entres pas dans un dédale : tu t'embarques pour une passionnante aventure. Permets-moi de te détailler le contenu de cette première partie.

A) Je voudrais d'abord t'éclairer en abordant franchement *les difficultés* que tu rencontres et qui sont de toutes sortes. Pourquoi parle-t-on si peu et si mal de la création aujourd'hui ?

B) Ensuite, prenant le début du *Credo*, qui correspond à celui de la Bible, je te dirai carrément *la foi de l'Église*, qui n'est pas une déclaration abstraite mais la source de toute joie spirituelle. Tu seras conduit à ton intimité la plus profonde, et tu découvriras celle de tout homme, fût-il tombé dans la déchéance ou le désespoir. Tu recevras aussi les moyens fondamentaux du discernement, pour être capable de prendre des décisions justes. Ce sera comme un premier petit traité de vie chrétienne.

C) Alors, nous pourrons tranquillement aborder ensemble *la lecture des deux récits de la Création* qui se trouvent au début de la Bible. Tu verras, ce ne sont pas des enfantillages dont tu devrais t'éloigner en haussant les épaules. Jean-Paul II, qui n'est pas un naïf, ne cesse de commenter ces merveilleux versets. Le verger du Bon Dieu n'a pas fini de nous régaler de ses fruits succulents, les bons fruits, bien sûr.

D) Je te proposerai alors un tour rapide dans *l'histoire de l'Église*, pour que tu fasses la connaissance de quelques textes majeurs, des textes qui n'ont pas perdu toute actualité, il s'en faut.

2. Dans une deuxième partie, je voudrais *te parler de l'homme et de la femme*, qui sont le chef-d'œuvre du Créateur dans ses œuvres visibles, et comme les chantres de l'univers, les troubadours de Dieu. Là, crois-moi, tu te trouveras en pays de connaissance, et quantité de questions brûlantes recevront l'éclairage attendu. Tu ne perds rien pour attendre. Tu pourras constater que l'Église n'a pour le corps aucun mépris ni même aucune timidité.

3. Enfin, me souvenant de la phrase du Credo « de l'univers visible et *invisible* », je voudrais te dire un mot... des *anges* ! Voilà un sujet qui me travaille depuis longtemps et qu'il me plaît d'aborder de cette façon. J'ignore ta réaction, mais elle est sûrement différente de celle des adultes qui sont dans la force de l'âge et qui se sont brouillés avec les Chérubins : ceux des contes pour enfants ; ceux, joufflus et espiègles, de l'art baroque. Sans parler des débats antiques sur le fameux « sexe des anges ». Toi, qui n'as sûrement jamais rien entendu sur ce sujet, et qui glisses sur les mots quand

ils se présentent dans la liturgie, tu n'as aucun compte à régler avec les Séraphins : tu désires sans doute en avoir le cœur net sur ces esprits mystérieux avec lesquels, à la fin de la Préface, nous chantons le *Sanctus*. Et tu as raison : ce n'est pas stupide et ce n'est pas non plus un détail.

Voilà donc notre menu, ami. Comme je l'ai fait moi-même en t'écrivant, recueille-toi un instant avant de continuer. Puis chantonne doucement :

O Père, je suis ton enfant,
J'ai mille preuves que tu m'aimes.
Je veux te louer par mon chant,
Le chant de joie de mon baptême.

I

LA CRÉATION

INVENTAIRE DE NOS DIFFICULTÉS

Deux choses me semblent évidentes : on parle *peu* de la création, et l'on en parle *mal*.

On parle peu de la Création

Il y a, bien, sûr, des incroyants pour lesquels le débat ne mérite même pas d'être soulevé. Parce que l'homme, l'homme travailleur, est à lui-même sa propre origine, voilà tout, dit Marx, en concluant : « Renonce à ton abstraction, et tu renonceras aussi à ta question ». Ou parce qu'au plan des phénomènes, le monde semble le fruit du hasard et de la nécessité, dit Jacques Monod. Ou parce que, vue par le psychanalyste, l'enquête sur l'origine a quelque chose de malsain : comme si l'homme tentait d'imaginer l'acte conjugal grâce auquel ses parents l'ont conçu. Etc. Mais tout cela ne m'impressionne guère. Je suis surtout frappé par ce qui se passe dans l'Église : on dirait qu'on n'ose plus commenter le début de la Bible, ni le premier article du Credo. On peut trouver plusieurs raisons qui expliquent ce silence, un silence relativement récent que je n'ai pas toujours connu, il s'en faut.

Une Genèse énigmatique

C'est d'abord le 1er chapitre de la Genèse qu'il est difficile de présenter, notamment au catéchisme. Les enfants y viennent avec des reconstitutions de l'origine qui se veulent scientifiques et qui se présentent comme le calendrier de l'univers, depuis le *big bang* jusqu'à nos jours. L'Écriture, elle, place Dieu comme l'acteur principal de ce gigantesque surgissement, et en énumérant les étapes de son travail, elle introduit d'abord des classifications spirituelles, elle répartit les êtres sur une échelle de valeurs: toutes les choses, l'homme et la femme, Dieu. Ce n'est donc pas du tout le même regard. D'un côté, un jaillissement inexplicable et spectaculaire, semblable à l'explosion fulgurante d'un cratère volcanique; une mécanique folle dont le dynamisme se met en branle, sans qu'on puisse savoir d'où il provient et jusqu'où il peut aller; quelque chose de sauvage, si tu veux. De l'autre, une liturgie sereine dont les figurants se trouvent mis en place l'un après l'autre, selon une hiérarchie croissante, ce qui provoque, au terme, la satisfaction totale de Dieu («il vit que tout cela était bon») et son repos bienheureux. Non, ce n'est pas du tout le même langage, cela saute aux yeux.

On peut alors récuser la Genèse comme une poésie dénuée de toute réalité, et, du même coup, évacuer tout son message profond: seule intéresse la succession des phénomènes en ce qu'elle a de médiatique. On peut aussi, avec Jean Eiffel, sans rien prendre au sérieux comme sans se moquer, faire de ravissants dessins fort bien croqués, où Dieu tricote consciencieusement de jolis petits moutons faits mains et garantis pure laine, pour la joie des écologistes et le ravitaillement de conteurs de jardins d'enfants.

Certains acrobates de talent, scientifiques et naïfs à la fois, vont, eux, non sans quelque forcing, s'essayer à tout réconcilier, confondant généreusement les «jours» de la Genèse avec les périodes glaciaires et louant le Créateur d'avoir — comme il se doit — commencé par la lumière. Ainsi donc, plus aucun problème. Quant à situer exactement l'intervention du Ciel, c'est bien... le diable s'ils n'y parviennent pas: il y a suffisamment de failles dans l'explication des phénomènes pour que le divin Bouche-trou puisse y glisser son doigt. Dès lors, la science et la foi se donnent la main dans l'harmonie la plus complète. Loin que la première s'oppose à la seconde, elle vient au contraire la confirmer si fort qu'on peut croire désormais... sans avoir besoin de croire. Cette erreur s'appelle le *concordisme*, parce que ça concorde trop bien ! Saint Jean de la Croix se contentait timidement des traces de beauté que le Seigneur avait déposées sur les arbres en traversant rapidement les forêts: ici, le Créateur prend place parmi les causes terrestres, au même niveau. Il est un agent parmi d'autres. Mais alors, immergé qu'il est dans la série, comment peut-il encore être Dieu ?... Tant il est vrai qu'on finit par avoir tort à force d'avoir raison !

D'autres esprits, plus futés, savent très bien, au contraire, distinguer les deux domaines, qui ne risquent pas de s'opposer parce qu'ils n'ont pas le même propos et ne parlent pas le même langage. Ils peuvent, par exemple, enseigner l'évolution sans cesser de croire à l'Acte créateur de Dieu, qui est d'un autre ordre. Mais, s'ils se gardent de tout confondre, ils se gardent également de tout isoler. En effet, si Dieu a créé le monde avec sagesse, c'est-à-dire avec une intention bien précise et selon un plan ingénieux, cela doit bien s'apercevoir quelque part. Sans cesser d'être rigoureux, le savant chrétien est capable de discerner dans la marche du monde une progression qui saisit la matière elle-même (songe aux possibilités spirituelles de ton corps, en station debout; à la liberté qu'acquiert ta bouche grâce au travail de tes mains) et qui, à travers des affrontements de plus en plus complexes, conduit l'humanité entière vers l'unique issue possible: ce Point Omega qu'est l'Amour. Si tu as quelque culture, tu auras reconnu au passage Pierre Teilhard de Chardin, un homme discuté, comme tous les penseurs insolites, mais un homme d'envergure, qui, face aux savants de son temps, voulait redonner au Christ, si souvent miniaturisé par les fidèles pour leurs besoins intimes, toute la dimension cosmique qu'il a chez saint Paul. Encore ne faut-il pas aller trop vite en besogne, en voyant de la finalité un peu partout, lui ont rétorqué certains savants. Encore faut-il ne pas planer trop haut en oubliant le mal, qui n'est pas une simple bavure ni un simple raté de l'évolution, lui ont fait remarquer certains hommes d'action. Encore faut-il ne pas réduire le christianisme à une espérance purement naturelle, lui ont notifié certains théologiens, avec une plume trempée dans le vinaigre. Certes. Moi, je ne désire pas ici faire le jugement d'un homme dont j'admire le propos apostolique, la capacité de prière et l'extraordinaire obéissance à l'Église. Je voulais simplement te montrer la difficulté qu'il y a de parler de la création, et pourquoi beaucoup préfèrent se taire. Mais comment garder le silence sur un point aussi essentiel.

Un repli sur des tâches sanitaires

On peut aussi jeter la création aux oubliettes parce qu'on succombe à la peur. Dieu avait dit à Adam et Eve : « Soumettez la terre » (Genèse 1, 28). Cette tâche paraît aujourd'hui impossible à remplir, tant le monde est vaste et complexe. Il y a 60 ans, avec un singulière audace, les laïcs chrétiens réclamaient à leurs pasteurs la liberté de vivre leur vocation propre : celle de construire le monde, celle de le rectifier aussi le cas échéant. Ils n'acceptaient plus d'être les serviteurs des prêtres dans les œuvres paroissiales : ils se voulaient militants. C'est l'origine de l'Action catholique, elle-même dépassée dix ans plus tard par des initiatives qui ne voulaient demander de permission à personne et ne dépendre d'aucun mandat. Peut-être connais-tu le nom d'un grand penseur chrétien, Emmanuel Mounier. En ces temps-là, on croyait à l'enseignement social de l'Église, même si son application concrète était malaisée. On parlait de la « théologie du travail » en voyant dans le labeur quotidien, non pas d'abord une punition (« Tu mangeras ton pain à la sueur de ton front », Genèse 3, 19), mais une invitation à faire valoir la création, à cultiver le jardin de Dieu au lieu de le laisser improductif. « Sois fier, ouvrier, ton œuvre est féconde », chantaient les Jocistes. Certes, les militants n'étaient pas des naïfs : ils savaient bien que le monde était déjà là, avec des injustices criantes pour la suppression desquelles il fallait se battre, en menant des actions précises (« Voir, juger, agir »). Mais enfin, ils ne se cantonnaient pas dans le sanitaire, équipés seulement d'une trousse à pansements : ils désiraient construire une société habitable. Ils croyaient en un Dieu créateur de tout l'univers, ils voulaient sortir l'Église de ses sacristies. Ils aimaient tendrement Jésus, mais comme le Sauveur de tous les hommes, pas comme l'idole d'une secte.

Aujourd'hui, nous n'en sommes plus là. Devant l'immensité de la tâche, une génération a fini par baisser les bras. Elle a voulu nous faire croire que le monde était « séculier », c'est-à-dire sans aucune relation à Dieu, et autonome par rapport à lui. Elle a progressivement renoncé à toute mission, chaque homme devant rester là où il se trouve. Elle a chanté comme un progrès la descente de l'Église aux catacombes ; elle a fait l'apologie du silence ; elle a célébré comme une chance la raréfaction des prêtres. On est alors passé de la conquête au témoignage, du témoignage à la présence, et de la présence à l'absence.

On a récusé l'enseignement social de l'Église, soit pour entrer aveuglément dans un parti politique, soit pour rêver à de fumeuses « utopies », soit pour adopter paresseusement la société existante en s'alignant sur les statistiques de la SOFRES. On a gardé du punch en certains domaines (pour lutter contre la torture, pour œuvrer contre la faim), mais on a complètement capitulé en ce qui concerne la morale familiale (estimée « rétro ») et la morale sexuelle. Quant au travail, il n'est plus pour beaucoup que le moyen pénible de s'offrir du loisir : la hantise du chômage signifie chez l'homme le désir de vivre et de faire vivre les siens, pas forcément la valeur spirituelle du labeur. On est loin des chants dans lesquels le Jociste rejoignait avec fierté le Charpentier de Nazareth, et l'encyclique *Laborem exercens* de Jean-Paul II, parue en 1981, aurait eu sans aucun doute un plus grand retentissement si elle était sortie trente ou quarante ans plus tôt, dans un tout autre contexte. La militance politique, célébrée comme une véritable religion il y a encore quinze ans, a fini par sombrer dans le dégoût face à la décrépitude des partis et à la disparition des grands hommes. Quand j'étais un peu plus jeune, que de fois j'ai dû faire des conférences sur « Politique et christianisme », pour établir entre les deux un lien qui n'avait rien d'une confusion ! Les évêques français ont même fait paraître un document sur ce thème en 1972, afin que les fidèles ne mélangent pas tout, en des temps où l'on cherchait une « politique évangélique » ; où tel parti était censé faire le travail de l'Église beaucoup mieux que l'Église elle même. Aujourd'hui, c'est l'inverse : on en est à lutter contre les absentions les jours de vote, et Dieu sait si elles sont nombreuses ! Les gens ont fini par se dire, à tort ou à raison, que les gouvernements ne disposaient plus que d'une marge infime pour réaliser leurs promesses, et que rien d'important ne pouvait changer désormais, surtout dans le domaine familial, où les partis opposés succombent aux mêmes pressions. Alors, pourquoi rentrer une heure plus tôt d'un week-end ensoleillé, pour remplir son devoir électoral ?

Dès lors, la ferveur chrétienne a basculé. Certains laïcs ont préféré s'adonner à l'animation *liturgique*, surtout avec la surcharge d'un clergé trop peu nombreux. En cela, rien d'impie, bien sûr, à condition que chacun soit dans sa vocation exacte. En effet, il ne faudrait pas que l'activité ecclésiale des chrétiens fonctionne comme une revanche, pour compenser l'impossibilité de changer le monde. Car il est plus facile de lire une épître au micro que d'être maire de sa commune (bien que ceci n'empêche pas cela). C'est tellement vrai que, dans *Christifideles laïci* (n° 23), critiquant l'abus qui est fait du mot «ministère», Jean-Paul II regrette ce qu'il appelle la «cléricalisation» du laïcat, c'est-à-dire l'absorption abusive du père de famille par l'aide au prêtre. Il rappelle (n° 15) ce qui est la pure doctrine du dernier concile (*Lumen gentium* n° 31), à savoir que le laïc chrétient vit *« dans le siècle »* sa recherche de la sainteté et son activité missionnaire. C'est d'abord au cœur du monde, dans les tâches humaines, dans les structures de la société, qu'il doit se battre, pour créer, améliorer, purifier, transformer. Son premier atout, c'est sa *compétence*, qui relève de ce que la Bible appelle la *Sagesse* : le savoir, le savoir-faire, le savoir-vivre. En d'autres termes, les Sciences Nat et les Sciences Po... Qu'on n'aille pas pour autant séparer la création d'avec la rédemption en confiant la première au laïc et la seconde au prêtre, comme cela s'est écrit jadis : le Plan divin est un tout qui n'admet pas de rupture, et la division du travail ne se fait pas d'après ce clivage. En effet, disait le cardinal Suhard sitôt après la dernière guerre, «le temporel est une réalité blessée qu'il faut aimer d'un amour rédempteur». Mais il est vrai qu'il revient au laïc d'humaniser le monde par le moyen de sa technicité, ce qui n'exclut évidemment pas la miséricorde.

Mais les difficultés et les malheurs des temps ont déporté les chrétiens plutôt vers les tâches *caritatives*, c'est-à-dire vers l'infirmerie d'une société qui fabrique des blessés en quantité industrielle. En cela, rien de totalement neuf : sitôt après la Révolution de 1789, que de Congrégations religieuses féminines se sont levées pour ramasser dans les ruines les enfants non-scolarisés et les grands-mères à l'abandon ! Mais tous les chrétiens ne peuvent pas se livrer à un tel travail ; ni même tous les religieux d'ailleurs. Je me réjouis de voir des gens généreux s'occuper des pauvres, des banques alimentaires, des drogués, des sidéens, des dépressifs, et j'admire. Mais ce n'est pas la vocation du plus grand nombre. Dans le stade où se déroulent des combats sanglants, il ne suffit pas de crier «Corner !» ou «Penalty !» du haut des tribunes, ni d'aller soigner les entorses à l'infirmerie : il faut aussi taper dans le ballon en réclamant le respect des règles du jeu [1]. Quand des parents mettent un enfant au monde, ils construisent quelqu'un avec une extraordinaire audace, ils prennent un engagement maximum et ils engagent un être dans l'existence, selon une trajectoire qu'ils ignorent, peut-être celle d'un délinquant, d'un incroyant, d'un divorcé ou d'un mongolien. Ils tapent dans le ballon, ils jouent pour de vrai. La procréation est un risque que l'on peut comparer à celui que Dieu prend en nous créant : le risque d'engendrer un enfant prodigue. Mais, comme Dieu, les parents feront tout pour que leur garçon n'en vienne pas là ; ils seront éducateurs et pas seulement soignants.

Suis-je sorti de mon sujet ? Pas le moins du monde. Tant il est vrai qu'on ne parle plus de la création quand on n'est plus disposé à cultiver le jardin de Dieu, estimé trop ingrat à retourner. On attrape alors cette fièvre que j'appelle « la rédemptionnite aiguë », une épidémie pour laquelle le péché est vraiment la puissance n° 1 dans le monde, et la « réparation » la tâche majeure du chrétien [2]. Je ne critique certes pas les cœurs admira-

---

1. À force d'avoir répété cela dans un cours à *Jeunesse-Lumière*, Floris, notre caricaturiste, a crayonné un dessin qui te ferait bien rire, car le gardien de but que je suis réussit un *shoot* extraordinaire, sous les yeux d'un Daniel-Ange extasié…

2. Il est vrai que nos frères protestants ont appuyé souvent sur la rédemption : ils redoutaient, avec la création, une sorte d'existence naturelle dans laquelle le Christ n'interviendrait pas. Nous verrons qu'il n'en est rien. Mais, récemment deux théologiens réformés, Pierre GISEL, un calviniste suisse, et Jürgen MOLTMANN, un luthérien allemand, ont sorti deux bons ouvrages sur la création. J'aime beaucoup le premier. L'auteur du second avoue que, si les luthériens germaniques ont hésité à traiter ce sujet, c'est parce que le nazisme s'était emparé de la réalité du monde. Mais c'est inévitable : quand l'Église oublie ou néglige la création, c'est l'idéologie qui fait main basse sur la nature et sur l'homme, au nom d'une prétendue rigueur scientifique qui va jusqu'à l'euthanasie, aux harems pour reproduction raciale, aux expérimentations sur les détenus. On comprend alors la phrase de Paul VI à l'O.N.U et de Jean-Paul II à Gorbatchev : « L'Église est experte en humanité ». Ce discours est jeté à la face des États, parce qu'ils récupèrent souvent la création à leur profit, en appelant « science » leur idéologie.

bles qui s'emploient à soulager leurs frères blessés : je critique ceux qui pourraient prendre le problème un peu plus haut, c'est-à-dire avant que le mal soit commis ; ceux qui devraient mettre la signalisation au carrefour dangereux avant que l'accident se produise. Pour l'abbé Pierre, les deux tâches sont à réaliser en même temps, chacun devant trouver la sienne propre.

Une préférence pour la libération

Tandis que le pape Paul VI écrivait une belle encyclique sur le développement, *Populorum progressio* (1967), une partie importante du Tiers-Monde à laquelle elle se trouvait destinée, l'Amérique latine, commençait à prendre feu, dans sa réalité d'Église j'entends. Au sein d'une misère incroyable et galopante qui semble toujours impossible à secouer, des théologiens se mirent à refuser cette doctrine papale comme un replâtrage inefficace. Le développement leur paraissait un programme bon pour les pays riches, l'aide aux pays pauvres une hypocrisie (car comment subvenir à un peuple que l'on continue de piller ?) et de surcroît un palliatif dérisoire, la doctrine sociale de l'Église une théologie sans moyens d'application. La seule chose à faire, c'était de prendre la Bible en mains et de montrer aux communautés de base la puissance libératrice qui s'y trouvait. On comptait donc sur une dynamique plus que sur un enseignement.

Encore fallait-il ne pas se tromper de passage. Jusqu'à présent, en Europe surtout, les théologiens ouvraient de préférence les toutes premières pages, celles de la Genèse, afin de discuter des rapports entre la foi et la science avec des savants incrédules. Tout cela n'était-il pas un luxe pour pays nantis ? Les paysans d'Amérique du Sud avaient davantage besoin d'ouvrir le Livre au récit de l'Exode, et de mettre une marque à cet endroit-là pour y revenir souvent. L'Exode, c'est-à-dire Dieu prenant en mains la délivrance de son peuple opprimé par les Égyptiens. C'est ainsi qu'est née la théologie de la libération, en ce qu'elle a de plus incontestable.

À condition toutefois de ne pas sauter à pieds joints du passage de la Mer Rouge jusqu'aux conflits actuels, sans apercevoir que la première application du récit, c'est d'abord le baptême, donc le passage du péché personnel à la grâce. La Bible n'interdit certes pas au pauvre de dénoncer le péché collectif des pays riches et de chercher à secouer leur joug politico-économique : les prophètes et les psaumes sont là pour le montrer. Mais il y a d'autres formes d'esclavage, plus intérieures, et donc chacun porte la responsabilité. Voilà ce qu'a précisé récemment le cardinal Ratzinger, dans deux documents fort intéressants. Il a aussi dénoncé le recours au marxisme comme instrument de libération, en appelant à la barre tous les pays qui sont les victimes du totalitarisme communiste et qui ne peuvent plus s'en défaire, les malheureux ! Les témoignages sont suffisamment nombreux et éloquents pour nous ôter la permission d'être naïfs plus longtemps. De toutes manières, il ne faut pas se tromper de rédemption.

Et puis, est-il possible, au nom de la rédemption, de se passer de la sagesse créatrice ? L'expérience montre de toute évidence que la libération dégénère en confusion quand, au-delà de l'épopée glorieuse, il n'y a aucun programme possible, aucun programme prévu. Dans ce cas, il y a gros à parier que l'on retombe rapidement sous une autre domination, voire sous la même. Tu es assez grand, ami, pour évoquer ici des nations très précises, que la discrétion m'empêche de nommer.

De cette manière, tu vois apparaître dans l'Écriture ces deux pôles que sont la création et la rédemption, la Genèse et l'Exode (sans oublier l'Apocalypse de Jean, souvent citée ces derniers temps par des utopistes de tout poil). En cours de route, nous aurons plus d'une fois l'occasion de les retrouver et de les harmoniser. Tu vois aussi que ces articles de foi ne sont pas des réalités abstraites, mais qu'ils sont lourds de conséquences au plan de la pratique.

Une catéchèse au plan contestable

Il y a quelques années, alors que le catéchisme *Pierres Vivantes* parvenait au bout de son premier tirage, Rome a demandé aux responsables d'entreprendre quelques modifications avant d'en refaire l'impression [3]. Or l'un des points incriminés nous intéresse, parce qu'il appartient à notre sujet. Dans la première édition, l'exposé du Plan de Dieu commençait avec la sortie d'Égypte, donc avec la libération d'Israël. C'est seulement après qu'intervenait la création, considérée comme une réflexion postérieure. L'intention des auteurs était droite. Elle découlait d'une double conviction : la première, doctrinale, à savoir que l'Exode constituait le noyau de la foi juive : la seconde, exégétique, à savoir que les récits de la création avaient été composés au retour de l'Exil à Babylone, avec des images prises à la culture de ce pays (l'arbre de la connaissance, le serpent tentateur, les « kéroubim » ou taureaux ailés montant la garde devant les temples, etc.).

Il est clair que la foi en la création atteint son sommet avec la deuxième partie du livre d'Isaïe, c'est-à-dire les chapitres 40-55, qui datent d'après l'Exil. L'auteur en profite pour dire la grandeur de Dieu et pour fustiger les idolâtres, qui se prosternent devant de misérables créatures. Jamais le monothéisme n'avait encore été affirmé avec autant de netteté (Isaïe 43, 8-13...). Mais peut-on en conclure que c'est du tout nouveau ? Je ne le pense pas. Certes, il est vrai que l'Exode du pays d'Égypte constitue pour Israël le cœur de sa foi, un peu comme le mystère pascal pour le chrétien. Mais cela veut-il dire que la question du Créateur ne s'est jamais posée auparavant ? Voilà qui serait bien étonnant, quand on sait que tous les peuples païens se sont

3. Je ne parle pas de cette question douloureuse pour rouvrir les plaies, encore moins pour critiquer les rédacteurs du texte. Je prends cet exemple parce qu'il est instructif.

creusé la tête au sujet de l'origine, celle du ciel et de la terre, celle de l'homme et de la femme. De toutes manières, comment établir le plan du catéchisme sur une simple hypothèse ? Pourquoi bouleverser l'ordre traditionnel sur des bases aussi fragiles ? Je sais que de grands exégètes ont préféré revenir au *statu quo*.

Mais le censeur romain a froncé le sourcil avec plus de sévérité. Au fond, et pour parler clairement, on veut dire que la création est un récit imaginaire, composé tardivement par quelques cerveaux plus subtils du Peuple de Dieu. Plusieurs catéchismes, français ou allemands, l'affirment clairement : « Les hommes de l'Ancien Testament, écrit l'un deux, s'expliquaient le mystère de la création en projetant leur expérience quotidienne dans un passé lointain ». Et un autre : « Les croyants ont réfléchi. L'un d'entre eux a composé un poème ». Mais où donc se trouve la Révélation là-dedans ? Ne serait-elle qu'une pure déduction ?

Par ailleurs, où donc débute le Plan divin, sinon dans ce « commencement absolu » de l'univers, qui n'est pas une préface à l'amour, mais sa toute première manifestation ; qui n'est pas un temps pour rien, un préalable, la confection du béton brut sans le moindre ornement, la mise en place d'une carcasse sans chair autour, un pur essai pour voir, une répétition générale à huis clos, bref une précaution, une réticence, mais le lancement d'une aventure risquée dès l'origine, sans aucune intention de revenir en arrière ni de stopper l'expérience. Une entreprise folle qui conduira le Fils de Dieu jusqu'à la croix. Alors, pourquoi ne pas réciter le *Credo* depuis son vrai début ? Un début que Dieu n'a pas laissé deviner à deux ou trois hommes imaginatifs, qu'il n'a pas laissé déduire à deux ou trois êtres surdoués, mais qu'il a proprement révélé. La création, ce n'est pas l'*Eurêka* triomphal et subit poussé par un croyant qui se serait tout-à-coup frappé la tête en s'écriant : « Mais c'est bien vrai ! Je suis une créature de Dieu ! Pourquoi ne pas l'avoir compris plus tôt ? » C'est bien plutôt une amoureuse confidence reçue en plein cœur, comme une bonne nouvelle qui ne peut venir de la chair ni du sang? Comme l'homme pourrait-il avoir trouvé tout seul une chose aussi époustouflante? «Ce que je sais le mieux, c'est mon commencement», dit un personnage des *Plaideurs* de Racine. Moi, c'est au contraire ce que je sais le moins bien et qu'il me faut recevoir de mon Père comme le plus merveilleux des cadeaux.

Mais le censeur ne s'en tient pas là: il insiste et révèle à son interlocuteur des conséquences auxquelles ce dernier n'avait sans doute pas songé. Au fond, en donnant la meilleure place à la rédemption et en reléguant la création sur un strapontin, ne veut-on pas dire que le religieux élit domicile dans le psycho-sociologique, et qu'il abandonne le monde à la technique, donc à ce qui ne peut pas être évangélisé? N'est-on pas en train d'établir un dangereux dualisme? C'est précisément la question suivante.

Un dualisme séduisant depuis toujours

Dès ses débuts, le christianisme a rencontré sur sa route des doctrines qui coupaient le monde en deux et imaginaient deux principes divins, ennemis l'un de l'autre. Cette manière de voir a fini par contaminer certains chrétiens eux-mêmes, qui en sont venus à casser l'unique Plan de Dieu en deux morceaux impossibles à recoler: d'un côté, la création, œuvre d'une divinité mauvaise qui, en produisant la matière, a introduit le mal dans l'univers; de l'autre, le salut, œuvre de Jésus-Christ, qui nous délivre du mauvais par une ascèse rigoureuse et par une contemplation libératrice. De cette façon, le problème du mal ne se posait plus: on n'avait plus à justifier Dieu de vouloir ou de permettre la souffrance – plaidoirie toujours laborieuse et jamais totalement convaincante – puisque le véritable responsable était identifié. L'homme retirait sa plainte et stoppait son action en justice: il se contentait de prendre des mesures pour se garder du mal physique,... et il attribuait son péché à la fatalité!

Cette manière de voir a suscité, au 2e siècle, la vive réaction du grand saint Irénée, indigné qu'on puisse ainsi casser le Dessein de Dieu. D'où ces nombreux textes dans lesquels il s'essaie à « réduire la fracture » : « Il n'y a, dit-il, qu'un seul Dieu le Père, comme nous l'avons montré, et un seul Christ Jésus, notre Seigneur, qui est venu à travers toute l'Économie et qui a tout récapitulé en lui-même » (3, 16, 6). Cela veut dire qu'il n'y a qu'un seul Principe, qui ne peut être qu'Amour et Bonté. Jésus n'est pas un autre Dieu qui serait opposable au premier et qui serait meilleur que lui (oh non ! Relis Marc 10, 18 !) : c'est le Fils unique du Père unique, et tous deux ne font qu'un (Jean 10, 30). « Je n'aurais pas cru le Seigneur lui-même, poursuit Irénée (4, 6, 2), s'il avait annoncé un autre Dieu que notre Créateur ». Par ailleurs, si Jésus est apparu sur terre à un moment donné, son rôle ne se réduit pas à une intervention tardive, comme s'il se bornait à réparer la casse, tel un divin Plombier muni de sa boîte à outils. Le Christ est présent mystérieusement dès l'origine, et l'histoire qui précède sa venue n'a de sens que pour le préparer et l'annoncer. Les personnages de l'Ancien Testament (Moïse, Josué, Joseph, Jérémie...) sont des figures qui permettront de le comprendre, et les événements du salut (l'Exode surtout) trouveront leur accomplissement dans sa Pâque. Ils n'ont pas valeur par eux-mêmes : c'est le Christ qui se dépose en eux par avance, comme en filigrane ; c'est lui qui, en venant dans notre monde, donnera son sens à l'Écriture. Voilà pourquoi Irénée dit que Jésus « récapitule » et rassemble tout. Ce n'est pas un « paumé », tard venu, qui se contente de rafistoler le désastré causé par un dieu méchant : c'est le Fils que, de toute éternité, le Père envisage de nous donner et dont il balise la venue. Certes, Jésus est bien un homme correct, un individu dans une époque donnée : ce n'est pas un mythe, ce n'est pas un gaz occupant tout l'espace disponible. Mais ce Quelqu'un, sans cesser d'être Quelqu'un, entre dans un Plan unique et a vocation d'unifier. Rien qui puisse échapper à son influence : annoncé depuis l'origine, il est monté près du Père «pour tout emplir» (Éphésiens 4, 10).

De cette manière, il n'y a pas deux dieux: il n'y en a qu'un seul. Et ce Dieu, qui est le Père du Fils, ne se comporte pas comme un ministre des finances précautionneux ou radin qui, pour ne rien risquer, débloquerait à mesure et chichement des tranches de crédit surnaturel, sans tout engager à la fois. Dans la création, il nous livre d'entrée de jeu toute sa tendresse, même s'il ne nous l'a pas encore manifestée totalement. Comment d'ailleurs la Générosité infinie pourrait-elle se débiter en tranches, comme un pudding? Le déroulement d'un plan à étapes révèle chez Dieu un souci pédagogique, mais pas une avarice. Pour cette créature qu'il aime passionnément, il saignera un jour de la tête aux pieds, car il ne peut pas ne pas l'accompagner dans les bas fonds où elle aurait le malheur de plonger. C'était risquer gros que de la faire libre, mais il assume personnellement ce risque et il en fera les frais le moment venu. Ainsi, personne ne pourra dire que la possibilité du mal a empêché Dieu de créer des êtres libres. Et personne ne pourra dire non plus qu'en créant des êtres libres, Dieu s'est justifié d'avance en se déclarant irresponsable du mal qui pourrait en découler. Le Créateur n'a pas eu peur, le Créateur ne s'est pas lavé les mains. Il n'a pas renoncé à son projet, et, l'ayant mis en œuvre, il ne s'est pas tiré d'affaire. C'est en regardant la Croix que nous pouvons tout comprendre et nous dire: «Vraiment, il fallait que Dieu tienne très fort à sa créature pour qu'il aille la chercher jusque dans l'abîme avec une telle abnégation!». En d'autres termes, c'est le *pardon* qui nous révèle le *don*, c'est la rédemption qui nous fait saisir la création.

Car le Créateur est venu sauver sa créature, et pas la créature d'un autre. Il n'est pas descendu du ciel comme par hasard, et il ne s'est pas dit en me voyant: «Mais d'où sort-il, celui-là? Et pourquoi se trouve-t-il si mal en point?». Il ne m'a pas rencontré comme un inconnu et sans le faire exprès: il est venu tout exprès pour sauver quelqu'un qu'il connaissait bien, puisque c'était son enfant chéri. Comme l'exprime le concile Vatican II (*Gaudium et spes* n° 41 § 2) : « Le même Dieu est à la fois Créateur et Sauveur ». Cette unification du Plan divin, ce fut la première grande opération dogmatique de l'Église. C'est tout le message d'Irénée de Lyon : un message plus actuel que jamais.

Au seuil du 3e siècle, le dualisme reprendra vigueur avec le personnage de Mani (ou Manès), le fondateur de ce « manichéisme » qui séduira pendant neuf années le jeune saint Augustin. Et si ce dernier insiste tant sur le péché originel [4], ce n'est pas parce que son esprit est morbide : c'est pour que le pécheur assume la responsabilité de son mal au lieu de s'en décharger sur un dieu mauvais. Au même moment, un hérétique nommé Marcion essaie d'introduire cette doctrine dans l'Église en opposant les deux Testaments : l'Ancien, mauvais, au Nouveau, qui seul est bon, et encore pas tout entier !... En passant par des avatars et par des circuits géographiques complexes, le manichéisme reparaît en France au début du 13e siècle avec les Albigeois, des gens qu'on aurait dû convaincre autrement qu'en les calcinant. Et si cette page d'histoire refait surface aujourd'hui, ce n'est pas d'abord pour des raisons touristiques : c'est parce que bien des esprits s'y reconnaissent.

En effet, sous des formes nouvelles, qui n'ont certes rien de religieux, le vieux dualisme montre à nouveau le bout de son nez. On ne va certes plus imaginer deux dieux, encore moins opposer la création à la rédemption : c'est à l'intérieur du monde que l'antagonisme va se mettre en place. D'un côté, l'homme, avec son absolue liberté ; de l'autre, le cosmique, qui doit toujours plier. En d'autres termes, la culture et la nature, la première imposant son diktat à la seconde. Encore que cette entreprise d'asservissement qu'est l'industrialisation ait des limites, une pollution abusive entraînant la réaction écologique.

4. Un sujet important et passionnant que j'espère traiter dans le prochain livre, si Dieu me prête vie.

Mais le drame surgit au cœur de l'homme, en qui se mêlent le spirituel et le cosmique, ou, comme on dit, la *culture* et la *nature*. Car nous ne sommes pas des anges : notre liberté se trouve « en condition », puisqu'elle doit compter avec la biologie, une biologie à laquelle l'homme *émarge*, bien qu'il en *émerge*, comme on l'a écrit. C'est ici le problème du *corps*, dont je t'ai parlé ailleurs déjà [5]. Le corps n'est pas un appendice de la personnalité : il en est inséparable. En serrant la main à quelqu'un, je ne lui dis pas : « Ma main te salue », mais « *Je* te salue ». Ce n'est pas mon dos qui a mal : c'est *moi* qui ai mal au dos. De ce fait, le corps entre dans la zone morale. Et c'est là que le bât commence à blesser. Mon corps peut me gêner, parce que je ne l'ai pas choisi, parce que j'aurais désiré un autre sexe (pense aux travestis, ami), parce qu'il m'impose des servitudes (si j'ai un handicap). Il me fait dépendre de mes parents (procréation) et de Dieu lui-même (création). Je voudrais pouvoir être *une liberté sans corps et sans Dieu* : telle est l'une des formes de l'athéisme contemporain.

D'autre part, ce corps, qui me limite d'une façon globale, me freine dans le détail de la vie. L'Église me montre bien que ma sexualité n'est pas celle d'un animal, ce qui d'un côté me réjouit (car je demeure libre de mes décisions) et d'un autre m'attriste (car, à certains moments, ce serait tellement plus simple pour moi de m'abandonner à mes instincts et à mes pulsions). Mais elle me rappelle aussi que je suis sexué, que je ne suis pas un ange, et me voilà asservi à des rythmes que je voudrais pouvoir briser. Bien des gens sont manichéens parce qu'alors ils veulent mettre leur corps hors d'eux-mêmes, afin qu'il échappe à la zone du sens. Ils le traitent comme un avoir, comme une chose, comme un instrument inerte. Ils en font autant avec le corps de l'autre, réduit à un objet sans valeur : d'où l'avortement et la prostitution. Ils en viennent

---

5. *Questions de jeunes*, mêmes éditions, p. 247-258.

alors non seulement à récuser le dynamisme du corps féminin (en isolant l'amour d'avec la vie, ou la vie d'avec l'amour), mais même à nier la valeur de l'hétérosexualité. Face au pouvoir absolu de la liberté, le biologique n'a aucun sens, il n'intervient pas dans la définition de l'exigence ; il n'est pas une donnée du problème, à aucun titre. C'est là récuser la création telle que la présente la Bible, c'est-à-dire le pétrissage et l'animation d'une glaise humide. C'est même récuser toute idée de création, quelle qu'elle soit : l'homme entend bien se constituer lui-même sans dépendre de personne.

Se produit alors le paradoxe bien connu : d'un côté, l'être humain plane dans les hauteurs du spiritualisme le plus pur ; de l'autre, il s'englue dans la fange. C'est un ange boueux. Car, ainsi que l'a bien dit Pascal, « qui veut faire l'ange fait la bête ». Dans son livre *Le Banquet*, le philosophe grec Platon, entreprend l'éloge de l'amour : il monte sans doute très haut en finale, mais il commence par vanter l'homosexualité entre le maître et son élève. Comme le disait un professeur : « la rose rouge de l'Eros fleurit sur un fumier ». On l'a vu souvent dans l'histoire : il y a des spiritualismes qui finissent par être fort dévergondés. C'est inévitable : si la chair n'a aucune signification, on peut s'en évader un instant, mais on peut aussi s'y embourber tout à loisir. Ne dis donc pas, cher ami lecteur, que l'exigence chrétienne méprise le corps : au contraire, elle l'ennoblit, puisqu'elle attend quelque chose de lui. Voilà pourquoi, sans doute, à Compostelle et ailleurs, les jeunes applaudissent Jean-Paul II surtout quand il leur demande de mettre fin à la gabegie : même s'ils n'appliquent pas entièrement ces consignes, ils les trouvent sensées, salubres et souhaitables.

Une vérité trop confessionnelle

Pour beaucoup de gens, le christianisme n'est qu'une opinion, c'est-à-dire une estimation individuelle qui ne doit pas sortir de la conscience, et une estimation sans grande importance, puisqu'elle est se trouve contredite par beaucoup d'autres sans que rien de grave ne se produise. La prêcher, c'est donc agressif; et la survaloriser, c'est intolérant. A bas les fanatiques, vivent les zombies ! (Mais les zombies engendrent par réaction les fanatiques, et ils traitent de fanatiques tous les convaincus !).

Or la foi judéo-chrétienne n'est pas une opinion, mais l'accueil d'un Événement de salut qui interpelle l'histoire entière: «Le Royaume est tout proche, convertissez-vous et croyez à l'Évangile», dit Jésus, qui ne crée aucune école mais annonce une Bonne Nouvelle à crier sur les toits.

Or Jésus est le Fils du Dieu Créateur, qui, plus d'une fois, fait allusion à la création: le soleil et la pluie sont généreusement donnés à tous (Matthieu 5, 45); les oiseaux et les lis prêchent la confiance (Luc 12, 22-32); le ciel est rouge: il fera beau (Matthieu 16, 1-3). Quand il parle du mariage indissoluble, il n'invoque pas une règle confessionnelle: au contraire, il reproche à la religion mosaïque elle-même (que dire alors des autres ?) d'avoir faibli sur l'exigence. Non, il rappelle à ses interlocuteurs le plan initial du Créateur (Matthieu 19, 8), auquel les législateurs spirituels eux-mêmes n'ont pas manqué de faire de sérieuses entorses, pour avoir la paix avec leurs ouailles. Autrement dit, Jésus ne se prend pas pour l'origine première de la loi, il n'a aucune intention d'innover: il se contente de nous remettre la création en mémoire, et il restaure ce qui a été perverti, perverti parfois «depuis la fondation du monde» (Luc 11, 50-51), c'est-à-dire très tôt. Il purifie nos mœurs matrimoniales afin de pouvoir les emprunter pour nous dire son amour. Et, inversement, il aime son Église d'une façon telle que nos mœurs matrimoniales s'en trouvent ravigotées.

Ce faisant, le Christ ne se comporte absolument pas comme le fondateur d'une secte, qui ferait commencer avec lui le dogme et la morale et les réserverait à ses seuls adeptes, en exclusivité et à huis-clos, avec un nombre limité de sauvés. Il ne parle aux chrétiens que pour viser toute l'humanité. Il n'émet pas une vérité pour les seuls fidèles mais pour tout homme sans exception. Il utilise, certes, la *voie* confessionnelle, mais sa visée se veut *universelle*. Aussi faut-il prêcher l'Évangile *à toute la création* (Marc 16, 15), et pas seulement aux petits copains cooptés. Jean-Paul II ne cesse de reprendre la même idée quand il répète: « L'homme est la route de l'Église ». Jésus enseigne donc aux baptisés une voie qui est offerte à toute créature : les baptisés n'en seront pas les détenteurs jaloux, mais les diffuseurs et les témoins. L'Évangile se veut, non pas la coutume d'une tribu religieuse, mais la réussite de tout être humain. L'Église n'est pas l'entrepôt des « chouchoux » de Dieu : elle est « signe et sacrement » de la tendresse universelle de son Seigneur (*Lumen gentium* n° 1).

Quand la communauté chrétienne oublie cela, elle se mue en secte. Encore les sectes prêchent-elles, non pour augmenter le nombre des sauvés, mais pour exercer la vertu des missionnaires. Or il arrive que l'Église, elle, en vienne non seulement à oublier la mission, à la négliger, mais à la déclarer suspecte. Nous commençons tout juste à sortir de ce piège mortel. Nous aurons à nous redire souvent que le Sauveur est venu, non pour produire des oiseaux rares, mais pour restaurer la créature dans sa ressemblance originelle, dans sa beauté initiale, avec un mieux incomparable. Nier la création, c'est faire des baptisés une réserve d'animaux étranges et insolites, qui se reproduisent en vase clos tout juste pour que l'espèce ne disparaisse pas, afin d'exciter la curiosité des amateurs de safaris et des chasseurs d'images.

Toi, jeune, n'écoute pas ces adultes qui trouvent l'Église trop entreprenante et qui rêvent d'en faire un club de moribonds, aphones à souhait. Sois le fils du Père des cieux qui fait pleuvoir sur tous les jardins, ignorant la ségrégation et le favoritisme. Ne rêve pas d'une Église muette et enterrée : si elle avait vécu de cette façon, elle ne serait jamais parvenue jusqu'à toi.

On parle mal de la création

Je ne sais comment tu réagis au point où nous en sommes, mais je t'imagine un peu interloqué quand même : tu ne t'attendais certainement pas à cela. Tu venais chercher la réponse à tes questions un peu... mécaniques : « Comment cela a-t-il commencé ? Comment cela a-t-il continué ? Comment agencer, sans les mélanger, les divers savoirs que nous avons de l'origine ? Comment concilier la création avec l'évolution ? ». Et moi, je t'ai embarqué dans des considérations tellement différentes ! Je suis allé plus au fond, et je t'ai indiqué des répercussions pratiques que tu ne soupçonnais sans doute pas. Je n'en ai aucun regret, car, pour moi, ce qui importe le plus, c'est d'établir des jointures entre les choses et de chercher la cohérence. Sinon, on fait du mauvais journalisme, comme ces malheureux reporters d'un magazine connu qui, à Compostelle, le samedi après-midi, face à ces hectares poussiéreux sur lesquels campaient 500 000 jeunes, ne trouvaient pas autre chose à me demander que l'origine des coquilles St Jacques et le nom exact du chapeau de pélerin !...

Mais, rassure-toi, je vais venir à tes questions. Pourtant, là encore, je risque de te suffoquer une fois de plus, en te montrant qu'elles ne sont pas bien posées. Alors, accroche ta ceinture et suis-moi bien. Tu sais, moi aussi, je suis passé par là exactement comme toi.

Les mythes païens et la Révélation

Depuis toujours, les hommes se sont interrogés sur l'origine du monde, avec les moyens du bord. Ils y ont répondu, non de manière théorique (en philosophes), non de manière technique (en ingénieurs), mais d'une façon imagée dont tu ne dois pas rire, car la Bible elle aussi utilise le symbole, même si c'est d'une tout autre façon et pour des conclusions totalement différentes.

Il est bon de jeter un coup d'œil sur ces mythologies, non pour les railler, mais pour mieux apercevoir l'originalité totale de la Révélation judéo-chrétienne, même quand elle utilise un langage du même type, emprunté à la même culture. Nous verrons ainsi que la foi n'a rien à voir avec les réflexions d'un homme qui laisse aller son rêve par-delà son existence quotidienne. Dieu, quand il se manifeste, ne manque pas d'interrompre ces songes pour nous dévoiler du tout neuf.

Le mythe a des caractères propres. Il s'interroge d'abord *sur le cosmos* comme tel, pas sur l'être humain individuel : cette énormité, dans laquelle tout se trouve encastré, lui pose une question massive qui ne permet pas de faire le détail. Du coup, la réponse va être *tragique*, parce que le monde est un terrain d'agressions constantes : celles qui viennent des choses (des séismes, des inondations, des sécheresses, séries noires...) et celles qui viennent des hommes (toutes les sortes de conflits, ceux du dedans et ceux du dehors). Elle est aussi empreinte d'un inévitable *fatalisme*, car toutes ces contraintes ne semblent pas modifiables. Elle suinte même la peur. Mais, s'il explique le cosmos comme un tout, le mythe s'interroge aussi sur l'apparition de *réalités particulières* : telle race, telle institution sociale, tel animal, etc. Il veut savoir comment les choses sont venues à l'existence. Bref, se découvrant dans un environnement qui le méduse et qui l'effraie, l'homme se dit : « Pourquoi cela ? Où suis-je ? D'où est-ce que je viens ? ». Mais il n'en est pas encore à faire face au cosmos, comme Pascal au 17e siècle (« Le silence éternel de ces espaces infinis m'effraie ») : il n'est pas encore dégagé de sa gangue, comme une personne douée de liberté. D'ailleurs, son dieu ne l'est pas davantage : *il ne se présente pas comme distinct du monde*. Cette conception, que nous trouvons grossière, va durer encore longtemps : on la trouve même chez les grands philosophes anciens. Il faudra la Révélation juive et chrétienne pour que Dieu se montre à nous comme une personne. Alors il y aura vraiment une création : pas une émanation, pas une dislocation. Je te dis tout cela parce que tu ne le sais sans doute pas, et parce que le paganisme (ce mot n'a rien de péjoratif; il ne diffame pas: il décrit une mentalité) demeure toujours séduisant, il ne cesse de renouveler ses assauts. D'autant qu'aujourd'hui, en une époque prétendue rationnelle, les gens, lassés de s'ennuyer à longueur de semaine, sont prêts à croire n'importe quelle bizarrerie... du moment que ce n'est pas l'Église qui la propose!

Une première manière consiste à imaginer que le monde provient d'un dieu dont le cerveau est rempli de pensées, de rêves et de phantasmes; toute cette fermentation cérébrale finit par prendre corps et par donner des réalités palpables. Ou bien encore le cosmos résulte du réchauffement d'un être divin dans une sorte de sauna géant, et la sueur énorme qui jaillit de ce corps donne naissance aux grandes eaux primordiales, dont l'abondance et la violence ne semblent pas explicables autrement (pense aux chutes du Niagara, d'Iguaçu ou du Zambèze; pense aux raz-de-marée du Pakistan...). A moins que cet échauffement du dieu donne la fumée, puis le feu, puis la lumière, et, en arrivant à l'incandescence, tous les éléments de la terre. Ailleurs, l'être divin se fractionne tout simplement et inaugure ainsi le cosmos dans son dualisme fondamental, celui de la sexualité: le Père-Ciel et la Terre-Mère. De cette manière l'homme cherche à rendre compte des phénomènes les plus évidents et les plus contraignants: l'eau, le feu, la vie, le désir. Mais l'origine qu'il décrit n'est pas la création, c'est-à-dire l'Acte libre, intelligent et amoureux d'un Dieu personnel qui, à partir de rien, opère hors de lui le lancement de l'humanité et lui offre une histoire à construire, non une programmation toute faite qui détruirait la liberté. La Bible pourra utiliser les images de la culture païenne: avec elles, elle dira une tout autre chose. Elle prend le matériau courant, celui que tout le monde comprend, mais elle le plie au gré de l'Esprit pour lui faire prononcer un message original. Les gens de l'époque ne s'y sont sûrement pas trompés, même si le paganisme est demeuré tentant pour les Hébreux, parce que le pays de Canaan était plein de sanctuaires fréquentés et de croyances capiteuses.

En d'autres mythes, le monde ne part pas vraiment à zéro. « On » se trouve mis en présence d'un phénomène tellement universel, tellement puissant, tellement indispensable, qu'on n'imagine pas qu'il ait pu jamais commencer : l'eau. Une eau qui bouillonne dans cette chose sinistre et inquiétante qui fait tant peur aux gens des brousses sans éclairage, même encore aujourd'hui : la nuit, la ténèbre. L'origine du cosmos, c'est la mise en ordre de ces deux éléments, qu'il s'agit de régler et de rythmer. Dans la Genèse, il y a bien une chose semblable, mais le Créateur ne se trouve pas face à une matière préexistante qui aurait le même statut éternel que lui. C'est vrai : il sépare (le jour et la nuit, le sec et l'humide, les choses et les hommes) et il ornemente (avec des fruits, des fleurs et de jolis animaux : l'amoureux ne dit-il pas à sa belle : « Ma biche ! »...). Mais auparavant, il a posé un Acte fondamental : appeler du néant à l'existence [6].

Certains mythes expliquent le même phénomène mais d'une manière qui te fera sûrement rire, tant son scénario est inattendu et... olympique ! Au commencement existent donc les eaux, puissance considérable, à la fois redoutable et utile, donc divine et sans origine. Le dieu ordonne à un animal amphibie (qui est souvent un sanglier, mais aussi une sangsue) de plonger dans la mer pour lui rapporter, prélevée sur le fond de l'abîme, une parcelle de vase avec laquelle il fait la terre. Cette vase est parfois déposée à la surface des eaux sur une feuille de lotus : elle figure ainsi la planète comme une île flottante. Il arrive aussi que le dieu

---

6. On a reproché au P. Teilhard de réduire la création à l'unification d'une poussière d'atomes (d'une « pulvérulence »), qui ne cesseront de donner des organismes de plus en plus complexes. Le phénomène décrit est juste, mais il en reste au plan biologique.

ordonne au diable de faire le plongeon pour lui rapporter une motte de terre : mais le diable veut la garder pour lui, ou bien la détruire... Un tel scénario veut donc expliquer comment le sec a réussi à sortir de l'humide. Mais il ne s'agit évidemment pas d'une création : les éléments existent déjà. Surtout, le dieu n'est qu'un exécutant comme les autres, qui domine assez mal la situation : une sorte d'ingénieur aquatique. On ne lui assigne aucune tâche transcendante qui lui revienne en propre. Et l'on se tait sur ses motivations intimes (s'il est capable d'en avoir).

D'autres mythes expliquent le cosmos par une division de la matière primordiale (donc, là encore, quelque chose préexiste). Ainsi l'histoire qui met en scène les parents du monde, Gaia (la terre) et Ouranos (le ciel). Le couple a des enfants, que le père n'aime pas, puisqu'il prend plaisir à toujours s'éloigner d'eux dans les hauteurs. Mais le dernier des fils, Kronos (le temps), attend qu'Ouranos se rapproche de la terre, comme il le fait chaque nuit, et il lui coupe le sexe pour le jeter à la mer. Mutilé, le père devient incapable d'engendrer : aussi s'éloigne-t-il définitivement de Gaia pour se fixer dans l'azur... Ailleurs, ce sont les enfants du couple qui coupent les tendons reliant ciel et terre, et ils repoussent le père dans les hauteurs pour avoir davantage de lumière... Ailleurs encore, c'est une plante géante qui, en poussant, a hissé le ciel à l'altitude où il se trouve... Ces récits ne font pas autre chose que de personnaliser les éléments en leur donnant un nom propre. De cette manière, ils transforment en conte ce qu'ils ont sous les yeux, pas davantage. C'est du « Il était une fois »...

Restent les mythes qui décrivent le monde par le démembrement d'un géant ou d'un monstre originel, dans un sacrifice librement consenti par la victime. Ce sont les dieux qui se livrent au dépeçage. Chaque culture explique à sa façon le résultat du découpage. Aux Indes, la tête devient le soleil, les pieds la terre, l'oreille l'orient ; de la conscience naît la lune et du souffle le vent ; de la bouche naît le brahmane, des bras le guerrier, des cuisses l'artisan et des pieds le serviteur (l'intouchable). Une partition aussi judicieuse entend donc expliquer et justifier de très loin... la division des castes, ni plus ni moins ! Dans les pays scandinaves, le crâne du géant devient la voûte céleste, la chair la terre, la sueur la mer, les os les montagnes, les cheveux les arbres. Rien de très original.

À Babylone, le géant ne consent nullement à sa mise en morceaux. C'est un monstre dangereux (Tiamat) que le dieu (Marduk) combat et réussit à vaincre. Chaque année on célèbre ce championnat au terme duquel le meilleur a gagné. Mais qui est le meilleur ? La joute représente la lutte qui oppose, dans le monde, les deux principes antagonistes, Ténèbre et Lumière. Mais les esprits passent rapidement du domaine cosmique au domaine civique : dès lors, le vainqueur n'est autre que l'État babylonien lui-même, qui s'auto-félicite annuellement de son triomphe durable et de sa prospérité. La mythologie s'est donc fait récupérer par la politique. Les Juifs en exil ont dû savoir quelque chose de ces processions tapageuses, eux qui réfugiés sur les bords de l'Euphrate, avaient pendu leurs harpes aux saules et, douloureusement, se taisaient (psaume 137).

Je n'insiste pas davantage, ami. Mon propos était de te faire apercevoir une différence radicale. Le mythe ne nous conduit jamais vers un Dieu transcendant qui crée par pur amour et dont l'action demeure à la racine de notre être, comme une incitation à inventer librement. La fête qu'il célèbre d'une année sur l'autre n'a rien à voir avec le shabbat de la Bible. Il ne demande pas à l'homme de se reposer pour louer Celui qui est la Source de tout : il l'engage dans des rites bruyants pour le rassurer face à un monde hostile, en lui montrant qu'il en a toujours été ainsi, et que le commencement du monde est toujours présent. Pour le païen, l'origine est ce qui justifie le piétinement, la répétition. Pour le chrétien, la création est cette fidélité permanente de Dieu à son égard, une fidélité qui le fonde et le propulse à la fois.

Mais venons-en à des questions contemporaines. De nos jours, on abuse du mot « création » pour désigner une invention originale et géniale qui sort de l'ordinaire et qui, dans l'opinion, coupe le souffle ou « fait un tabac » : création d'une pièce de théâtre ou d'une symphonie, création d'une nouvelle mode en haute couture, que sais-je ? A Rome, on parle même de la création... des nouveaux cardinaux lors de ces assemblées restreintes qui se nomment des consistoires !... Mais « créer des cardinaux » est une expression qui n'a pas plus de sens que cette autre : « adorer la glace à la fraise ».

Je voudrais maintenant te signaler plusieurs confusions dans lesquelles tu dois tomber sans le savoir.

Commencement et Fondement

Deux sortes de personnes s'intéressent au commencement du monde : le *païen*, pour célébrer rituellement, à des dates qui reviennent périodiquement, une origine qui n'a jamais disparu, la durée n'étant pas un obstacle insurmontable ; le *savant*, pour reconstituer le scénario exact du *big bang* et l'expliquer par une théorie solide. Le premier, craintif, cherche à se rassurer ; le second, entreprenant, veut assouvir sa soif de connaître et tirer de son savoir quelque conséquence pratique. Le premier se demande *de quoi le monde est fait* (d'un dieu démembré, par exemple) ; le second se demande *comment le monde s'est constitué* (le déroulement des phénomènes physiques) ; alors que la Bible — elle seule — nous révèle *de qui le monde provient, par quelle intervention et dans quel but*. Mets-toi bien cela dans la tête. Le païen est en quête d'un mythe fondateur ; le savant cherche à expliquer et à maîtriser un processus ; le judéo-chrétien reçoit les choses et lui-même comme le Don d'un Amour, ce qui ne l'empêche évidemment pas de se poser les questions du scientifique. Mais, pour lui, la création est d'abord un *article de foi*, pas une exploration scientifique des origines ; l'accueil de cette Tendresse du Père qui est le *fondement permanent* de nos vies, pas la découverte du moment initial, grâce à la machine à remonter le temps. Je voudrais que tu comprennes bien cela, ami.

Certes, je ne veux pas tricher. La Genèse débute avec cette petite phrase : « Au commencement, Dieu créa le ciel et la terre », qu'on peut aussi traduire : « En un commencement, Dieu créa le ciel et la terre », ce qui est plus littéral. La Révélation nous apprend donc que le monde a une origine, et que la création introduit le temps historique. L'Acte de Dieu a opéré une mise en route qui, pour nous, s'inscrit bien dans le passé : le verbe hébreu *bara* indique une entreprise désormais accomplie. Ceci est indéniable. Il n'est donc pas impie, ni même inutile, de scruter scientifiquement les tout premiers débuts du cosmos : enquête jamais terminée et dans laquelle les savants les plus chevronnés sont beaucoup moins sûrs d'eux-mêmes qu'on le prétend. Mais, ce faisant, on ne réussit pas à piéger l'Acte créateur, qui est d'un autre type : on voit son résultat, mais on ne prend pas Dieu en flagrant délit de création. La Genèse n'a pas été écrite par un journaliste qui, pointe Bic en main, aurait décrit, le cœur battant, la fantastique éclosion de notre monde. Pourquoi cela ? Je vais te répondre en quatre points successifs.

1) D'abord, le mot hébreu *bereschit* (*rosch*, c'est la tête) signifie à la fois le *commencement* temporel et le *principe* (la raison d'être). Et il est clair que, dans la Bible, c'est le principe qui intéresse le plus. Je te l'ai déjà dit plus haut : la Genèse ne nous montre pas Yahweh organisant une matière préexistante, comme cela se passe dans les mythes ; elle ne nous décrit pas un combat qui opposerait à égalité le Seigneur et son adversaire aquatique, le Seigneur et son adversaire ténébreux, comme cela se disait à Babylone. Le mot *bara* n'indique pas la mise en ordre d'un appartement fouillis, mais un commencement absolu, un commencement « à partir de rien », comme on dira plus tard (2 Macca-

bées 7, 28). Bien sûr, un curieux pourrait se dire: «J'aurais bien voulu photographier cela!». Mais Dieu n'est pas un prestidigitateur qui, «rien dans les mains, rien dans les poches», tirerait un lapin d'un chapeau vide, aux applaudissements de la salle médusée. Dans la Bible, ce n'est pas le commencement «médiatique» qui intéresse («Radar était là»), c'est la source profonde de ce commencement. Et, cette source, ce n'est pas un principe philosophique: c'est *la Parole*. Non pas, comme en français, du verbiage («Tu causes!»), du «baratin», des propos en l'air («Autant en emporte le vent»), mais de l'opérationnel. Car, quand Dieu dit, il fait, et sa Parole ne rentre jamais bredouille (Isaïe 55, 10-11). On pourrait, dans notre langue, faire un méchant jeu de mots en disant: «Quand Dieu cause (=parle), il cause (=produit)». Croire, ce n'est imaginer l'effet réalisé, c'est admettre que tout, absolument tout, repose sur la Parole de Dieu. Le Credo ne nous fait pas célébrer le *big bang* mais l'action du Père, qui est suprêmement originale. Cette Parole n'est pas un bredouillis astucieux (comme «amstramgram»), destiné à détourner l'attention de la salle pendant que l'illusionniste exécute son coup. Elle n'est pas davantage une formule magique qui opèrerait mécaniquement. Elle vient du Père, par le Fils, dans l'Esprit: elle est une Puissance pleine de Sagesse et de Tendresse. Voilà ce que je crois quand je crois à la création, ou plutôt «en Dieu le Père, créateur». Car il nous faut toujours rectifier: nous sommes tellement abstraits! Le vieux Père Monnier, mon confrère, avait clamé très fort, un jour, du haut de la chaire: «Non, mes frères, je ne crois pas en la Résurrection». Stupeur de l'église. Et, après dix secondes de *suspense*, il avait ajouté: «Je crois en Jésus ressuscité». Ouf! Mais la leçon était bonne. Ici c'est la même chose.

Plus tard, les philosophes chrétiens vont creuser tout cela avec leur instrument de pensée, qui s'appelle la «métaphysique», c'est-à-dire qui est au-delà de la physique. Ils devront, sur ce terrain, se démarquer de leurs confrères païens, pour lesquels le monde est une émanation du Divin, le Bien, disent-ils, ayant la propriété de se répandre, de se diffuser. Erreur profonde : notre Dieu ne se communique pas mécaniquement (j'allais dire irrespectueusement : à la manière d'un camembert trop fait qui « s'abandonne », comme on dit dans le Midi !), mais librement. L'Amour n'est pas en lui une propriété chimique qui fonctionnerait contre son gré : il est de sa part un choix, une dilection. Et le monde est distinct de lui, même s'il est baigné de sa beauté : il n'est pas une « coulée » divine, comme si l'Unique devait, pour créer, s'étirer et s'amincir, au risque de se défaire ou de perdre sa vigueur. Le Principe demeure le Principe : il crée sans se réduire à l'état d'une pâte visqueuse ; il aime sans cesser d'être le Tout Autre, car, disait joliment Teilhard, « l'union différencie ». L'univers est plein de sa Présence, mais c'est la Présence de Quelqu'un, et non pas du sacré anonyme et impersonnel qui serait dilué un peu partout, comme une sorte de fluide. Ou bien l'on tombe dans le panthéisme.

2) L'un de nos grands penseurs chrétiens, saint Thomas d'Aquin, a justement mis tout cela au point, dans son grand ouvrage qui s'appelle la *Somme Théologique* [7]. Dans un langage qui n'est, bien sûr, ni le tien ni le mien, il traite excellemment le problème que nous nous posons en ce moment. Pour lui, la création, ce n'est pas le commencement temporel, c'est *la dépendance fondamentale*. Certes, il est légitime de recourir aux explications scientifiques, qui sont parfaitement valables dans leur domaine, mais l'action divine est d'un autre ordre : elle n'opère pas sur le même plan que les autres causes (1, 45, 1).

On pourrait très bien imaginer que le monde ait toujours existé, parce que Dieu l'aurait toujours voulu. Ce n'est pas impossible. Ce n'est pas non plus néces-

7. Je désignerai ce livre par le sigle ST, suivi de trois chiffres : la partie, la question et l'article.

saire : la puissance divine nous apparaît davantage si l'univers a commencé (1, 46, 1). Mais il n'y a que la foi qui puisse trancher le débat : c'est elle qui nous apprend l'existence d'une origine temporelle (« Au commencement, Dieu créa »), et, sans elle, nous ne le saurions pas, parce que rien ne l'impose. Seulement, *même si le cosmos avait toujours existé, cela ne l'empêcherait pas d'être créé, créé depuis toujours*, voilà tout. Il ne serait donc pas l'égal de Dieu : il dépendrait de lui éternellement. La Création a donc commencé, inaugurant ainsi le temps, mais ce n'est pas là son véritable mystère (1, 46, 1-2). Créer, c'est produire l'être absolument, parce qu'on est l'Être soi-même. Les autres manières d'agir ne sont pas la création (1, 45, 5). Je me permets ici de compléter saint Thomas, en me souvenant de cette belle phrase d'André Frossard, louant le Père « en qui c'est un seul et même acte d'être et de donner ». Je dis alors : créer, c'est donner l'autre totalement à lui-même, parce qu'on est soi-même le Don absolu. Je reviendrai plus loin sur ce point important en te montrant que seule la Trinité peut créer.

3) Cela te laisse donc libre de t'adonner à la recherche scientifique, sans toutefois durcir trop vite tes acquisitions. Contrairement à ce qu'on dit, la science ne s'oppose pas à la foi, parce qu'elles ne parlent pas sur le même plan. Ce qui s'oppose à la foi, c'est « le scientisme », c'est-à-dire une philosophie matérialiste dans laquelle le savant outrepasse ses compétences et sort de son domaine, pour tirer des conclusions erronées. Au début, il constate et dit : « Il y a ceci ». Puis il quitte son savoir et affirme : « Il n'y a *que* ceci ». Mais là il n'est plus rigoureux, car ce qu'il avance n'est pas vérifié, et, au niveau où il s'enferme, il n'a aucun moyen de le vérifier. Dès lors, il n'est plus scientifique mais idéologue.

L'exemple-type, c'est la théorie de l'évolution. Si elle est exacte, elle ne t'empêche aucunement de croire à la création, car je te le répète, l'action divine opère dans son ordre propre. Ce qui s'oppose au christianisme, c'est de prétendre que le plus (l'homme avec son âme, sa conscience, sa liberté) peut sortir du moins (le règne animal) sans aucune intervention surnaturelle. Mais cela, ce n'est pas la théorie scientifique, c'est la philosophie matérialiste. Ce n'est plus l'évolution, c'est «l'évolutionnisme», et l'évolutionnisme affirme des choses qu'il ne peut pas vérifier : donc il se contredit.

4) Enfin, si tu confonds la création avec le commencement, tu devras dire que seul Adam et Eve ont été créés, ce qui est consternant, pour moi du moins. Nous autres, qui n'avons pas été les premiers dans le calendrier, nous ne serions alors que des duplicata confiés à la reproduction biologique. Dieu n'aurait aucun rapport direct avec chacun de nous : il nous aimerait en vrac, comme les conséquences inattendues de sa folie originelle, mais sans folie désormais. Nous ne serions pas, nous, un projet de son amour, un projet unique et irremplaçable : nous ne serions pas voulus pour nous-mêmes, mais comme des retombées imprévues, incapables de provoquer dans le cœur du Père aucun bouleversement. La queue du phénomène, pas plus.

Mais ce n'est pas vrai. Ce n'est pas possible. Je suis créé autant qu'Adam, parce que la procréation biologique n'explique pas toute mon existence : elle ne joue qu'à son plan, celui de la *vie*, pas celui de l'*être* profond. Bonne nouvelle, car, si, par malheur elle s'est faite dans des circonstances lamentables, je crois, au creux de moi-même, que je proviens d'une autre raison d'être qui est ma vraie raison de vivre : l'indubitable Tendresse d'Abba, mon Papa chéri. C'est d'elle que je pourrai recevoir, le cas échéant, une bienfaisante «papathérapie», qui ne l'empêchera nullement de recourir à des médecines humaines, car la grâce ne confisque pas la nature.

Pour toutes ces raisons, j'ai choisi de distinguer le Commencement d'avec le Fondement. J'ai adopté ce dernier mot parce que c'est celui qu'utilise mon père saint Ignace de Loyola dans ses *Exercices Spirituels*, quand, tout au début, au n° 23, il propose à son retraitant une méditation intitulée « *Principe et Fondement* », dont je vais d'ailleurs te parler un peu plus loin.

Le Créateur et les agents humains

Si, quand on traite de la création, on se trompe sur l'*action* qu'elle représente, c'est parce qu'on se trompe d'abord sur l'*Agent* qu'elle suppose. Et là, nous allons retrouver quelques noms bien connus.

1) C'est d'abord la confusion entre le Créateur et *le Maître*, ce dernier étant conçu comme un esclavagiste. Dans un écrit de 1844, Marx écrit : « Un être ne commence à se tenir indépendant que dès qu'il est son propre maître, et il n'est son propre maître que lorsqu'il doit son existence à soi-même. Un homme qui vit de la grâce d'un autre se considère comme un être dépendant. Mais je vis entièrement de la grâce d'un autre, si non seulement je lui dois l'entretien de ma vie, mais encore si en outre il a créé ma vie, s'il en est la source, et ma vie a nécessairement un semblable fondement en dehors d'elle si elle n'est pas ma propre création. C'est pourquoi la création est une idée très difficile à chasser de la conscience populaire... parce que (cela) contredit toutes les évidences de la vie pratique ». Autrement dit, l'ouvrier croit en un Créateur parce qu'il projette vers le ciel l'esclavage de sa vie de prolétaire. Libéré par la révolution, il n'y pensera même plus...

Je ne veux pas, en y faisant trop attention, renflouer un marxisme largement moribond qui ne survit désormais que par la brutalité policière : pense à la Chine populaire ou à l'Albanie. Par contre, l'idée que la création de l'homme anéantit sa liberté est une chose très répandue : je songe aux nombreuses questions que de jeunes Nantais m'ont posées sur ce point dans un car allant à Compostelle, le car 024 (tu t'en souviens, Éric ?) un certain 18 août. L'illusion consiste ici à mettre Dieu sur le même plan que l'homme, sauf qu'il le précède et qu'il est plus puissant que lui : donc qu'il sait d'avance et qu'il produit tout ce qu'il veut. Or le Créateur n'est pas un surhomme surdoué et extra-lucide qui, du haut d'un belvédère, surplomberait mon existence, tel un SS dans son mirador. Ma vie n'est pas le film qu'il aurait tourné en mon absence et déjà visionné dans le ciel, charge à moi de le mettre en pratique séquence après séquence, ma seule latitude étant de pouvoir traduire en mon langage personnel la version originale. Certes, Dieu est Seigneur, mais il ne se trouve ni au-dessus de moi (comme un hélicoptère), ni antérieurement à moi (comme une programmation). Il sait, mais pas comme moi, pas dans le temps : je ne suis donc pas précédé par une prévision qui m'ôterait toute liberté, comme les révélations d'une cartomancienne. Bien loin qu'il supprime ma liberté, le Seigneur la crée en moi, car il y tient plus que tout.

Certes, la Bible, qui parle nécessairement en un langage humain, utilise le mot de *pré*destination, mais cela n'a rien à voir avec les présages des devins. D'ailleurs, le terme n'est jamais appliqué à l'individu : il désigne le Plan éternel de Dieu, qui est le salut offert à tous les hommes en Jésus-Christ (Romains 8, 29). Le baptisé se découvre, à un moment du temps, qui est celui de sa conversion, engagé dans un Projet d'amour qui se déroule d'une façon cohérente depuis toujours ; mais pour le savoir, il a dû y consentir librement. Le préfixe « pré » ne désigne *pas une fatalité, mais une fidélité* : Dieu tient sa promesse et mène à bien sa pédagogie.

La seule phrase que j'admire chez Voltaire, c'est celle-ci : « Dieu a fait l'homme à son image, et l'homme le lui a bien rendu ». Pour s'en prendre au Créateur, il faut d'abord l'avoir redescendu à hauteur d'homme, de manière à faire de lui un redoutable voisin : on ne peut lui en vouloir qu'à l'horizontale. Le Dieu que nous refusons, c'est un vis-à-vis sur lequel nous projetons nos craintes, mais aussi nos pires défauts (ce que nous ferions si nous étions à sa place). Nous nous croyons alors meilleurs que lui, mais en l'affublant de nos violences.

2) C'est ensuite la confusion entre le Créateur et l'*Ingénieur*. Nous rencontrons ici Jean-Paul Sartre qui, dans un livre publié en 1946, développe l'argument suivant. Prenons, dit-il, un objet fabriqué, par exemple un livre ou un coupe-papier. L'artisan qui l'a réalisé s'est inspiré d'une idée : comment faire cet objet pour qu'il serve à quelque chose. Car il n'y aurait pas d'objet s'il ne correspondait pas, dans le cerveau d'un ingénieur, à une certaine définition : une définition (une essence) qui précède son exécution (son existence). Tel est, continue Sartre, le schéma que le croyant utilise quand il pense à la création. Il met dans la tête de Dieu une certaine idée de l'homme qui devra, le moment venu, être réalisée concrètement avec une exactitude rigoureuse. Ainsi, l'être humain est contraint de reproduire le projet que son Créateur a fait de lui et qu'on appelle sa « nature ». Il n'est donc pas libre de ses mouvements, enchaîné qu'il est à sa propre définition, une définition faite par un Autre que lui avant même qu'il accède à l'existence. Pour le délivrer de cet asservissement qui le fait dépendre d'une abstraction, il suffit de supprimer Dieu. Alors l'existence précède l'essence : l'homme existe d'abord, et ensuite il se définit lui-même comme il veut, sans se référer à qui que ce soit.

Nous nous trouvons une fois de plus en présence d'un schéma qui pèche sur trois points : 1) il met le Créateur dans le temps, sur la même ligne que l'homme, un peu avant la case-départ ; 2) il lui fait accomplir une œuvre technique, à la manière d'un artisan, sans soupçonner un seul instant que le Potier de la Bible est une image ; 3) il réduit l'homme à une chose inerte, à un pur objet qui n'est doué d'aucune spiritualité, à un être qui serait mis face à lui-même sans dialoguer avec son Dieu. Alors, bien sûr, Sartre s'insurge contre ce renvoi à une définition de soi qui se trouverait au dictionnaire. Mais n'est-ce pas contradictoire ? Car, si la créature humaine était aussi insignifiante, aussi terne, aussi passive, comment donc pourrait-elle s'insurger ? Où en trouverait-elle l'idée et la force, si elle est rivée à la consultation d'un dictionnaire... où l'insurrection ne se trouve sûrement pas ! Non, cela ne tient pas. Mais il est possible que Jean-Paul ait appris cela, au catéchisme ou ailleurs.

Bien sûr, quand il cherche à se comporter en homme véritable, chacun de nous ne part pas à zéro, comme s'il pouvait s'inventer de toutes pièces. D'ailleurs, il n'est pas un Robinson dans son île : lorsqu'il parvient à se poser la question, il a déjà reçu toute une éducation ; sinon, c'est un enfant-loup ou un délinquant. Car il ne peut pas faire n'importe quoi sans risquer de se détruire, et la vraie liberté n'est pas le pouvoir de se détruire : ceux qui reviennent du gâchis le savent bien. Le bien et le mal ne sont pas des règles arbitraires : l'expérience montre suffisamment que le péché n'a rien d'une réussite. Autrement dit ce qui nous est demandé est sagesse : voilà pourquoi Jésus dit : « Bienheureux » à chaque fois qu'il exige.

Mais justement, parce qu'il s'agit de sagesse, l'homme est invité à la découvrir de lui-même, comme quelqu'un qui est créé à l'image de Dieu. Saint Thomas d'Aquin dit même que Dieu le fait entrer dans son conseil, afin qu'il devienne providence pour lui et pour les autres. Un être libre ne se contente pas d'appliquer un règlement : il découvre sa vocation dans la joie. C'est en dialoguant avec le Père qu'il comprend qui il est, et cet échange amoureux ne lui semble pas une corvée : rien à voir avec la consultation ennuyeuse d'un dictionnaire. Ma vraie nature, c'est d'être fils, et je ne puis la connaître qu'en disant « Abba, Papa chéri ». D'ailleurs, s'il y a des codes dans la vie morale — ils sont la mémoire de l'humanité, le résumé de ses précieuses trouvailles — ils ne me disent pas tout ce que je dois faire ; le plus beau ne s'y trouve jamais : c'est à moi de l'inventer. La vie spirituelle ne se présente donc pas comme une application servile : c'est bien plutôt une construction. Je dirais même qu'à certains jours où l'exigence est lourde, on préfèrerait exécuter servilement une consigne écrite que d'assumer le poids de sa liberté. Donc, qu'on n'aille pas nous raconter des histoires !

Je pense avoir fait avec toi le tour des principales difficultés, afin de déblayer le terrain et aussi de te mettre en appétit. Mais, si tu vois encore des points obscurs, ne t'inquiète pas : nous les aborderons sûrement dans les pages qui viennent. Avance donc avec confiance.

CROIRE EN L'AMOUR ORIGINEL

Nous allons maintenant faire ensemble un bel acte de foi en ce qu'il y a de plus originel dans le monde : *l'Amour, pas d'abord le péché*. Tu vas voir : cela va être tonique et pratique. Après avoir vidé nos poches de toutes nos difficultés, nous sommes beaucoup plus libres, beaucoup plus légers, pour une telle opération. Accueillons Dieu comme il se révèle à nous : ce sera tellement plus vrai que de l'imaginer d'après nos schémas, de reconstituer en laboratoire ce qui aurait pu (et dû) être son plan. Ne nous croyons pas plus malins que lui : regardons ce qu'il a déjà fait ; il n'y a pas d'autre réel que celui qui existe.

Au commencement, Dieu créa

Le vrai départ

C'est le début *canonique* de la Bible juive et chrétienne, sans exception, même si ce n'est pas son début *rédactionnel*. Je veux dire : c'est ce que la règle de foi (*canôn*, en grec) pose en premier, même si ce n'est pas le texte le plus ancien du point de vue littéraire. Il faut donc que la chose soit importante, pour qu'on ait maintenu cette entorse à la chronologie. Voilà pourquoi les catéchismes ne peuvent pas, sans dénaturer la Révélation, lui trouver un autre commencement, au gré de leurs hypothèses. L'Esprit-Saint répond de cette manière à notre perplexité la plus profonde : l'étonnement d'être. N'est-ce pas ahurissant d'exister, quand on y pense, et quand personne ne nous aide à comprendre pourquoi, surtout quand tout se ligue autour de nous pour nous enfermer dans l'absurde ?

Rectifie donc la manière dont tu crois. Tu n'es pas au « paumé » qui renoncerait à savoir d'où il vient et qui se contenterait de trouver un bras secourable se posant amicalement sur son épaule. Tu n'acceptes pas le non-sens pour te suffire d'une consolation : dans ce cas, vous seriez « deux paumés » au lieu d'un seul, voilà tout. Non. Le Dieu qui vient à toi pour te sauver de la débine, c'est ton Créateur, et personne d'autre : rien de moins grand. Il te propose non pas une caresse mais un Fondement, un socle, une assise infiniment plus réconfortante qu'un gros câlin passager. Dieu ne t'effleure pas : il te construit de façon durable. Et ce Rocher qu'il est pour toi, c'est une Tendresse de papa. Ne va pas chercher ailleurs : méfie-toi des remontants toxiques, méfie-toi des narcotiques, méfie-toi de tout ce qui détruit ou déçoit. On ne remplace pas Dieu sans faire des dégâts, car Dieu n'est pas remplaçable : il est unique.

Inversement, quand il vient à toi, Dieu ne te rencontre pas par hasard sans savoir d'où tu viens. Il ne se dit pas à lui-même, comme éberlué : « Tiens, d'où donc sort-il, celui-là. Je ne le connais pas. Je ne l'ai jamais vu. Il n'est pas de mes enfants. Tant pis ! Je vais faire une bonne action en l'adoptant ». Non, tu n'es jamais une surprise pour le Seigneur : tu es né de son cœur. Et, si tu as l'impression de l'avoir un jour croisé fortuitement, c'est parce qu'il venait à ta rencontre pour te chercher. Il ne te sauverait pas s'il ne t'avait pas créé, et son passage n'a rien de hasardeux : c'est la visite d'un Père qui s'inquiète et qui s'est mis en route pour récupérer son enfant.

Je te le répète : ne sépare jamais la rédemption d'avec la création : tu n'y comprendrais plus rien.

Un récit

Ce début, note-le bien, est un récit qui te raconte une action : « Dieu créa ». Voilà une chose unique : alors que le Coran commence par une *prière*, la Bible commence par une *entreprise*, oh combien gigantesque ! Dieu se révèle par son agir. Il se dit comme il se donne. Certes, le concile Vatican I nous a rappelé que la raison humaine est capable de conclure à l'existence d'un Principe réclamé par l'univers et distinct de lui. Ce faisant, il a pris la défense de l'intelligence en affirmant, sur la base de l'Écriture (Sagesse 13, 1-9 ; Romains 1, 19-20), qu'elle est capable de Dieu et même qu'elle y a droit, comme on dirait aujourd'hui. Il a donc ôté à l'agnosticisme (doctrine qui prétend que Dieu est inconnaissable), à plus forte raison à l'athéisme, sa prétention à se faire passer pour naturel, pour normal. Il a aussi encouragé les chrétiens à tracer les voies de Dieu en philosophie, au lieu de se rabattre sur le pur sentiment. Cela, j'y adhère pleinement, car, si le Créateur a pris soin de modeler sa créature sans prendre de gants, il a bien dû laisser sur elle quelques empreintes digitales ! En d'autres termes, être créé par Dieu, c'est avoir le moyen de le connaître, c'est déjà se trouver à son école.

Mais cela ne rend pas pour autant la Révélation inutile. D'abord, nous dit le même concile, parce que cette connaissance naturelle de Dieu est difficile et qu'elle comporte des risques d'erreur. Ensuite et surtout, parce que Dieu a voulu se révéler à nous dans toute sa vérité, afin de nous faire partager sa vie intime. Voilà pourquoi l'Écriture nous présente, non pas une *argumentation* abstraite, mais une *histoire d'amour* très concrète. Le Créateur n'est pas d'abord un *Principe* qui se déduit : c'est une *Tendresse* qui s'accueille dès son premier jaillissement, et qui introduit de cette manière une longue pédagogie, au terme de laquelle nous serons tous « théo-didactes » (Jean 6, 45 ; Isaïe 54,13), c'est-à-dire enseignés par Dieu lui-même au plus profond du cœur. Voilà pourquoi on parle d'une « théologie narrative», non pas pour mépriser la spéculation, mais pour la fonder et pour l'enrichir : car Dieu nous en dit plus sur lui en nous faisant lire son «Journal de bord», en nous laissant feuilleter son Agenda. C'est là en effet, et nulle part ailleurs, que nous pourrons trouver ce qui est «le clou» de ses merveilles, à savoir la Résurrection de Jésus. C'est dans cette «création nouvelle» (2 Corinthiens 5, 17) que nous pouvons comprendre notre genèse. C'est dans le nouvel Adam que nous pouvons comprendre le premier (1 Corinthiens 15, 45).

Ainsi, la Création n'est pas un geste furtif, un coup de *starter*, cette fameuse «chiquenaude» que Descartes fait donner au monde par un Dieu dont il n'a ensuite plus aucun besoin (dit Pascal, *Pensées* n° 1001). Ce n'est pas la mise en marche d'un *automate* : c'est la mise en route d'un merveilleux *Dessein* qui mènera jusqu'à la vision éternelle de Dieu. Alors notre ressemblance avec lui (Genèse 1, 27) éclatera, «parce que nous le verrons tel qu'il est» (1 Jean 3, 2). Si tu veux, nous ne serons vraiment les créatures de Dieu «totalement réussies» qu'à la résurrection finale. C'est donc une entreprise de longue haleine !

Ami, relis le *Credo* : ce n'est pas autre chose qu'*un récit prié*, qu'une histoire confessée dans la ferveur. La liturgie fait de même : quand elle nous a fait lire un passage de l'histoire sainte, juste après, elle nous le fait méditer dans le psaume qui lui correspond. Alors, au lieu de dire : «Dieu, *il* a fait cela», à la troisième personne, on dit : «Merci, Dieu, car *tu* as fait cela», à la deuxième personne. Le psaume, c'est le narratif devenu contemplatif, c'est le récit devenu jubilation.

Et cela marche dans les deux sens. Tu ne peux rien comprendre à la création si tu ne regardes pas où elle mène : à Jésus-Christ, Homme parfait (Hébreux 2, 5-18) ; à sa Résurrection, défaite de toute mort ; à la nôtre, ressemblance avec Dieu enfin retrouvée (1 Jean 3, 2) ; au Corps mystique achevé, qui a atteint la force de l'âge en la plénitude de sa croissance (Éphésiens 4, 13). Inversement, tu ne peux rien comprendre à la rédemption si tu la coupes de la création : tu la réduis au misérable rafistolage d'un petit nombre de sauvés, coup de tête d'un curieux Infirmier venu d'on ne sait où et agissant ainsi on ne sait pourquoi. On a envie de dire : « Qui est-il et qu'est-ce qui lui a pris et où veut-il en venir ? »...

Un récit déjà chrétien

Nos frères protestants n'aiment pas beaucoup parler de la création ni de la connaissance naturelle de Dieu, parce qu'il leur semble que le Christ est absent de tout cela et que ce monde échappe à sa Seigneurie. Leur réaction est saine, mais leur crainte n'a aucun fondement. D'abord, saint Jean a pris soin de « christianiser » la Genèse, en complétant le « Au commencement Dieu créa » par le « Au commencement était le Verbe » (Jean 1, 1). Par conséquent, le Dieu dont il est question est la Trinité et aucun autre. La création n'est donc pas le simple exercice d'un mouvement du poignet, la mise en œuvre d'une force : c'est l'impression d'une effigie dans l'homme, un peu comme la frappe d'une monnaie. Cet exemplaire, c'est le Fils, que le Père semble regarder dans le blanc des yeux pour réaliser exactement son projet le plus cher : des enfants.

Saint Paul est encore plus explicite. Le Fils bien-aimé, le Christ Rédempteur, est pour lui « le Premier-Né de toute créature, car c'est en lui qu'ont été créées toutes choses, dans les cieux et sur la terre, les visibles et les invisibles... Il est avant toutes choses et tout subsiste en lui » (Colossiens 1, 15-16). Même les anges, nous le verrons plus loin. L'Apôtre dit encore : « Pour nous, en tout cas, il n'y a qu'un seul Dieu, le Père, de qui tout vient et pour qui nous sommes, et un seul Seigneur, Jésus-Christ, par qui tout existe et par qui nous sommes » (1 Corinthiens 8, 6). Au plan chronologique, Adam est premier, Christ vient en dernier, comme l'Homme accompli vient après l'homme ébauché (1 Corinthiens 15, 45-47). Mais au plan logique, Christ est premier, comme l'Exemplaire. Adam prépare le Christ, mais le Christ est déjà présent en Adam. Dans l'Apocalypse de Jean, le Seigneur nous dit : « Je suis le premier et le dernier » (1, 18 ; 2, 8 ; 22, 13). Cela ne veut pas dire qu'il est un vaste Symbole sans existence réelle, une sorte de mythe : cela veut dire qu'en apparaissant dans l'histoire comme fils de Marie, il ne s'emprisonne pas dans le temps : il le récapitule, ce que sa Résurrection met en valeur, ce que son Ascension rend possible, car alors « il emplit tout » (Éphésiens 4, 10). Teilhard a essayé de montrer cela, en aimant un Jésus concret mais comme comme un « milieu divin » : car, dit-il, le Christ s'aime comme une personne et s'habite comme un monde. C'est très beau, à condition de bien tenir les deux bouts de la chaîne.

En l'absence d'une telle vision, j'aurais peur qu'aujourd'hui, tout comme hier, les cœurs blessés s'inventent un Jésus portatif à la fois doucereux et rétréci, qui manque un peu d'envergure pour être le Seigneur. Toi, ami, vérifie en qui tu crois. Je te conseille pour cela une excellente lecture : le chapitre 1er de l'épître aux Éphésiens : c'est le commentaire chrétien de la Genèse, un commentaire trinitaire. Aux versets 6 et 12, il est dit que l'homme doit être « une louange de gloire » : ces quelques mots ravissaient sœur Elisabeth de la Trinité, la carmélite de Dijon.

Moi, en tout cas, j'aime dire ces hymnes du Bréviaire où la Genèse est déjà totalement chrétienne : j'aime chanter, le dimanche matin :

> Voici la nuit,
> L'immense nuit des origines,
> Et rien n'existe hormis l'Amour,
> Hormis l'Amour qui se dessine :
> En séparant le sable et l'eau,
> Dieu préparait comme un berceau
> La Terre où il viendrait au jour [8].

---

8. Poème de Didier Rimaud, Office des lectures, Dimanche 4. C'est là que j'ai pris le titre de ce livre

J'aime acclamer le Christ comme le Premier-Né de l'Amour divin et, pensant à lui, dire au Père :

C'est lui qui pour toi fit éclore,
C'est lui qui devant toi chantait
L'aurore,
Quand il n'était pas d'homme encore
Pour avoir part à sa beauté.

Par lui tout demeure en genèse,
Nos jours dans leur vieillissement
Se dressent
À leur éveil vers sa jeunesse,
Car il se lève à l'Orient.

C'est lui qui sans cesse ranime,
C'est lui qui sur les temps maintient
Cette hymne
Emerveillée dès l'origine
Devant l'ouvrage de tes mains [9].

Je crois en Dieu le Père, Créateur

Je voudrais passer maintenant du début de la Bible à celui du *Credo* pour prolonger mon acte de foi. Continuons ensemble, ami : il y a encore des choses merveilleuses à découvrir.

Seul le Dieu-Trinité peut créer

Tu m'arrêteras sans doute ici pour me dire que l'Ancien Testament méconnaît la Trinité tout en parlant de la création, mais ce n'est pas tout-à-fait exact. En effet, le monothéisme biblique ne campe pas un

9. Poème de Patrice La Tour du Pin, Office du matin, Dimanche 4.

Dieu qui serait sans une vie interne, sans le jaillissement d'énergies (tel est le mot qu'utilisent les Grecs) qui, très tôt, prennent une dénomination: la Parole, l'Esprit, la Sagesse, le Nom, l'Ange... Autrement dit, Yahweh n'est ni solitaire, ni égoïste, ni muet, ni manchot, ni inactif. Aussi, les Pères de l'Église n'auront aucun mal à montrer aux Juifs que la foi chrétienne se trouve déjà, sous une forme à peine voilée, dans l'Ancien Testament. Dès le début de la Genèse, en tout cas, le Créateur opère par le Souffle et par la Parole : ce sont comme ses deux mains, dit saint Irénée.

De fait, les philosophes se sont montrés très troublés par l'activité créatrice qui leur a semblé constituer de la part de Dieu comme une abdication de son splendide isolement. Dieu, disent-ils, ne peut être l'Absolu que s'il est à l'écart de toute relation, que s'il n'a de lien avec personne. En latin, *ab-solutus* veut dire « être délié par rapport à », ne dépendre de rien, n'avoir aucun engagement, ne rien devoir à quiconque, n'être dérangé de sa tranquillité immobile par aucun quémandeur. Or, si Dieu a la curieuse idée de créer l'homme, il entre en relation avec lui. Dès lors, il n'est plus absolu : il devient relatif; il perd sa royale autonomie et sa sérénité béate. Il renonce à lui-même et pénètre dans la zone de nos turbulences terrestres.

Or c'est là une erreur. En effet, ce n'est pas la création qui apprend à Dieu la relation, puisque sa vie interne est faite des échanges incessants entre Père et Fils dans l'Esprit. Les trois personnes divines mettent leur joie à dépendre amoureusement l'une de l'autre, ce qui ne constitue certes pas une servitude. Le Père est heureux de tout donner au Fils et le Fils de tout lui redonner. Ils sont heureux de dépendre l'un de l'autre dans une sorte de totale pauvreté : le Père livre tout au Fils et attend tout du Fils ; le Fils attend tout du Père et rend tout au Père, sans s'agripper à sa dignité comme un Harpagon à son or (Philippiens 2, 6). Ils s'aiment cœur et mains ouvertes, comptant totalement l'un sur l'autre et jouissant de cette entière gratuité. Imagine la fête, ami.

C'est ce bonheur intime que la Trinité veut communiquer à d'autres par pure bonté, sans jamais cesser d'être elle-même, bien au contraire. Dieu n'est pas ce Potentat égoïste et nanti qui, faisant un jour son Carême, aurait décidé de mettre fin à son nombrilisme en fabriquant des êtres avec qui partager : source d'ennuis, à n'en point douter, mais B.A., comme disent les scouts. La création n'est pas le résultat d'une conversion dans le ciel, comme si Dieu se mettait tout d'un coup à aimer, sentiment qu'auparavant il n'aurait encore jamais éprouvé une seule fois et qui serait pour lui une véritable découverte. Le Créateur n'invente pas, en me créant, une relation qui le *détruit* : il étend jusqu'à moi la relation qui le *constitue* comme Père.

Ici se pose un petit problème. Les théologiens nous disent, avec juste raison, que c'est Dieu « tout entier » qui agit « d'un seul bloc » (pardonne-moi ces expressions empruntées au monde des solides). Mais, si ce pouvoir est commun aux trois Personnes, chacune d'elles l'exerce à sa manière propre : le Père en le donnant au Fils, le Fils en le recevant du Père. Il est donc légitime de placer la source de la création dans le cœur du Père : c'est d'ailleurs ainsi que parle l'Écriture (1 Corinthiens 8, 6). Le *Credo* fait de même quand il dit : « Je crois en un seul Dieu le Père, créateur ». Ce n'est pas une simple manière de parler, sans profondeur ; ce n'est pas non plus une division du travail, une « appropriation » de type technique ; ce n'est pas une politesse, parce que « ça conviendrait mieux ». C'est la réalité. Dieu crée, mais avec sagesse et volonté. L'action est commune aux trois Personnes, mais dans un certain ordre, nous dit saint Thomas d'Aquin (ST, 1, 45, 6 et 7). Une seule d'entre elles est la Fontaine de toute vie, la Source en plénitude : ce Père qu'on a appelé « le Père absolu », car c'est un Père sans père, sans frère, sans femme ; un Père qui ne cesse d'engendrer son Fils et ne fait rien d'autre dans l'éternité ; un Père qui donne naissance au Fils sans éprouver comme nous aucun besoin instinctif, sans désirer un enfant pour faire la preuve de sa vitalité, pour tromper son ennui, pour ne pas être en manque, pour avoir un héritier après sa mort. Bref, *l'entière liberté, la totale gratuité*. Nos chers papas, si bons soient-ils, arrivent quand même loin derrière (Éphésiens 3, 15) ! S'il y a *un seul Dieu*, ce n'est pas parce qu'il y a une même nature abstraite jaillie de nulle part, et partagée à trois comme un gâteau : c'est parce qu'il y a *un seul Père*, d'où provient la vie divine. « En effet, dit Jésus, comme le Père a la vie en lui-même, de même a-t-il *donné* au Fils d'avoir aussi la vie en lui-même » (Jean 5, 26). L'égalité du Fils est donc une égalité *reçue*. L'unité divine est dynamique : elle vient de la Source, elle coule de Source.

Tel est le Dieu qui peut créer : il n'en est pas d'autre. Contrairement aux apparences, les paganismes n'ont rien de semblable. Ou bien les dieux se cassent en morceaux pour donner le monde ; ou bien ils procréent avec les déesses, comme nos parents ; ou bien ils chargent une sorte de contremaître, le Démiurge, d'aller confectionner des hommes, basse besogne qui ne les intéresse absolument pas et dont ils se déchargent sur un officier inférieur.

C'est donc le Père qui nous crée. Il nous crée parce qu'il aime son Fils, comme il aime son Fils, en vue de l'Incarnation du Fils. « A chaque fois, écrit Tertullien, que le Potier divin appuyait ses doigts sur l'argile, il annonçait les traits du Christ à venir... Ainsi le limon n'était pas seulement une œuvre (*opus*) mais un gage (*pignus*) » (*De la résurrection des morts*, 6, 3 et 5). C'est ce qu'exprime une merveilleuse sculpture du portail Nord de la cathédrale de Chartres. On y voit le Créateur, nimbé d'une auréole portant la croix, modeler sur son genou le visage d'un Adam tout heureux (que n'est-il demeuré dans cette position, ce grand bêta !) qui ressemble de plus en plus au visage de Celui qui le façonne. Vraiment, les imagiers du Moyen Age étaient de grands théologiens.

Le Père nous crée aussi en nous insufflant son Esprit dans une sorte de « nez-à-nez » (Genèse 2, 7) qui est une mini-Pentecôte. Aussi saint Irénée dit-il que l'homme est un composé de corps, d'âme et de Saint-Esprit.

Le souffle, c'est une animation, une création par le dedans. Après cela, comment donc prétendre que l'homme est un être laïc, « sécularisé », incapable de reconnaître son Dieu ? Comment sous-estimer ses capacités morales en disant « C'est humain ! » alors que c'est infra-humain ?

Telle est donc la création qui est l'objet d'un acte de foi. Ce n'est pas une déduction philosophique. Ce n'est pas une argumentation de gros bons sens (du genre « la poule ou l'œuf : il faut bien commencer par quelque chose »). Ce n'est pas le déclic d'un démarrage mécanique, la fameuse chiquenaude. Ce n'est pas une action neutre, sans tendresse et sans Christ. Il te faut absolument congédier ces images fausses qui t'empêchent de croire ou de bien croire. En évangélisant les autres, tu devras plus d'une fois rectifier leurs « idées », sans te moquer d'eux, mais avec un brin d'humour.

Au commencement est le don de soi

Je te l'ai déjà dit : Dieu ne peut pas *être* sans *se donner* à l'intérieur de lui-même. Du coup, le chrétien ne peut pas croire en son *existence* sans croire en son *amour*. Dieu n'« est » pas de façon brute, de façon plate, de façon terne, comme une chose dont on dirait, après examen : « Il y en a », ou « On en trouve », ou « Ça existe ». Que de gens s'illusionnent sur ce point, disant « croire » en un Dieu qu'ils ne prient jamais, parce que, pour eux, c'est un Moteur, une Explication, une Cause, Quelque chose au-dessus de leur tête, pas beaucoup plus !

Cette donation se réalise d'abord *à l'intérieur de la Trinité*, et elle s'opère d'une façon totalement gratuite. Le Père n'a pas besoin du Fils pour se délivrer de sa fécondité. Il ne l'engendre pas pour avoir un réceptacle où déposer sa richesse. Il le fait en vertu d'un amour totalement désintéressé, que rien n'oblige à se communiquer. Le Fils n'advient pas au Père comme une aide, mais comme une réponse aussi parfaite que lui. Quant à l'Esprit, il procède sans doute de leur union comme un beau fruit, mais pas comme un être qui se rendrait indépendant et qui donnerait naissance à de nouvelles générations. Ainsi, la vie trinitaire est un mouvement circulaire achevé en lui-même et qui n'a pas besoin du monde [10]. C'est te dire, si tu n'avais pas bien compris, que la Trinité n'est absolument pas une famille, contrairement à ce qu'on entend ici ou là (même si ça part d'une bonne intention) : en effet, le Père n'est pas l'homme, ni le Fils la femme, ni l'Esprit l'enfant. Cela ne tient pas debout, comme les Pères de l'Église ont fini par le comprendre, après avoir essayé toutes les combinaisons possibles (l'Esprit pouvant être la femme et le Fils l'enfant).

Cette totale gratuité préside donc à *la création*. Le monde ne vient pas d'une divinité qui aurait la démangeaison de se communiquer. Il n'est pas davantage le fruit d'un caprice des dieux, qui s'offriraient ainsi de quoi se divertir, échapper à l'ennui, en n'hésitant pas à se livrer à quelque « jeu de prince » cruel. L'univers n'est pas non plus causé par une nécessité « dialectique », comme si Dieu avait besoin de son contraire pour se tirer au clair lui-même. Toutes ces théories ont été soutenues au cours de l'histoire, soit par des religions non-chrétiennes, soit par la philosophie allemande du 19e siècle. Elles ont pour résultat de dévaloriser en même temps les deux protagonistes du drame : car si Dieu éprouve un besoin quelconque, il n'est plus Dieu. Et s'il se sert de moi pour arriver à ses fins, il ne m'aime absolument pas : il m'utilise.

Paradoxe : Dieu pouvait parfaitement se passer de moi ; c'est pour cela qu'il m'aime vraiment,... jusqu'à ne plus pouvoir se passer de moi désormais. Il le montrera, je te l'ai dit, en ne lâchant plus sa créature d'une semelle, jusqu'à descendre aux enfers pour la chercher,

---

10. J'emprunte tout cela, en le simplifiant, au plus prestigieux de nos théologiens actuels, le Père Hans-Urs von Balthasar.

quand elle atteindra le fond de la débine. C'est ce qu'on appelle la dilection, c'est-à-dire un choix libre, celui qui, curieusement, enchaîne les êtres le plus fort. Car le hasard peut se défaire et le besoin disparaître : mais la dilection se lie pour toujours.

Une « raison » que la raison ne connaît pas

Tout homme cherche un jour sa raison d'être, afin d'avoir une raison de vivre. Pas facile, s'il n'en aperçoit aucune, si toute existence lui semble absurde, à commencer par la sienne. Sartre a écrit cette phrase terrible : « Tout existant naît sans raison, se prolonge par faiblesse, meurt par rencontre ». Ça fait très « après-guerre 1945 », où nos existentialistes pouvaient encore déguster joyeusement leur néant, en compensant par de bonnes bringues les jeûnes de l'Occupation. De toutes manières, Sartre avait des idéaux de remplacement qui lui permettaient de se battre pour la justice sans trop croire à ses idées. Mais aujourd'hui, un jeune qui écrirait une telle phrase aurait sans doute la « logique » de se tuer sans attendre. Ce matin même, je lisais dans le journal que, durant l'année 1987, il y avait eu en France 12 161 suicides réussis, soit 33 par jour, dont 3 chez les moins de 25 ans, sans compter les tentatives qui, elles, sont de plusieurs centaines chaque journée. Ce chiffre dépasse celui des accidents de la route, qui accuse dans le même temps 9 443 morts. Le quotidien ajoutait que plus du tiers des tentatives de suicides se comptent dans la tranche d'âge des 14-25 ans. Cela veut dire que le non-sens tue plus que l'autoroute, et que les idées saugrenues ont fini par s'avérer dangereuses. Cela veut dire par conséquent que le refus d'évangéliser équivaut au délit de non-assistance envers une personne en danger. Car plus personne désormais ne savourera la « nausée » (c'est un titre de Sartre) aussi sereinement qu'une glace à la pistache.

Si certains concluent à l'absurdité de l'existence,

d'autres ne renoncent pas à chercher des raisons, de vraies raisons, au moyen d'explications scientifiques. A ce plan, ils en viennent toujours à invoquer, avec Jacques Monod, le hasard ou la nécessité. Mais est-ce un résultat supérieur au précédent? Suffit-il, pour se consoler, d'apercevoir que le non-sens est scientifique? Qu'est-ce donc que ça change? D'ailleurs, est-ce vraiment scientifique?

Pascal a écrit: «Le cœur a ses raisons que la raison ne connaît pas». Je dirais, en le plagiant: «Le croyant possède une raison d'être que le rationaliste ne reconnaît pas et qui l'irrite singulièrement». Cette raison, c'est l'Amour créateur: «Je suis aimé de Dieu, donc je suis». Mais, «que je sois aimé de Dieu, je ne puis que le croire», tant c'est énorme. Et, si Dieu m'aime, ce ne peut être que... sans raison. En effet, dit saint Bernard, «j'aime parce que j'aime», sans plus. Autrement dit, pour le croyant, l'explication la plus rigoureuse du monde, c'est une Tendresse, c'est-à-dire une réalité qu'il est impossible de raisonner. L'univers, si massif, si complexe, ressemble alors à une gigantesque pyramide renversée qui repose sur sa tête, donc sur une surface minuscule,... et ça tient!

Ta foi, ami, doit se nourrir de choses fortes, pas de sucreries douceâtres. Ta prière doit être un émerveillement provoqué par des certitudes peu banales, par des contrastes saisissants. Ne t'en va pas chercher ailleurs des gadgets religieux, ne grignote pas des fantaisies: ouvre ton cœur à ce qui est fondamental. Ne fais pas comme ces gens qui ont «un sens suraigu de l'inessentiel».

Le monde visible et invisible

Dieu et le monde

Quand on nomme le Créateur, on nomme aussitôt la création, sous cette forme globale qui s'appelle

« monde » ou « univers ». D'ordinaire, lorsqu'on prononce ces deux derniers mots, on le fait négligemment, comme s'il s'agissait d'une chose banale et allant de soi. Le chrétien, lui, voit là une réalité qui a sa consistance propre et au milieu de laquelle l'Église fait figure de peuplade, de province minuscule, de réduit. Le monde, pour certains, c'est même une chose « séculière » qui prend ses distances avec Dieu (un *No God's land...*) et qui résiste à l'évangélisation. Or, pour la foi, c'est tout le contraire. Le monde n'est pas une réalité « mondaine » mais un article de foi : c'est la Révélation qui nous permet de parler de lui. En effet, personne, sur terre, ne fait jamais l'expérience de l'univers comme tel : chacun n'en aperçoit qu'un recoin, sans pouvoir faire la synthèse. Finalement, « le ciel et la terre » sont une catégorie religieuse et théologique : la Bible désigne ainsi *tout ce qui vient de Dieu et qui n'est pas Dieu*. Bien sûr, il y a, dans le monde, des lois qui fonctionnent dans une autonomie relative (*Gaudium et spes* 36 § 2), des lois que le chrétien doit connaître et respecter. Pourtant, cette autonomie n'est pas totale, comme si les choses créées ne dépendaient pas de Dieu et que l'homme puisse en disposer sans référence au Créateur (36 § 3). Loin que l'univers puisse se dissocier d'avec Dieu, c'est Dieu qui lui donne d'être tel, qui le définit, qui le rassemble. Quand le baptisé récite son *Credo*, le monde, pour lui, entre dans une juste vision du réel : il réfute à la fois l'*athéisme* (car il suppose Dieu) et le *panthéisme* (car il n'est pas une émanation, une extension, une dilatation, une dissolution de Dieu). Sans Dieu, l'univers est inexplicable et absurde, comme cette racine d'arbre qui, dans le jardin du Luxembourg, donne la « nausée » à l'un des personnages de Sartre. Il est aussi plein de fissures, faute d'une Église capable (selon le jeu de mots de Claudel), de réaliser cette « version à l'unique » que réclame l'« uni-vers », s'il désire vraiment correspondre à son nom. Quant à voir un peu partout des lambeaux de divin, accrochés aux arbres ou trempant dans les sources, c'est du pur paganisme, qui n'a rien à voir avec le Cantique des créatures : François d'Assise, en effet, ne loue pas « le divin », mais le Seigneur en personne nous offrant les beautés de la nature. *« Laudato si, o mi Signore ! »*. Ce n'est pas du tout la même chose. Et rien à voir avec l'écologie : le *Poverello* était presque aveugle quand il composait ces versets, sous le monastère de Claire à Saint-Damien. Si le panthéisme était vrai, le monde serait intouchable : je pense ici à ces païens de Chine qui, jadis, arrachaient les rails de chemin de fer, parce qu'ils croyaient que ces traverses écorchaient le dos des dragons divins se trouvant à fleur de sol (mais ce n'est pas non plus une raison pour tout polluer). C'est aussi l'amusante histoire de ce bouddhiste qui, un jour, faisait pipi sur un bouddha. Et comme l'un de ses co-religionnaires s'en indignait, il lui répondait : « Mais indique-moi un seul endroit où je pourrais ne pas faire pipi sur de la bouddhéité ! ». Curieuse notion de la présence de « dieu » ! [11]

La création comme séparation

Le monde est donc un tout venant de Dieu et distinct de lui. Mais c'est un tout dont l'harmonie suppose des différences radicales. Au chapitre 1er de la Genèse, le Créateur passe son temps à mettre des séparations dans le magma, le « tohu-bohu » primitif. D'abord, il distingue la lumière et les ténèbres, le jour et la nuit. Puis il fait reculer la mer le plus loin possible (Job 38, 8-11 ; Proverbes 8, 29), afin que le sec apparaisse et que puissent se multiplier les divers vivants : les aquatiques et les terriens, sans oublier les oiseaux. J'ai pu avoir un jour un aperçu de ce foisonnement en me promenant en voiture dans le parc de la Kagera, au Rwanda : sous

11. Dans les années 68, un de mes confrères racontait cette histoire pour dissuader les catholiques de construire des églises, Dieu étant partout… Heureusement, on ne l'a pas écouté !

les euphorbes-candélabres, des impalas, des zèbres, des buffles, des phacochères, des lions, et j'en passe... C'est après que surgit Adam, le seul être créé voulu pour lui-même, au terme d'un conseil céleste (« Faisons l'homme ! ») tenu entre le Père et le Fils, ou entre Dieu et ses anges. Là, c'est du tout neuf. Et comme Adam, passant en revue tous les animaux, ne trouve rien qui puisse lui être assorti, le Créateur fait surgir de son corps une jolie Eve qui lui convient tout-à-fait. Reste enfin à conclure, et c'est le shabbat, le contentement divin. En le fêtant chaque semaine, le croyant prendra le temps de célébrer Celui dont tout vient mais qui est au-dessus de tout. Alors apparaît la totalité du réel, avec ses trois classes irréductibles : *Dieu, l'homme, toutes les choses*. Jamais on ne devra faire de mélange : l'humanité ne devra pas prendre la place de Dieu ; les choses ne vaudront jamais un homme, même le plus petit. Comme le disait le P. Cardijn, le fondateur de la J.O.C., « un jeune travailleur vaut plus que tout l'or du monde ». Un entrepreneur ne peut pas tolérer un pourcentage de casse qui incluerait des ouvriers.

Les Juifs ont eu le grand souci de maintenir ces clivages fondamentaux. Ils ont affirmé la primauté de Yahweh jusqu'à pratiquer une rigueur insoutenable : car, enfin, ce n'est pas violer le shabbat que de guérir un malade ou un infirme ; Jésus le rappelle souvent. Ils ont pris la défense de l'homme en soulignant le rôle de son vêtement, et jusqu'à la signification de la frange qui le bordait : séparer l'être humain d'avec les choses, moyennant un périmètre de dignité. C'est cette frange du manteau de Jésus que touche la femme (Luc 8, 44) pour être guérie de sa perte de sang. De même, on avait horreur de la nudité, celle du vivant, celle du cadavre, parce qu'elle faisait retomber l'homme dans le tohu-bohu primitif. Ce n'étaient donc pas les manières en usage à Saint-Tropez ! On voyait aussi dans le lépreux une mystérieuse irradiation du sacré qui, en boursouflant sa peau et en tailladant ses moignons, lui faisaient perdre ses contours humains.

Bien sûr, la séparation n'a pas le même sens selon

qu'elle s'opère à l'intérieur de la création (entre les choses et les hommes) ou à l'extérieur (entre le monde et Dieu). Sur terre, il y a des promiscuités physiques qui sont à fuir, des distinctions qui supposent un espacement, pour qu'on ne soit pas les uns sur les autres. Il n'en va pas de même avec Dieu, c'est trop clair. Les païens imaginaient des enclos sacrés — des temples — où seule la divinité était censée habiter, à l'exclusion de tout être humain, exception faite pour le prêtre ou la prêtresse qui avait ses audiences périodiques. Le peuple, lui, se tenait devant les colonnes du bâtiment, *« pro-fanum »*, expression latine d'où vient le mot « profane », hors du sacré. Telle n'est pas la conception chrétienne, évidemment. Dans l'Écriture, la maison de Dieu, c'est la communauté chrétienne comme telle (1 Corinthiens 3, 9-17). Le mot « Église » a d'abord désigné l'assemblée des fidèles (nous lui mettons alors une majuscule) avant de désigner le bâtiment où elle se réunit. Et, quand la liturgie consacre solennellement cet édifice, elle prend bien soin de mettre en valeur la bâtisse spirituelle qui est faite de pierres vivantes, les plus difficiles à trouver et à ajuster (1 Pierre 2, 4-6). Regarde attentivement la messe de la Dédicace. En tout cas, aucun monument n'a la possibilité d'enfermer le Seigneur en exclusivité et à huis-clos : c'est ce que saint Paul assène aux Athéniens en essayant, pour mieux les convaincre, de récupérer astucieusement quelques-uns de leurs auteurs (Actes 17, 28-29). Pour sauvegarder la sainteté de Dieu et nous préserver d'elle, nous n'avons pas à mettre des distances physiques, ni des revêtements d'amiante, ni des murs anti-radiations : le Créateur ne cesse d'être tel en nous habitant, puisqu'« en lui nous avons la vie, le mouvement et l'être ». C'est la différence entre le « sacré » et le « saint » : *le sacré s'isole, le Saint se communique*. Car, la sainteté, c'est la perfection de l'Amour, la perfection du Don gratuit. Et nous ne courons aucun risque à son contact, sinon de contracter… la charité !

Si le païen prend du recul pour se protéger de ses divinités, certains philosophes ont curieusement imaginé, au contraire, que Dieu prenait l'initiative de « s'écraser » pour que sa créature ne soit pas opprimée par lui, qu'elle ait de la place pour respirer, qu'elle soit à l'aise dans ses mouvements. La création, ce serait l'Être suprême se rétractant, se retirant, comme la mer à marée basse pour qu'apparaisse le rivage. Tout cela part d'une bonne intention, je n'en doute pas, mais quelle naïveté ! Comment Dieu serait-il « complexé » face à nous, comme s'il avait des scrupules à la pensée qu'il pourrait nous gêner ? Comme s'il craignait que nous lui disions : « Ôte-toi de là, que je m'y mette ! ». Mais nous ne sommes pas avec lui dans un univers de solides, en bordure l'un de l'autre, comme deux pays sur leur frontière commune ! Relis les évangiles, celui de Jean surtout : Jésus passe tout son temps à nous dire que son Père et lui désirent ardemment habiter chez nous (Jean 14, 23). Il nous demande même de l'héberger en lui ouvrant notre porte (Apocalypse 3, 20). Le christianisme est *vie intérieure* : ne l'oublie jamais. Dieu ne gêne pas ma liberté : il ne cesse de la créer en moi. Il n'est ni mon ennemi, ni même mon gentil frontalier, mon aimable voisin : je baigne en lui. Relis le superbe psaume 139 et tu comprendras.

L'homme et les hommes

L'homme, c'est donc le fils chéri avec lequel le Père dialogue et pour lequel il se fait du souci : « Adam, où es-tu ? ». Cette capacité de *converser avec le Créateur* est étonnante : on se demande pourquoi les gens en usent si peu. C'est la forme essentielle que prend, en nous, l'image et la ressemblance dont je te parlerai plus loin. Il t'arrive sans doute, à certains jours du moins, de considérer la prière comme un moment douloureux où les minutes sont longues ; alors, tu t'accroches pour faire ton devoir. Mais prier n'est pas un *devoir* : c'est une *dignité*. On ne s'y résigne pas, le visage tendu : on y court, en rougissant de bonheur. Le curé d'Ars disait que, pécheurs, nous aurions mérité d'être privés de la prière, mais que Dieu nous a laissé cette joie. Alors, rectifie tes opinions, si besoin est.

L'image, c'est encore ce que la Bible appelle *la Sagesse*, c'est-à-dire toute la performance divine. Aussi le psaume 8 a-t-il l'audace de dire, en parlant de l'homme : « A peine le fis-tu moindre qu'un dieu… pour qu'il domine sur l'œuvre de tes mains. Tout fut mis par toi sous ses pieds ». Par son savoir et sa technique, Adam domine toute la nature et il en poursuit l'aménagement : c'est là un office que le dernier concile qualifie de « royal ». En le créant, Dieu n'a pas lésiné : il l'a fait si beau que sa splendeur lui est montée à la tête, comme une tentation. Le péché ne vient pas d'une faiblesse, comme si le Créateur, en négligeant les conseils d'une agence chargée de la vérification des matériaux (comme la SOCOTEC où travaillait mon petit frère), avait mis trop peu de ciment et de ferraille dans son béton originel, au risque d'entraîner un affaissement de la poutrelle. Non, c'est le contraire. Le Créateur a fait Adam si superbe que le pauvre homme en a eu le vertige en se regardant dans sa glace : il s'est pris pour plus malin que Dieu (Ezéchiel 28). Ne viens pas alors me dire que le Seigneur aurait mieux fait de créer un laideron ou un minus, pour ne pas avoir d'histoires ! Non, il a maintenu son projet, mais en assumant le risque de la croix. Et si tu veux avoir une petite idée de ce que peut faire l'orgueil humain, pense aujourd'hui aux problèmes de la bio-éthique : dans ce domaine, avec toute la sophistication de sa science, le contemporain risque de produire un désastre en voulant manipuler à l'extrême la génétique, pour faire la nique au Créateur. C'est la grandeur et l'ambiguïté de toute culture.

L'image ne se trouve pas seulement dans la partie spirituelle de l'homme, dans son esprit et dans sa liberté : elle passe par *son corps*. En effet, Dieu est Don, et ce Don s'est fait un soir au moyen de la petite phrase que tu connais bien : « Prenez et mangez : ceci est mon corps ». L'homme le plus mystique ne vit pas désincarné : il va aux autres avec son cœur, ses muscles, sa fatigue, la joie de ses yeux. Il se prosterne au sol de tout son long pour s'offrir à son Dieu, lors des étapes du sacrement de l'Ordre ou de la profession religieuse. L'homme et la femme se donnent l'un à l'autre dans le sacrement du mariage en désirant se livrer mutuellement leur être tout entier. Finalement, c'est la même formule qui fait l'Eucharistie et l'engagement nuptial, même si l'union s'opère tout différemment. Note au passage le lien étroit qui unit la création, les noces et la messe : il y a là une cohérence de fond. Fais taire gentiment ceux qui continuent d'ânonner que l'Église méprise le corps : ils ne savent pas ce qu'ils disent.

Un texte te permettra de comprendre ce que signifie la ressemblance d'Adam avec son Seigneur. Tu sais la peau de banane que les scribes ont un jour déposée sous les pieds de Jésus en lui montrant une pièce de monnaie, afin de savoir s'il était pour ou contre le paiement de l'impôt, aux temps difficiles de l'occupation romaine (Matthieu 22, 15-22). Jésus s'est fait montrer la pièce recto verso en demandant qui en avait ordonné la frappe et il a répondu : « Rendez à César ce qui est à César, et à Dieu ce qui est à Dieu ». Chacun de nous est ce bronze frappé à l'effigie du Fils : il doit donc « se rendre » au Père comme le Fils lui-même. Jean Eudes disait, lui : « se laisser à Dieu ». Vaste programme !

Ce qui est vrai de chacun l'est de *tous*. On peut parfois se demander, à la vue d'une foule, d'où provient cette multitude et la diversité qu'elle représente. Si certaines cultures se réjouissent des familles nombreuses, il n'en va pas de même dans les pays aisés qui, d'un côté, font des prodiges pour réaliser des fécondations exceptionnelles, et, de l'autre, envoient annuellement à la poubelle quelques centaines de mille de fœtus. Certes, l'Église enseigne la paternité responsable : elle ne pousse pas au lapinisme. Mais elle déplore cette peur du risque qui donne péniblement une moyenne de 1,7 bébé par famille au pays de France. Mais laissons là ce problème pour prendre un peu de hauteur. Dans certaines des philosophies anciennes, le multiple semblait déjà une dégradation de l'Unité divine, et comme une cassure, un émiettement : une sorte de cancer métaphysique, une maladie de l'Être. Tel n'est pas la mentalité biblique, pour laquelle la multiplication des personnes (Genèse 1, 28) est une bénédiction de Dieu. La diversité, dit saint Thomas d'Aquin, ne vient pas du hasard mais de la sagesse : le multiple fait éclater la beauté du simple (ST 1, 47, 1). En tout cas, le cœur du Père est capable de vouloir personnellement tout être et de l'aimer par son nom, car Dieu n'a pas peur du pluriel : il existe, en son ciel, de « multiples demeures » (Jean 14, 2). Ce regard divin, c'est celui de mère Teresa lorsque, sur un trottoir de Calcutta ou d'ailleurs, elle ou l'une de ses sœurs ramasse délicatement quelque miséreux aux portes de la mort sans calculer ses chances de vie et sans aller consulter les courbes démographiques du pays. Les humains ne s'additionnent pas, et Dieu n'aime pas les recensements (2 Samuel 24). À la fin de l'histoire, le Seigneur n'ira pas concasser les personnes dans un gigantesque broyeur, pour apaiser les turbulences en réduisant tout à l'unité. Il ne détruira pas les effets de la création, comme s'ils avaient largement dépassé ses prévisions initiales. Le Corps mystique de son Fils est capable d'intégrer mystérieusement ces milliards d'êtres humains sans les détruire, mais en imprégnant de gloire leurs corps ressuscités. La création est une gigantesque promesse qui aura été tenue, coûte que coûte. Fais confiance à Dieu et à ses anges... dont je te parlerai en finale, car je n'oublie pas l'invisible.

Trouver l'attitude juste pour décider

Ce que je viens de te dire, ami, est lourd de conséquences au plan spirituel, car c'est le secret du discernement. Pour être franc, ce discernement n'est pas ton fort : ou bien tu choisis sans t'interroger sur ce que Dieu veut, ou bien tu utilises des « trucs » ultra-rapides pour détecter sans effort la volonté divine : livre ouvert par hasard à la bonne page, signes « en veux-tu ? en voilà », conseils demandés à cinq ou six personnes différentes pour tirer de leurs contradictions le bon moyen d'en faire à ta tête, etc. Excuse ma taquinerie, mais mon père saint Ignace était un peu plus futé, un peu plus loyal. Au début de ses *Exercices spirituels*, au n° 23, il place une méditation qu'il intitule « Principe et Fondement » ; permets-moi de t'en reparler, après y avoir fait une trop brève allusion. C'est un morceau d'allure rébarbative qui, ou bien paraît abstrait, ou bien semble évident, ou bien — pour les plus subtils — possède une finale inquiétante. Permets-moi de te décortiquer les cinq membres de phrases qui constituent son argument, un argument serré.

L'homme est créé pour louer, respecter et servir Dieu notre Seigneur

1) « Créé pour », c'est là une *finalité*, une définition. Lorsqu'on passe à côté, on est *« en manque »* : certains psychologues nous disent que des névroses prennent naissance dans la dimension spirituelle de l'homme, lequel souffre alors d'un trouble d'identité par rapport à son Dieu, par perte de sa mémoire profonde. Voilà qui est intéressant. Lorsqu'on ne se contente pas d'oublier, et qu'on se donne une autre direction, on peut se trouver *gauchi*, un peu comme un couteau qui aurait servi de tourne-vis sans ménagement. Et, quand on est gauchi, on en devient rapidement *blessé* : par perte de tout sens, par perversion de la mémoire, par atrophie de la liberté. Tu me diras qu'il ne faut pas généraliser, et je suis bien d'accord avec toi, mais c'est parce que les hommes ont — heureusement — dans leurs vies des « secteurs » de réussite qui les préservent d'un non-sens total : la famille quand elle marche, les amis, la culture, l'intérêt de la profession, etc. L'être humain en effet n'est pas — sauf excep-

tion — un chercheur de Dieu à l'état pur. Mais il peut arriver que les appuis terrestres fassent un jour défaut : tu en sais peut-être quelque chose. Je ne veux pas « caser » ici le Seigneur d'une façon péremptoire, en t'en faisant une démonstration par l'absurde : je veux te certifier qu'il ne constitue pas un détail insignifiant, un dessert facultatif. On a, dans un monde prétendu « sécularisé », tellement parlé de « l'inutilité de Dieu », qu'il est temps de réagir, car les dégâts sont là.

Ce qui est vrai au plan individuel l'est aussi *au plan société*. Les systèmes totalitaires et les idéologies oppressantes finissent par céder un jour, alors qu'on ne voyait pas comment s'en libérer, à vues humaines. En France, à la fin du 19ᵉ siècle et au début du 20ᵉ, la troisième génération du positivisme a fini par secouer le joug de la Sorbonne, et l'on a vu se produire cette *insurrection spirituelle* qui nous a donné des convertis célèbres comme Paul Claudel, Jacques et Raïssa Maritain, Ernest Psichari et tant d'autres. De même, l'emprise du marxisme, qui, dans les années 50, semblait inévitable à certains chrétiens eux-mêmes, au moins comme un passage obligé, s'est changée en une décomposition du système, et le bloc communiste s'est inexorablement fissuré, cependant qu'apparaissait en pleine lumière l'horreur du stalinisme. La main de fer du communisme subsiste en certains pays, mais le mensonge ne prend plus : en écrasant des jeunes sur la place Tien-An-Men, les chars chinois ont accéléré la désillusion tragique. L'Europe centrale s'insurge et le mur de Berlin tombe. En U.R.S.S., les fêtes du millénaire de l'évangélisation du pays ont révélé l'existence d'une communauté chrétienne nombreuse et vivante, que la persécution n'a pas réussi à réduire ni la propagande athée à convaincre. Il y a dans la créature de Dieu une étonnante capacité de *résistance spirituelle* que l'Apocalypse ne cesse d'encourager : fait pour son Seigneur, l'homme qu'on en détourne revient un jour ou l'autre, comme une aiguille aimantée, à sa véritable position. Ce n'est pas un effet mécanique : c'est l'œuvre de l'Esprit.

En d'autres temps, les saints étaient des chrétiens de toujours, dont les racines se trouvaient en terre bénie. De nos jours, nous verrons sans doute béatifier et canoniser des convertis, *revenus* de la grande perdition : l'éditeur de ce livre aime publier dans une collection spéciale, « Témoins de la lumière », des biographies comme celle de Jacques Fesch ou de Franck, pour mettre en valeur les *sursauts* de la grâce dans les vies les plus dévoyées et ainsi prêcher l'espérance aux délinquants, aux homosexuels, aux drogués,... Habituée à lire des vies de saints limpides d'un bout à l'autre, l'opinion d'un grand nombre n'est pas encore prête à aller plus loin : elle se réjouit, certes, de constater dans certains êtres des renversements stupéfiants, mais elle n'ose pas trop les mettre en valeur par crainte d'encourager le vice plus que la conversion. Mais il n'y a rien à craindre : le vice n'a rien d'appétissant, et la miséricorde de Dieu est bien plus bouleversante. En des temps où les chrétiens sont tentés de baisser les bras, de se taire, de s'enterrer, au lieu d'entreprendre une évangélisation hardie, il est bon de vérifier que l'homme n'est pas un produit neutre, un être sans dynamisme et sans orientation profonde. Les gens de terrain le savent beaucoup mieux que les gens de bureau.

La préposition « pour » définit *le Fils* dans la Trinité, le Fils qui ne cesse d'être tourné vers le Père (Jean 1, 1) pour le contempler et prendre ses consignes comme nous le montre l'icône de Rublev. Elle définit *Jésus*, qui vient du Père et retourne vers lui (Jean 16, 28) ; qui ne cesse de regarder le Maître d'œuvre pour agir comme lui (Jean 5, 19) ; qui trouve sa nourriture en accomplissant sa volonté (Jean 4, 34) ; qui cherche avant tout la gloire du Père et non la sienne (Jean 8, 50) ; qui, pour toutes ces raisons, ne se trouve jamais seul (Jean 8, 29 ; 16, 32). La vocation de la créature n'est pas abstraite : elle ne se cache pas dans un livre, elle ne vient pas d'un principe théorique, mais elle se contemple en Quelqu'un de vivant. Elle ne fonctionne pas comme un destin, comme un instinct, mais comme un amour. Elle conduit à choisir et à exécuter des actions moralement bonnes, mais elle les inscrit dans cette réalité plus vaste qu'est la charité. Car la loi ne nous dit pas tout ce qu'il serait bien de faire; et l'on peut, hélas, faire le bien sans tendresse. La finalité qui est au cœur de la créature va donc beaucoup plus loin que le «devoir», lequel pourrait être une corvée, ou une performance sportive, ou une exécution sans âme, ou une prestation limitée. Quand tu cherches ta vocation, ami, tu ne la trouves pas dans les codes: tu la reçois dans un appel. C'est le Père qui te le demande et qui te dit: «Fais-le pour ton Papa, mon chéri» (Matthieu 21, 28-31). Je te le répéterai plusieurs fois pour que cela t'entre dans la tête et dans le cœur.

2) «Louer», c'est le véritable culte: la Bible parle sans cesse du *«sacrifice de louange»*, ou du *sacrifice des lèvres*: «Au lieu de taureaux, nous te consacrerons nos lèvres», dit très joliment le prophète Osée (14, 2). De même, l'épître aux Hébreux (13, 15-16): «Par Jésus, offrons à Dieu un sacrifice de louange en tout temps, c'est-à-dire le fruit de lèvres qui confessent son nom». «Heureux sommes-nous, dit Baruch (4, 4), ce qui plaît à Dieu nous a été révélé». Or, ce qui plaît à Dieu, c'est d'abord de *se donner* à nous, puis de recevoir *notre merci*, enfin de nous voir *partager* le don aux autres: en cela consiste la véritable religion d'Israël (Deutéronome 26, 1-11). C'est un sacrifice, parce que nous n'aimons pas recevoir un cadeau qui nous semble piégé, parce que nous n'aimons pas devoir dire merci, parce que nous n'aimons pas partager. Nous préférons donner à la quête plutôt qu'offrir notre cœur: le percepteur est rassurant, le bienfaiteur est inquiétant, car dans quelle folie va-t-il nous embarquer? N'est-il pas plus simple de viser la correction, sans plus? On n'est pas obligé de chérir quand on règle des comptes: on paie ses dettes, voilà tout. Il est plus facile de faire un geste que de prier: faire un geste, ça débarrasse; prier, ça engage. Vraiment, Dieu a sur nous beaucoup plus d'ambition que nous-mêmes, qui visons le minimum vital et sommes ainsi très formalistes. Nous

agissons comme si tout nous était demandé, sauf d'aimer.

En passant des lèvres aux mains et aux pieds, la louange devient *service*, sans rupture de continuité. Je suis tellement heureux d'être aimé que je vais aimer sur les chemins, partageant aux autres le don spirituel (la Bonne Nouvelle) et le don matériel. Cela aussi, c'est un sacrifice, car il coûte d'évangéliser et il coûte de se priver pour autrui. Emprisonné quelque part dans l'Empire romain, Paul remercie les Philippiens des colis qu'il reçoit d'eux, et il y voit « un sacrifice que Dieu trouve agréable » (4, 18). De même, l'épître aux Hébreux recommande aux fidèles « la bienfaisance et la mise en commun des ressources, car c'est à de tels sacrifices que Dieu prend plaisir » (13, 16). Là encore, c'est la charité qui constitue la véritable religion, laquelle n'a rien à voir avec des rites sans âme. Ainsi, ma vie est tout d'une pièce.

3) La créature est donc *polarisée entièrement par son Donateur*. Avant d'avoir à faire ceci ou cela et de prendre telle décision, elle doit se savoir amoureusement dépendante de Celui qui lui donne l'existence et pas seulement un devoir à remplir. Quand tu fais une retraite de discernement, prends le temps de penser à cela au lieu de bondir prématurément sur la résolution à prendre. L'Esprit-Saint est autre chose qu'un bureau de renseignements ou qu'une agence d'orientation professionnelle : n'automatise pas, ne mécanise pas ta relation avec lui, comme s'il était un Minitel.

Saint Thomas d'Aquin a une belle définition de *la grâce* (ST 1a 2ae, 110, 1). La grâce, c'est d'abord la dilection gratuite qui vient du Père, c'est ensuite le cadeau gratuit qu'est Jésus-Christ, c'est enfin la reconnaissance pour le cadeau reçu que nous inspire l'Esprit. Dans le Père, nous trouvons grâce ; dans le Christ, il nous est fait grâce ; dans l'Esprit, nous rendons grâce. Je trouve cela superbe. La créature est donc conviée à prendre part, à sa place, à la vie trinitaire : tout accueillir, tout redonner, dans l'ébahissement. Le malaise, c'est quand on ne voit plus de quoi rendre grâce. Avant donc de trouver ta décision, demande-toi quel est ton carburant intérieur : est-ce le devoir, la compétition sportive, la perfectionnite aiguë, la routine ? Est-ce la hargne, la rogne, la grogne ? Est-ce l'orgueil, le désir d'en remonter aux autres ? Est-ce la peur, l'illusion ? Ou est-ce le Saint-Esprit ? Tu dois savoir : c'est vital pour toi. Il est des carburants qui n'en sont pas, ou qui détériorent la tuyauterie. Demande-toi comment vivait Jésus, au plus profond de son cœur.

4) Enfin, n'oublie pas que l'émerveillement ne peut jaillir que du *contraste*. Le « Oh ! » extasié suppose un spectacle inhabituel, un événement disproportionné : une rupture et une dénivellation. Sinon, c'est la routine et la banalité. Or, nous avons vu que la Création est une œuvre de séparation : les choses, l'homme et la femme, Dieu. Si tu détruis cette hiérarchie, tu mélanges tout, tu banalises tout, et tu en arrives à la civilisation du « Bôf ! » généralisé : tout va de soi, tout est normal, tout est prévu, tout est dû, tout est déjà vu, tout est déjà su. Alors restons couchés !

La météorologie nous dit que le vent se déplace d'une zone de haute pression vers une zone de basse pression : c'est une différence qui le fait s'ébranler. Il en est de même pour cet autre Vent qu'est l'Esprit. La louange jaillit quand le tout-petit se trouve en face de l'infiniment Grand. La mission s'organise quand le cœur pourvu découvre le cœur affamé et s'ébranle vers lui. Sans ce contraste, pas de mise en mouvement : c'est la mer d'huile, désespérante. Rien ne vaut la peine de bouger.

Pour prendre une autre image — que Jean-Paul II a utilisée à Compostelle — si, dans un paysage riant, tu installes une cimenterie, il n'y a bientôt plus ni vert, ni jaune, ni rouge, ni bleu, mais uniformément du gris sale. C'est ce qu'on appelle la pollution. Or, il existe aussi, nous a dit le Pape, une pollution spirituelle, qui est la détérioration des valeurs : Dieu ou pas Dieu, vrai ou faux, bien ou mal, chrétien ou pas chrétien, bôf ! « Tout se vaut », c'est l'équivalent de « Rien ne vaut ».

Si le oui égale le non, qu'est-ce qui est respectable? Qu'est-ce qui peut être motivant? C'est le scepticisme généralisé, qui parfois se déguise en ouverture d'esprit, en grandeur d'âme, en tolérance. Alors, les zombies appellent fanatiques tous les gens convaincus qui prennent position. C'est exactement ce qui se passe aujourd'hui. Toi, tout en demeurant fraternel, n'aie pas peur d'être différent: c'est ainsi que tu pourras rendre service. Et, quoi qu'il arrive, n'imagine pas un seul instant que tu es un anormal (un malade) ou un génie: tu es l'homme que Dieu a créé, et tu essaies de vivre à ce niveau, qui est le seul véritable.

Il use des choses dans la mesure où elles aident sa vocation

«Tout est à vous, vous êtes au Christ, le Christ est à Dieu» (1 Corienthiens 3, 23), nous dit saint Paul. Tout donc est au service de l'homme, dans la mesure où, avec le Christ, il se met au service du Père et cherche sa gloire. Il en est que ce langage irrite, parce que les choses apparaissent comme de purs moyens, comme des ustensiles. Ils disent alors, avec Teilhard: «La formule n'est pas d'en prendre juste ce qu'il faut, mais d'en tirer le maximum d'énergie spirituelle». Quand c'est possible, oui, bien sûr. Mais tous les choix ne sont pas au même niveau. Au bas de l'échelle, il faut d'abord trier le bien d'avec le mal: c'est élémentaire. En société, il faut ensuite rogner ses envies pour harmoniser son désir à celui des autres, même s'il est légitime: sinon, c'est la jungle. En Église, il faut décider non pas seulement ce qui est permis mais ce qui «édifie», ce qui est constructif, car toute action bonne ne bâtit pas la communauté (1 Corinthiens 10, 23). Dans la vie courante, il faut élaguer dans le maquis des possibilités pour réaliser ce qui est faisable, au lieu de buissonner dans tous les sens. Dans la vie spirituelle enfin, il faut, parmi toutes les manières de bien agir, adopter celle qui plaît à l'autre, celle qui plaît à Dieu, et il n'y en a qu'une à la fois. Discerner, c'est prendre les moyens d'y voir clair. De toutes façons, on ne pourra jamais tout choisir ; on enrichira son expérience sans pouvoir cumuler toutes les vocations (le mariage en même temps que le célibat, par exemple ; ou bien la vie érémitique avec l'apostolat à plein temps). Ne tombe pas dans ce que les psychologues appellent « la mégalomanie infantile du désir ».

Pour cela, il doit se rendre disponible

La disponibilité – qu'on appelait jadis l'indifférence : mais ce mot est devenu péjoratif – ne te demande pas de n'éprouver du goût pour rien, encore moins de mépriser ce que tu ne choisis pas. Elle signifie la totale liberté qui te permet de choisir, au lieu de bondir sur tout ce qui passe à portée de ta main. Et choisir t'appelle à préférer une solution en sacrifiant toutes les autres, sans pour autant les fouler au pied. Tu es capable de cela dans la mesure où tu aimes Dieu : tu as dès lors une propension passionnée pour ce qu'il souhaite de toi. Ta décision est entièrement positive : tu ne te consoles pas d'abandonner le reste en te disant qu'après tout, tu n'y perds pas grand chose. Tu ne choisis pas le célibat en réduisant le mariage à zéro.

La disponibilité permet d'abord à l'homme d'être un homme, et non pas un animal programmé qui se laisse allécher par n'importe quoi et fait du *shopping* de vitrine en vitrine en reniflant. Ce que je te dis est contraire à la logique du *marketing*, qui cherche à aguicher le client par tous les moyens, mais c'est le chemin du bonheur dans les Béatitudes. Jamais je ne me sens aussi libre que devant les magasins au temps de Noël : j'admire, je me réjouis du bonheur des autres, mais, vraiment, je ne désire rien. Mon cœur est ailleurs.

La disponibilité suppose que tu maîtrises ton désir face aux bricoles et aux gadgets. Au lieu d'user ta faculté de choisir en la faisant servir à tout propos, tu la conserves intacte pour les décisions majeures. Ne la fatigue pas trop : tu en auras besoin un jour. Aie des réserves de liberté pour les occasions importantes.

La disponibilité te rend apte à penser d'abord aux autres en partageant avec eux, en allant au devant de leurs désirs, en devinant leurs besoins. Elle fait de toi un être délicat et poli, non un éléphant dans un magasin de porcelaine.

La disponibilité te déconditionne au service de Dieu. « Soit que, soit que », dit souvent saint Paul, qu'importe, puisque « de toutes manières » je puis aimer le Seigneur, étant donné que « ni ceci, ni cela, rien » ne peut me séparer de lui (1 Corinthiens 7, 20-24 ; Romains 8, 35-39 ; Philippiens 4, 10-20...). Ce n'est pas du « je m'en fichisme » : c'est de la souplesse spirituelle. Je ne cherche pas alors la meilleure « forme » ni le meilleur contexte ; je ne m'engage pas « à condition que ». Ma générosité est « tous terrains » : intrépide et agile, elle s'adapte ; elle ne se surprend de rien et vient à bout de tout, dans le deuil, la sinusite, l'opposition et le mauvais temps.

De telle manière qu'il ne désire pas ceci plutôt que cela...

Ici, comprends bien, ami. Le Christ n'est absolument pas opposé au désir de l'homme, comme le fait le bouddhisme (pour supprimer la souffrance). Au contraire, dans les évangiles, toutes les paraboles sont basées sur l'une des formes de l'appétit humain : vouloir épouser une femme, bâtir une tour, gagner une guerre, faire valoir son talent, déterrer un trésor, acquérir une perle rare, etc. Ne trouve pas sordide ce « de même que, de même que » : Jésus a bien raison d'utiliser ce ressort en vue du Royaume. Ignace et François Xavier en font autant, montrant aux chrétiens peu généreux combien l'intrépidité des coureurs de mers leur fait honte : la Bonne Nouvelle serait-elle moins dynamisante que l'attrait de l'aventure ou du gain ? Ce faisant, le christianisme reconnaît la valeur de la création et de ce que le Créateur a mis dans le cœur de l'homme. Saint Augustin va même jusqu'à commenter un vers du poète latin Virgile en l'appliquant à la recherche spirituelle : « Tout un chacun est attiré par sa volupté ». Il en conclut : « Et l'âme n'aurait-elle pas elle aussi sa volupté, qui est le Christ ? » [12]. Hardiesse !

Mais, s'il recueille tout désir humain (chez la Samaritaine, la soif d'eau, de tendresse, d'adoration), l'Évangile n'oublie pas de transposer : être saint n'est quand même pas aussi simple, et Dieu lui-même est déroutant. Parfois même, Jésus retourne complètement l'argumentation. De même, dit-il, que pour bâtir une tour, il faut s'asseoir pour tâter son portefeuille et s'assurer qu'il est plein, de même, mais à l'inverse, pour entrer dans le royaume, il faut s'assurer qu'on ne possède rien (Luc 14, 28-30). Il faut au moins ne s'inquiéter de rien et vivre au jour le jour, selon le rythme le plus élémentaire de la création (Matthieu 6, 25-34). Les communautés nouvelles savent d'expérience la valeur de l'abandon, sans négliger pour autant de travailler de toutes leurs forces.

Il n'est pas défendu à l'homme de faire des projets et de les mettre en route : on n'est pas bon à tout en n'étant bon à rien ; on se doit de préparer les années qui viennent. Mais, en utilisant souvent le jeu de circonstances occasionnelles, qui ne sont pas forcément à mettre à son compte, Dieu fera ce qu'il voudra. « Un Autre te ceindra et te mènera où tu ne voudrais pas aller » (Jean 21, 18). Quand tu auras pris de l'âge et que tu fêteras un anniversaire, tu vérifieras que les choses ne se sont pas passées comme tu l'avais envisagé, et que le réalisme divin vaut mieux que tes rêves de

---

12. Ce texte magnifique du *Traité sur Jean* se trouve dans *La Liturgie des Heures* de ton aumônier, Tome 4, p. 182-183 (jeudi de la 28e semaine).

jeunesse. Ne néglige pourtant pas de faire des études et d'acquérir des compétences : cela te servira toujours et cela servira aux autres. Quoi qu'il arrive, l'Église se réjouira toujours de ton savoir et de ton savoir-faire. Mais sois disponible.

...mais ce qui conduit davantage à la sainteté

Ignace tient beaucoup à ce petit mot « davantage ». Il n'est pas le seul. Saint Thomas d'Aquin a dit avant lui : « Si quelqu'un ne désirait pas aimer Dieu davantage, il ne satisferait pas au précepte de la charité ». Reste à savoir ce que signifie ce « plus ». Il ne doit pas jouer au niveau de la fin, car tout chrétien est candidat à la sainteté, c'est-à-dire à la perfection de l'amour : donc, pas de lutte des classes spirituelles ; pas de fausse humilité non plus (« un strapontin au ciel me suffira bien »). Toutefois, le progrès ne consiste pas nécessairement à rajouter des exigences : le plus difficile, c'est de laisser Dieu choisir lui-même ce qu'il veut et l'opérer en nous. « Il ne s'agit pas de faire les choses pour Dieu mais de les faire faire par lui », a-t-on dit.

Cependant, au niveau des moyens, certains ont à faire des choix crucifiants, à vivre des préférences coûteuses qui ne sont pas demandées à tout le monde, à effectuer des retranchements qui font mal car ils taillent dans une matière qui est bonne. Ce n'est pourtant pas un carnage dans la création : c'est une sagesse supérieure qui manifestera un jour son « rendement », sa « réussite ». De toutes façons, l'Amour ne cherche pas d'abord l'*ablation* mais l'*oblation* : ne l'oublie jamais.

Sommes-nous loin de notre sujet ? Je ne crois pas. La Création est une dynamique parce qu'elle est faite de contrastes fondamentaux appelant des choix libres. Tu n'y es pas à l'engrais : tu exerces une appréciation, une maîtrise. C'est le lieu de ta dignité humaine.

En te parlant de discernement, je ne t'ai pas donné un « truc » pour décider : je t'ai confié le secret d'un choix juste. C'est alors que tu pourras peser les données qui sont en ta possession : tu le feras sans appuyer sur le plateau qui a ta préférence.

LES DEUX RÉCITS DE LA CRÉATION

Après avoir fait ensemble un bel acte de foi, nous allons pouvoir passer à la lecture des deux grands récits bibliques de la Création : des récits dans lesquels notre foi a déjà puisé, bien sûr. Rassure-toi, je ne vais pas t'embarquer dans une exégèse subtile, qui n'est ni mon fort ni mon goût : je vais te proposer ce qu'on appelle une « lecture savoureuse », et tu t'en trouveras bien. Je ne vais pas te démonter un texte au tournevis, ni t'embarquer dans des datations qui changent au gré des hypothèses : je vais te proposer un commentaire tout simple. C'est d'autant plus indispensable que nous écoutons chaque année ce passage de l'Écriture lors de la *Vigile pascale*, et que nous ne pouvons pas l'ignorer. Tu vois ainsi que l'Église a le souci de mettre la nouvelle création en prise sur l'ancienne et de faire de Jésus, non pas un être à part, isolé dans une réserve d'indigènes chrétiens en voie de disparition, mais l'Homme tout court dans sa splendeur et sa vérité, l'Homme universel, l'Homme d'hier et de demain, le Vivant.

De plus, Jean-Paul II ne cesse de revenir au début de la Genèse, soit dans ses enseignements du mercredi [13], soit dans divers documents officiels comme *Labo-*

---

13. *À l'image de Dieu homme et femme. Une lecture de Genèse 1-3*, Cerf, Paris 1985.

rem exercens (sur le travail), *Familiaris consortio* (sur la famille), *Mulieris dignitatem* (sur la dignité de la femme). Il dit même que, sans cette lecture biblique, on ne comprend rien à ce qu'ont voulu dire Marx et Sartre, et qu'on est incapable de leur répondre. Tu vois, nous sommes en bonne compagnie.

Quelques éclaircissements préalables

Deux récits

Tout d'abord, note bien que nous sommes en présence de deux récits de facture et d'époque différentes. C'est te dire que nous ne sommes pas en présence d'une description qui se voudrait scientifique et prétendrait être l'unique. Rien à voir avec l'astrophysique ou la paléontologie : cela saute aux yeux. La Parole de Dieu choisit de porter son message comme elle l'entend, au plan qui est le sien, dans le langage imagé qui est celui du temps et du lieu. Ne pose pas aux auteurs des questions qu'ils ne se sont pas posées à eux-mêmes : leur texte ne pourrait pas y répondre, n'étant pas fait pour cela. L'Église nous dit d'ailleurs que le Saint-Esprit garantit de son inspiration ce que l'écrivain sacré veut dire, pas les idées que nous lui prêtons (*Dei Verbum*, n° 12). Voilà qui exclut ce « concordisme » dont je t'ai parlé plus haut, mais aussi toute objection qui ne respecterait pas le genre littéraire utilisé.

Le premier récit (Genèse 1 - 2, 4a) est une composition sacerdotale d'après l'Exil à Babylone, où la création nous est présentée comme une grandiose liturgie s'inscrivant dans le cadre de la semaine, avec le shabbat comme conclusion. La Parole divine retentit sur l'abîme et donne naissance d'abord à la lumière. L'humanité apparaît tout à la fin, l'homme et la femme conjointement. Le monde se trouve alors achevé, et l'ensemble respire l'harmonie : Dieu trouve tout cela très bon et se repose de son œuvre, ce que tout bon fidèle doit faire à son tour. Le chaos primitif a fait place à une mise en ordre résultant d'une classification rigoureuse : les choses, l'homme et la femme, Dieu. Tel est, pour le prêtre, le fondement de la liturgie à laquelle il préside et qui provient de l'Acte créateur.

Le second récit (Genèse 2, 4b-25), plus ancien, est d'un tout autre style. Il sent son paysan à plein nez, pourrait-on dire. Point de réflexion sur les abîmes marins ni sur les galaxies, mais une attention à l'homme dans ses occupations habituelles et dans sa condition tragique. Tout sent la terre, notre bonne glèbe. Au début, par manque d'eau, elle est bien sèche et sans végétation. Avec l'eau qui commence à irriguer le sol, et qui n'a rien d'une menace, au contraire, Yahweh (c'est sous ce nom que l'auteur désigne Dieu) se mue en potier et modèle un bel Adam, un « terreux », un « glaiseux » en même temps qu'un rouquin : car le mot signifie à la fois ce qui est terre et ce qui est rouge, le sol étant de cette couleur en ces pays. Au terme d'une histoire où il est question d'arbres et de fruits, Adam découvre, à la sueur de son front et à la fatigue de ses reins, combien « la terre est basse » et ingrate. Et lui-même retourne à cette poussière d'où il a été tiré. Tu vois, c'est un tout autre message, qui, sans aucunement contredire le précédent, le complète d'une façon plus réaliste.

Donc, n'imagine pas ici une reconstitution qu'un savant pourrait faire du *big bang* et de ses suites fantastiques. Imagine encore moins un spectateur prenant des notes aux premières loges de l'événement : un commencement absolu n'a pas de caméraman ! Accueille la Parole comme elle s'offre à toi, avec la forme d'intelligence qui convient.

Le recours à l'image

A part les poètes, les contemporains ont la conviction que les images ne font pas sérieux, qu'elles ont moins de vérité que les idées. On parle alors de fantaisie pour école maternelle, et l'on sourit des naïfs qui croient encore à des histoires de pommes. A plus grande échelle, on se moque des « primitifs » qui ne sont pas encore des gens « rationnels ». Même dans l'Église, on passe son temps à tout « démythiser » : Jésus lui-même ne trouve pas grâce, lui qui, n'ayant pas trié ses « représentations religieuses », parle encore d'anges et de démons sans sourciller, au grand amusement du théologien de service, tellement plus intelligent ! Et, dans le même temps, l'homme le plus moderne est capable d'avaler, sous l'influence des media, les choses les plus stupides qui soient, du moment que ce n'est pas l'Église qui les enseigne. Il refuse les miracles des évangiles authentiques, mais se délecte dans les élucubrations des évangiles apocryphes, tellement plus aptes à déclencher le frisson dans la morosité quotidienne.

Heureusement, quelques philosophes récents ont réhabilité le symbole comme un langage qui « donne à penser », même si, en français, l'adjectif « symbolique » prête à rire, par exemple quand il s'agit d'un « franc symbolique », c'est-à-dire pas grand chose. Je ne suis pas chargé de réhabiliter les mots ni de leur redonner du sens (cela regarde l'Académie : encore s'appuie-t-elle sur l'opinion courante), mais je puis te mettre en garde contre un rationalisme stupide, qui finira d'ailleurs par produire son contraire : le délire. Sache que les réalités les plus profondes ne peuvent s'exprimer en mots exacts, parce que ces mots sont incapables de bien les dire et ne peuvent en tout cas jamais les enfermer. D'ailleurs, nous dit saint Thomas d'Aquin, « l'acte du croyant ne se termine pas à l'énoncé mais à la réalité » (ST 2a 2ae, 1, 2) : ce n'est pas au vocabulaire que je crois.

Redeviens enfant au bon sens du mot (Matthieu 18, 1-7). Accueille le symbole comme une gentillesse du

Père céleste, qui a caché bien des choses aux gros malins pour les révéler aux tout-petits (Matthieu 12, 25-26). Quand ton frère aîné parle à sa fiancée, il ne lui dit pas : « Viens dans mes bras, mon animal raisonnable chéri ! ». Il lui dit : « Ma biche ! ». Sans le savoir, il parle exactement comme le Cantique des cantiques ! Il est en bonne compagnie !

L'apparence de mythe

C'est vrai, les textes bibliques parlant de la Création puisent dans la mentalité de leur temps : c'est ce qu'on appelle aujourd'hui l'« inculturation de la foi ». Dans sa lettre *Mulieris dignitatem* (n° 6), Jean-Paul II note bien le caractère curieux du second récit, mais en nous demandant de ne pas nous laisser déconcerter et en nous montrant son profond accord avec le premier. De toutes manières, il n'y a pas de mythe dans l'Écriture, même si l'auteur en utilise certains éléments.

La Genèse donne bien à l'humain son fondement, surtout en ce qui concerne l'égalité et la complémentarité de l'homme et de la femme ; elle met bien Dieu à part dans le repos du 7e jour. Mais elle ne se propose pas de justifier nos institutions sociales en leur trouvant un ancrage dans l'origine : elle ne donne aucune assise primordiale à la royauté, par exemple, contrairement à ce qui se passait à Babylone. De ce fait, elle ne nous offre aucun rite, aucune cérémonie, pour rappeler le caractère primitif de l'événement. D'ailleurs, elle maintient ses héros dans l'anonymat et elle laisse dans l'imprécision le lieu dans lequel ils évoluent. Elle ne leur attribue non plus aucun témoin.

La Bible ne se contente pas de nous dire l'origine : elle veut, à sa manière, *écrire une histoire*. Elle désire couvrir l'étendue du temps par une continuité qui vient jusqu'à nous, au lieu de collectionner des récits merveilleux morcelés et éparpillés. Elle entend laisser aux acteurs leur responsabilité, sans les enfermer dans le fatalisme. Elle porte sur les événements (la chute) un jugement complexe qui exclut le simplisme de la légende. Adam et Eve ne sont pas des héros au sens mythique du mot : ils n'ont rien des personnalités massives, des géants taillés à la hâche. C'est ton Goldorack qui est mythique, ami, comme une brute inconsciente.

Enfin et surtout, dans l'Écriture, le monde est distinct de Dieu : il n'en est pas le démembrement hideux ou grotesque.

Tu peux donc aborder les textes sans aucune crainte : ils sont pleins de santé, à cent mille lieues de l'univers terrifiant et morbide de la plupart de tes magazines, dont le futurisme cache mal les instincts primitifs auxquels il s'adresse et qu'il veut exciter en toi.

Ne dis pas non plus que ces textes — pleins de santé si tu m'en crois — sont des narrations inutiles, parce qu'ils ne parlent pas le langage de la science. Je t'ai déjà montré les trois types de questions que le monde posait :

— pour le mythe, *de quoi* l'univers est-il fait ? D'où en viennent les éléments ?

— pour le savant, *comment* s'est déployé l'univers matériel dans l'espace et dans le temps ?

— pour l'homme biblique, *de Qui* provient cet univers visible qui culmine en l'homme, et *vers Qui* converge-t-il ?

Je respecte chacune de ces trois questions, mais ne va pas me dire que l'interrogation scientifique suffit à te rassasier ! Ne va pas me dire que l'apparition des molécules te semble plus importante que le sens de ta vie d'homme ; que la glaciation quaternaire est plus décisive que la congélation des sentiments ; que la dérive des continents te paraît plus gigantesque que la divagation de la pensée ; que les éruptions volcaniques sont plus spectaculaires que les révolutions sociales ; que les évolutions des dynosaures ou des cétacés te font oublier les « requins » qui affament les peuples !...

Alors, lisons ensemble, sérieusement, le cœur en attente d'une Bonne Nouvelle. Car je ne veux pas me borner à l'*apologétique* (en te montrant que la foi n'est pas stupide, point final) : je veux faire de la *théologie*, c'est-à-dire te faire entendre ce que dit Dieu, un message qui est plus que plausible : totalement original. Car le souci de mettre une continuité ne doit pas te voiler l'entière nouveauté de la Révélation. La foi, en effet, ne se contente pas de ne pas contredire la science : elle nous dévoile une réalité bouleversante, dont tu dois percevoir la valeur *absolue*, sans t'amuser à établir des comparaisons. Ou, si tu veux, *tu dois croire sans t'excuser de croire*.

Le premier récit [14]

Au commencement

1) Le commencement, c'est d'abord l'*origine*. C'est la Révélation qui nous apprend que les créatures n'ont pas toujours existé (Jean 17, 5 ; Proverbes 8, 22). Le monde est là parce que Dieu l'a voulu, et il n'était pas obligé de le vouloir. Qu'il ait un début nous fait mieux connaître la puissance du Créateur et sa liberté totale. Encore faut-il bien comprendre. Il n'y a pas de temps sans l'apparition de l'univers, et il est vain de se demander ce que Dieu faisait « avant ». « Il coupait des verges dans la forêt pour punir les curieux », disait Luther en riant très fort. Il ne faisait rien à proprement parler, disait sérieusement saint Augustin (*Confessions* 13, 15-16). Dieu ne crée pas le monde dans un temps qui serait déjà en marche : il le crée avec le temps, même si ce point de départ est difficile à imaginer.

Le temps inaugure la généalogie des bienfaits de Dieu et amorce ainsi la bénédiction du fidèle, « car éternel est son amour » (Psaume 136). Dans cette vision

---

14. Je t'écris ces lignes depuis l'abbaye bénédictine de la Rochette, en Savoie. Dans l'église, de beaux vitraux en résine illustrent ce récit.

sacerdotale, le monde est le théâtre de la gloire divine : l'homme accueille les choses avec reconnaissance et il fait de sa culture la matière de son culte ; il offre les premiers fruits de son domaine, et les meilleurs, pour louer le Créateur. De plus, il se sent provoqué à imiter l'Amour qui le précède et qui lui dit : « Comme j'ai fait, tu feras toi aussi ». Devancé, il ne peut que répondre. Pour le Juif, la *Torah* n'est pas une Loi (comme nous, nous traduisons) : c'est un *Récit*, entrecoupé de *cantiques* et d'*exigences*. Yahweh a fait des merveilles : loué soit son Nom et respectée sa volonté ! Aussi revient-il au prêtre de raconter l'origine de cette grandiose liturgie, qui débouche sur notre vie morale.

Le temps distingue l'homme d'avec son Dieu. Dieu, lui, ne commence pas, et il ne vit pas comme nous dans la succession des heures, dans le déroulement des instants : il saisit tout en un clin d'œil. Après notre mort, nous sortirons de cet univers, donc du temps, mais nous n'en deviendrons quand même pas égaux à Dieu, puisque l'éternité dans laquelle nous entrerons aura commencé et que Dieu ne commence pas. Nous partagerons le statut des anges (Matthieu 22, 30). Mais le temps n'a pourtant rien de négatif : il est porteur d'une promesse divine et d'un progrès humain ; il appelle l'acte, le perfectionnement, la ténacité, l'endurance, la croissance ; il permet la nouveauté, le dépassement. Il a un sens. Il est appel.

2) Le commencement, c'est aussi le *principe*, je te l'ai dit. La Bible, bien sûr, ne se lance pas explicitement dans la philosophie, mais elle en assure les bases, sans qu'on puisse en douter. En disant que Dieu crée « à partir de rien » (2 Maccabées 7, 28), elle affirme que rien dans ce monde n'a pu parvenir à exister par ses propres ressources, que rien ne possède en lui-même le fondement de sa possibilité. Dieu nous fait exister totalement à partir de lui-même, pas à partir de nous ni de quoi que ce soit. Il ne se sert d'aucune base de départ hors de lui ; il n'utilise aucun préalable. Il est à lui seul la Source et toute la Source. Aussi la Création

n'est pas d'abord physique mais métaphysique: elle n'assure pas seulement le commencement mais la position de l'être [15]. La Bible ne parle pas un tel langage: elle attribue tout à la Parole divine d'une façon absolue, ce qui personnalise l'action de Dieu et la rend saisissante. Le Créateur, ce n'est pas seulement l'Être suprême: c'est Quelqu'un d'intelligent qui veut et qui peut, et qui le réalise par un impératif efficace, sans rien d'autre: «Que lumière soit! Et lumière fut».

3) L'Écriture ne cesse de creuser, dans les deux Testaments, ce qui préexiste à l'univers et participe à son lancement. Dieu, bien sûr, mais pas n'importe lequel: pas une Force aveugle, sans intelligence ni cœur; pas une décharge électrique à haute tension; pas un Tyran caractériel en pleine crise de folie; pas un Fantasque sur-doué. On va parler alors de *Sagesse* (Proverbes 8, 22), en la décrivant presque comme une Personne qui aurait avec le Seigneur une singulière intimité. La Création, dès lors, n'a plus rien à voir avec une explosion phénoménale, avec une éruption d'une suprême sauvagerie. Elle devint une Oeuvre d'art longtemps préméditée, astucieusement réalisée, amoureusement exécutée. La Sagesse s'ébat en présence de Dieu comme un Danseur tout à son aise dans ses évolutions gracieuses: elle traduit les délices que le Seigneur éprouve à préparer un environnement ravissant pour ses enfants les hommes; elle exécute sous ses yeux le Ballet qui se déroule en son cœur. A cette Sagesse s'adjoint un *Esprit* grâce auquel le dynamisme du monde n'est pas n'importe quelle bourrasque. «Oui, par la parole de Dieu les cieux ont été faits, par le souffle de leur bouche toute leur armée» (Psaume 33, 6).

Cela nous est redit abondamment au livre de la Sagesse. L'écrivain sacré s'adresse au Seigneur pour en

15. Je transpose ici pour toi, en simplifiant au maximum, ce qu'écrit un grand philosophe chrétien de Belgique, Jean Ladrière.

obtenir ce don précieux et il l'interpelle en ces termes : « Toi qui, par ta Parole, as fait l'univers ; toi qui, par ta Sagesse, as formé l'homme... » (9, 1-2). Oui, la Sagesse est l'ouvrière de toutes choses (7, 21). Elle préside surtout à la création d'Adam, et le sage d'aujourd'hui est le descendant du premier être humain qui fut formé de la terre et modelé dans le sein maternel (7, 1). Vraiment, le Créateur n'a pas agi à la légère : aussi a-t-il fait une œuvre de qualité, réglant tout avec mesure, nombre et poids (11, 20). Et il n'a pas relâché son attention, veillant sur les hommes alors même qu'ils tombent dans le péché, afin qu'ils se repentent. Oui, dit l'écrivain à son Seigneur, « tu aimes tout ce qui existe, et tu n'as de dégoût pour rien de ce que tu as fait. Car, si tu avais haï quelque chose, tu ne l'aurais pas formé » (11, 23-24). En voilà une bonne nouvelle !

On comprend dès lors que Dieu n'ait eu à demander l'avis de personne : « Qui donc aurait dirigé l'esprit de Yahweh, quel conseiller aurait su l'instruire ? Qui a-t-il consulté, qui lui fasse comprendre, qui le conduise dans les sentiers du jugement, qui lui enseigne la connaissance et lui apprenne la voie de l'intelligence ? » (Isaïe 40, 13-14). Par conséquent, « malheur à qui discute avec Celui qui l'a modelé, vase parmi les vases de la terre ! L'argile dit-elle à son potier : 'Que fais-tu ? Ton œuvre n'a pas de mains' ? Malheur à qui dit à un père : 'Pourquoi engendres-tu ?', et à une femme : 'Pourquoi mets-tu au monde ?' » (Isaïe 45, 9-10). Paul rappellera ces textes à ses fidèles (Romains 11, 33-36).

Car l'on passe aisément au Nouveau Testament, surtout au début de l'évangile de Jean : « Au commencement était *le Verbe*... Tout fut par lui, et sans lui rien ne fut ». Ainsi, le monde n'a pas seulement une Cause : il possède un Exemplaire, qui a laissé sa beauté sur les forêts et sa ressemblance sur les hommes. Et le temps est promesse du Christ à venir, parce que Dieu l'a chargé de cette mission. Il lui a confié son Fils quand fut venue la plénitude de l'histoire (Galates 4, 4) ; et désormais, chaque minute nous rapproche davantage du salut final (Romains 13, 11). Impossible de bien comprendre Jésus sans apercevoir sa genèse (Matthieu 1, 1), une genèse que Luc, à partir de Joseph, le père adoptif, fait remonter le plus haut qu'il est possible: «fils d'Adam, fils de Dieu» (Luc 3, 38). Aussi, quand la liturgie monastique, la veille de Noël, annonce solennellement la naissance du Seigneur, elle chante, dans un livre appelé *«Martyrologe»,* un texte d'une grande beauté qui replace l'Incarnation dans le calendrier de Dieu, à partir de la création du monde. Certaines dates sont un peu fantaisistes, mais l'intuition est très juste: le Plan divin est un tout qui ne supporte pas de cassure.

Dieu créa

Créer, c'est autre chose qu'une première mondiale en haute couture ou en musique! Les récits que nous étudions utilisent plusieurs mots, dont le principal est le verbe *bara*, le plus fort, celui qui n'a que Dieu comme sujet. Dieu seul en effet est capable de poser dans l'être quelque chose ou quelqu'un à partir de rien: c'est là une activité qui lui est strictement réservée. L'homme et la femme sont l'objet privilégié d'une telle intervention (Genèse 1, 27; 5, 1).

Mais il existe d'autres mots, moins typiques. *Asah*, quatre fois utilisé, signifie «faire»: on le trouve en Genèse 1, 26 («Faisons l'homme»); 2,4; 5, 1; et aussi dans le psaume 95, 5 («A lui la mer, c'est lui qui l'a faite»). Le verbe *Yatsar* se traduit par «former» ou «modeler»: on le rencontre dans Genèse 2, 7-8 et 19. Quant à Eve, Yahweh la «construit» (*Banah*), avant qu'elle ne construise elle-même ses fils (*Ben* vient de la même racine): elle apparaît donc comme l'enfant de l'homme (est-ce là une revanche masculine?).

À ces termes indiquant une création globale, il faut ajouter ceux qui décrivent la suite: une mise en ordre, une finition, une ornementation, un ajustage de l'ensemble. Le second livre d'Isaïe utilise ici toute une panoplie de mots qu font image: mesurer, saisir, peser;

étendre, déployer ; fonder (*Yasad*). Il emploie plusieurs fois le verbe *Râqa'*, « marteler », qui est un terme d'orfèvrerie. De même qu'on réduit en plaque fine le métal précieux pour en recouvrir l'autel (Nombres 17, 3-4) ou, hélas, une idole de bois (Jérémie 10, 9), de même, le ciel est une voûte que Dieu a martelée (Isaïe 42, 5 ; 44, 24 ; Job 37, 18). La Bible parle enfin de la création comme une armée ordonnée (Genèse 2, 1) où chacun, à sa place, évolue en gardant ses distances (Isaïe 45, 12), en obéissant à l'appel de son nom (Isaïe 40, 26 ; 48, 13). L'univers est donc un bataillon disponible, bien rangé et prompt au service ; la création est le tout premier ordre reçu de Dieu : « Lui commanda, eux furent créés » (Psaume 148, 5). Les astres se signalent par une exactitude qui leur vaut le premier prix : « Le soleil, la lune et les étoiles, qui brillent et sont destinés à un office, sont obéissants » (Baruch 6, 59-61). « Dieu envoie la lumière, et elle part ; il la rappelle, et elle obéit en tremblant. Les étoiles brillent à leur poste, joyeuses. Quand Dieu les appelle, elles répondent : 'Nous voici !'. Et elles brillent avec joie pour leur Créateur » (Baruch 3, 33-35). De vraies sentinelles qui, dans leur guérite d'ombre, claquent les talons en criant : « Présent ! ». Cela te rappelle peut-être quelque chose, ami... Telles sont donc les troupes inoffensives de ce « Dieu des armées » (*Sabaoth*)[16].

Le second livre d'Isaïe transpose en termes de libération ce qui est dit de la création : la chose vaut la peine d'être notée. Cela veut dire que le salut consiste à donner une relance à l'œuvre du Seigneur, abîmée par le péché et par ses suites. Vers la fin de l'Exil à Babylone, Yahweh se sert du chef païen Cyrus pour faire sortir Israël de sa captivité, comme il fait sortir chaque nuit l'armée céleste (42,7 = 40, 26). Il appelle son

16. Le rideau du Temple, devant lequel pontifie le grand-prêtre Simon, reproduit dans ses broderies le ciel étoilé (Sirac, 50, 6-7). À la mort de Jésus, cette tapisserie se déchire du haut en bas (Matthieu 27, 51) pour montrer l'ampleur cosmique d'un tel événement.

peuple par son nom, tout comme il le fait pour les étoiles (43, 1 = 40, 26). Il agit ainsi en se souvenant de la Genèse et en la rappelant aux prisonniers qui, dans leur désespoir, l'ont peut-être oubliée ou l'ont cru terminée: «Ainsi parle Yahweh, celui qui t'a créé, Jacob, celui qui t'a modelé, Israël» (43, 1). Tu vois, le Dessein de Dieu est d'une seule pièce: la fin renvoie au début, le début annonce la fin.

Jérémie lui aussi montre à Israël que l'Alliance avec Dieu est aussi stable que la création (31, 35-37; 33, 19-22 et 23-26). Le Maître de toute la terre fait comme bon lui semble: il peut se servir du roi païen Nabuchodonosor comme l'exécutant de ses œuvres, de la même manière qu'il dispose de tout l'univers. De cette manière mystérieuse, il ramènera Israël dans ses bras, comme une épouse retrouvant son Époux; ce faisant, il créera (*bara*) du tout neuf sur la terre (31, 22), du jamais vu de mémoire d'homme, car les deux amoureux étaient séparés depuis bien longtemps et leur réconciliation semblait peu probable, tant le torchon avait brûlé! Le divin Potier n'a donc pas achevé son œuvre: il est encore capable de modeler (*Yatsar*) son Peuple une fois de plus comme il a fait pour Adam (18, 6). C'est donc toujours le même message: l'unité sans faille du Plan de Dieu. Que de fois, dans les psaumes, le fidèle demande le salut au nom de la création! Que de fois Dieu le lui promet au nom de la cohérence de son Dessein! S'il vient à douter, qu'il pense au soleil, constant dans son rôle, assidu à éclairer et à réchauffer la terre! Qu'il jette un regard vers la lune, «témoin véridique dans la nue»! (Psaume 89, 37-38). Oui, le Créateur est fidèle: il n'a rien du fantasque ni du paresseux. Car, nous dit Jésus, «mon Père travaille jusqu'à présent, et moi aussi» (Jean 5, 17).

Il est clair désormais que l'*idolâtrie* est une parodie de la création: c'est le thème des chapitres 13-15 du livre de la Sagesse. Certes, les choses sont belles, mais «c'est la Source même de la Beauté qui les a créées» (13, 3). Pourquoi donc l'ignorer? L'idolâtre inverse les rôles: en façonnant une statue pour la vénérer, «il méconnaît Celui qui l'a modelé, qui lui a insufflé une âme agissante et inspiré un souffle vital» (15, 11). Il ne pourra donc atteindre son but, car il vit à l'envers du réel et usurpe un pouvoir qui n'est pas le sien. Comment donc une terre cuite pourrait-elle se confondre avec Dieu, «car c'est un homme qui l'a faite, un être au souffle d'emprunt qui l'a modelée; nul homme en effet n'est capable de modeler un dieu qui lui soit semblable» (15, 18). Quant à pétrir des figures de bêtes pour se prosterner devant, quelle grossière erreur! Mais l'erreur ne serait pas moindre s'il s'agissait d'une figure humaine, car l'homme n'est pas Dieu, il n'est que sa ressemblance. Encore la ressemblance se trouve-t-elle dans un visage de chair et d'os, pas dans un moulage d'argile (13, 13-14).

Le ciel et la terre

Pour l'hébreu, qui n'a pas de mots abstraits, l'expression «ciel et terre» désigne cette totalité que les Grecs appellent *kosmos* (= un ensemble ordonné) et les latins *universus* (= une unité). Nous, nous parlons aussi du *monde*, au sens neutre de ce mot (car, dans le Nouveau Testament, le monde a souvent une signification négative et mauvaise). Le joli psaume 104 nous décrit la mise en place de chaque chose dans la création. Chaque être a son lieu et son temps: l'eau a des limites à ne pas franchir; le lion et l'homme se partagent les 24 heures du jour de manière à ne pas trop se rencontrer...

Cet ensemble n'a rien de laïcisé: ce n'est pas le domaine de la science ou des mathématiques, à l'exclusion de tout le reste. Une liturgie grandiose et silencieuse s'y déroule: «Les cieux racontent la gloire de Dieu, et l'œuvre de ses mains le firmament l'annonce. Non point récit, non point langage, nulle voix qu'on puisse entendre, mais... des mots jusqu'aux limites du monde» (Psaume 19, 1-5).

De plus, si les fourrés sont impénétrables, les déserts

inaccessibles, les abîmes vertigineux, les nuits opaques, les jours d'été éblouissants, les longitudes et les latitudes immenses, il n'y a pas de recoin où ne puisse pénétrer le regard divin : « Où irai-je loin de ton esprit, où fuirai-je loin de ta face ? Si j'escalade les cieux, tu es là ; qu'au schéol je me couche, te voici. Je prends les ailes de l'aurore, je me loge au plus loin de la mer ? Même là ta main me conduit, ta droite me saisit... La ténèbre n'est point ténèbre devant toi, et la nuit comme le jour illumine » (Psaume 139, 7-12).

Mais rien de ce qui est créé n'est Dieu : la terre a été pétrie puis stabilisée sur ses bases ; le ciel est une calotte qui fut martelée comme un cuivre et cloutée de jolies lumières qu'il serait faux de prendre pour des divinités. Cela, la Parole divine devra le répéter longtemps. Saint Augustin entendra les créatures lui murmurer qu'elles ne sont pas l'Absolu et qu'il doit monter beaucoup plus haut pour trouver ce qu'il cherche [17].

Le ciel et la terre, quand on les comprend bien, sont en effet la route vers Dieu. Aux hommes sensés d'« en déduire combien plus puissant est celui qui les a formés, car la grandeur et la beauté des créatures font, par analogie, contempler leur auteur » (Sagesse 13, 4-5). Voilà pourquoi, dira saint Paul sans ménagement, l'idolâtrie est inexcusable (Romains 1, 18-23). Mais attention, ami : ne songe pas ici aux pauvres du Tiers-Monde, attachés à leurs fétiches. Pense à des façons qui, plus subtiles, sont tout aussi grossières. Rappelle-toi cette tirade de Paul aux Colossiens (3, 5) où l'Apôtre met en garde ses fidèles contre toutes sortes de vices pernicieux, parmi lesquels « l'avarice, qui est une idolâtrie », sans oublier l'impureté qui ne vaut pas plus cher !

---

17. « Et j'ai dit à tous les êtres qui entourent les portes de ma chair : 'Dites-moi sur mon Dieu, puisque vous ne l'êtes pas, dites-moi sur lui quelque chose'. Ils se sont écriés d'une voix puissante : 'C'est lui-même qui nous a faits'. Mon interrogation, c'était mon attention ; et leur réponse, leur beauté » (*Confessions* 10, 6, 9).

La terre était « tohu-bohu »

La Création s'est donc opérée en deux temps, si l'on peut dire : Dieu a d'abord fait surgir du néant une matière informe et indéfinie, avant d'y faire ensuite le ménage. Cette masse compacte et grisâtre, l'hébreu l'appelle « tohu-bohu », expression qui est passée dans la langue française, avec le sens de fouillis. Mais, dans la Bible, il s'agit de bien davantage.

Le tohu-bohu, c'est l'impression qu'a l'homme devant un milieu inhospitalier où il lui semble impossible de vivre, pour diverses raisons. D'abord, parce que c'est inhabitable (Isaïe 45, 18), comme l'est un *désert* lugubre où la solitude est insupportable (Deutéronome 32, 10). Tu te trompes beaucoup sur ce sujet, ami, toi qui as peut-être lu des vies d'ermites, ou regardé le Paris-Dakar à la télévision, ou rêvé d'un Club Méditerranée à Tamanrasset. Or, dans la Bible, le désert n'a rien d'écologique, comme le sommet de l'Assekrem : c'est un pays d'épreuve qu'il faut traverser le plus vite possible, d'autant que le démon y habite (Lévitique 16, 10 ; Isaïe 34, 14 ; Luc 11, 24). Ceux qui s'y réfugient sont les gens à problèmes, tels que les hommes traqués par la police (1 Samuel 22, 2) qu'ils soient délinquants ou qu'ils déplaisent au pouvoir. Ce sont les insurgés spirituels qui fuient la ville corrompue pour vivre la Loi tout à leur aise (1 Maccabées 2, 29). Le texte d'Osée (2, 16-17), dans lequel le Seigneur veut conduire son peuple au désert, n'est pas un rêve idyllique : Israël n'a eu qu'une existence semi-nomade ; il n'a pas la mémoire d'une période Touareg ! Le prophète n'annonce donc pas le retour à une vie antérieure, qui aurait laissé dans les esprits des traces mirifiques : il promet un éloignement curatif hors de la cité corrompue, pas plus. La Bible commence par un beau jardin, elle traverse la solitude du Sinaï, et elle s'achève par une belle ville (Apocalypse 21). On voit où se dirige la pente de son cœur : la nouvelle Jérusalem,pas un camping dans les steppes de l'Asie centrale !

Le désert, c'est l'absence de chemin (Job 6, 18 ; 12,

24). Mais c'est aussi l'obscurité, qui suffit à supprimer toutes les repères (Job 12, 25; Isaïe 45, 19; Jérémie 4, 23). Il y a des solitudes naturelles, mais aussi des pays plantureux qui ont été dévastés et réduits à l'état de terrain vague, parce que Yahweh «y a tendu le cordeau du *tohu* et le fil à plomb du *bohu*» (Isaïe 34, 11), c'est-à-dire tout nivelé au ras du sol, les ruines elles-mêmes étant imperceptibles (Ezéchiel 26, 19).

C'est dire combien il est conforme au plan de Dieu de rendre la terre habitable pour tout le monde. Avec tes petits moyens, tu peux commencer par aménager un recoin où des pauvres comptent sur toi: ce sera une mini-réalisation anti-tohu-bohu!

Je t'ai déjà dit plus haut qu'Israël avait une horreur instinctive pour tout mélange qui faisait retourner au chaos, et que, de son vivant ou après sa mort, le vêtement assurait à l'homme un périmètre de préservation, afin qu'il n'aille pas se dissoudre dans la terre. Avec la foi en la résurrection, l'inhumation prendra un tout autre sens: celui d'un ensemencement en vue d'une germination (1 Corinthiens 15, 42-44). Il faudra donc que le corps, tombé en terre comme un grain de blé, y meure entièrement pour pouvoir porter son fruit (Jean 12, 24), comme cela se passe dans les tombes monastiques. Par ailleurs, il est des interdits juifs qui n'ont plus de sens, comme la défense d'accoupler deux bêtes d'espèces différentes, de semer dans le même champ deux espèces différentes de graines, de porter sur soi un vêtement fait de deux espèces de tissu (Lévitique 19, 16-18), de faire cuire un chevreau dans le lait de sa mère (Exode 34, 26). Mais l'Écriture n'est pas démodée quand elle refuse (avec quelle menace!) les promiscuités aberrantes qui représentent un véritable retour au tohu-bohu: l'homosexualité [18], l'inceste et la

---

18. Vois ce qu'en dit saint Paul (Romains 1, 26-27), lui qui côtoyait ces «concubinaires de mâles» (1 Timothée 1, 10). Mais sache que la vérité ne s'oppose pas à la charité: au contraire, elle y mène tout droit. Sans la vérité, ce n'est plus la charité mais la complicité. La vérité libère l'amour.

bestialité (Lévitique 18, 17; 20, 13-16). La morale chrétienne, dans toutes ses dimensions, représente une opération-vérité: le sacré ne se galvaude pas (on ne boit pas l'apéritif dans un calice); le travailleur n'entre pas dans un pourcentage autorisé de casse; je ne fais pas une fourchette avec un os de ma mère défunte; je ne «fais pas l'amour» avec n'importe qui ou quoi, n'importe quand et n'importe comment...

Les ténèbres couvraient l'abîme

Les ténèbres sur l'abîme, cela fait penser au poème de Victor Hugo: *« Oceano nox »*, nuit sur l'océan. C'est donc une variante aquatique du *« tohu-bohu »*, avec le noir pour ajouter au sentiment de perdition. D'ailleurs, abîme se dit *Tehom*, un mot qui ressemble à *tohu*. Le psaume 107, 26 et 40, met en scène une tempête terrible où la barque tantôt monte aux cieux, tantôt descend au fond du gouffre. De fait, les Juifs, qui n'avaient guère le pied marin, se contentaient de caboter le long des côtes: Jonas est l'exception qui confirme la règle, celle d'une peur... bleue. Lorsqu'on fréquente le psautier, on devine rapidement l'existence d'un phantasme: la mer, c'est un trou dans lequel s'ébattent deux monstres, Léviathan, sorte de crocodile perfectionné, et Béhémoth, qui tire plutôt sur l'hippopotame (Job 40, 15 - 41, 26). En plus de ces animaux aux intentions douteuses, il se cache dans l'eau quelque végétal perfide, une sorte d'algue qui vous entortille les pieds et vous tire inexorablement vers les bas-fonds, jusqu'à ce que votre gosier cesse de hurler à la surface, au ras des flots (Psaume 69, 2-4). Ou bien encore on se sent happé par une bouche traîtresse (versets 15-16). Pour échapper à ces terreurs nocturnes, le fidèle cherche à prendre pied sur un socle qui tienne. Aussi, pour lui, la vérité, c'est d'abord la solidité: celle de la terre ferme et plus encore du roc. *Emeth*, la même racine que *Amen*: qualité de ce qui est fiable pour une existence concrète, et pas seulement logique pour le cerveau. Le psaume 18, avec beaucoup d'autres, chante la délivrance d'un homme tombé tout au fond de l'abîme et qui implore son Sauveur. Yahweh remue alors ciel et mer pour le récupérer : il descend en tempête et souffle sur les flots jusqu'à faire apparaître le lit de la mer, les assises du monde. Il retire ainsi son fidèle de la perdition, le mettant à la fois sur le sec et à l'air libre, affermissant ses pas et dégageant son étreinte. Oui, « Yahweh est mon roc et ma forteresse... Yahweh fut pour moi un appui ; il m'a dégagé, mis au large ; il m'a sauvé car il m'aime ».

À la création, c'est la terre tout entière qui doit recevoir son socle, ses colonnes cachées, afin de pouvoir émerger d'une manière garantie : « Selon un plan, Dieu a dompté l'abîme et y a planté des îles » (Sirac, 43, 23). Curieuse ambiguïté de cette eau, à la fois désirée et redoutée. Toute la liturgie du baptême est bâtie sur ce contraste : descendre dans la cuve pour y engloutir le vieil homme, en remonter comme un être tout neuf (Romains 6, 3-4). C'est pourquoi on lit ce texte à la Vigile pascale.

L'esprit de Dieu planait sur les eaux

Avec ce membre de phrase, on sent que l'éclosion de la vie est imminente. Dieu a donc un souffle, *Ruah*, c'est-à-dire une capacité d'action dans laquelle on verra plus tard le Saint-Esprit en personne. Pour le moment, c'est une puissance mal identifiée, dont le vent semble une image approchante, celle que Jésus utilisera un jour en présence de Nicodème (Jean 3, 8). Comprends bien toutefois, ami, ce n'est pas l'ouragan aux effets mécaniques, c'est l'insufflation dans les narines qui permet à l'homme de vivre et de respirer (Genèse 2, 7) ; à l'animal aussi, mais d'une autre manière (Qohéleth 3, 21). C'est le principe d'animation et de réanimation, l'origine de ce souffle qu'un jour Dieu nous reprendra après nous l'avoir donné (Qohélet 12,7). Ici, on ne distingue pas bien de quelle vie il s'agit : la vie tout court, l'existence comme telle (Psaume 104, 30), mais aussi ce qu'on appelle la vie spirituelle, la vie intérieure. Quand Ezéchiel remet sur pied une armée de squelettes desséchés (le peuple d'Israël) en appelant sur eux le souffle divin, l'esprit venant des quatre vents (Ezéchiel 37, 9-10), c'est une résurrection totale qu'il accomplit. L'Esprit-Saint produit cet « homme vivant » dont Irénée nous dit qu'il est la gloire de Dieu. Il ne faut donc pas faire le détail ; il ne faut non plus rien exclure ; on ne baptise pas des morts. A la Vigile pascale, ce texte est très parlant : la bénédiction de l'eau l'évoque. Rappelle-toi aussi que, le soir de Pâques, le Ressuscité souffle sur ses disciples, leur donnant ainsi l'Esprit pour la réanimation des pécheurs (Jean 20, 22-23).

Ce passage biblique n'a donc rien à voir avec les mythes dont je t'ai parlé : ceux qui imaginent un combat primordial entre le dieu et les eaux, des eaux venues d'on ne sait où, des eaux démoniaques symbolisées par un méchant Dragon qu'il faudrait couper en deux. Rien à voir non plus avec ceux qui voient le monde primitif comme un gros œuf dont le dieu devrait assumer la couvée pour faire sortir les choses de la coquille brisée. Yahweh se compare bien à un aigle planant sur ses petits, mais c'est là le symbole d'une protection (Deutéronome 32, 11). De même Jésus, rassemblant son peuple comme une poule regroupe ses poussins sur ses ailes (Matthieu 23, 37). Dans la Genèse, *Ruah* ne couve rien de façon grossière : il est en train de voleter, de venter, de battre des ailes (la Bible parle des « ailes du vent », au psaume 18, 11). Il évolue au-dessus des eaux avec une certaine distance : il les frôle, si tu veux. Dieu ne se confond donc pas avec le cosmos, même s'il agit sur lui. Rien de mythique là-dedans.

Mais les eaux suggèrent autre chose : quantité de fois en effet, l'Écriture met un lien entre *la Création et le passage de la Mer rouge*, sans oublier celui du Jourdain. Le milieu aquatique n'est plus ici un gouffre vertical dont il faut émerger par en-haut : c'est un obstacle horizontal qu'on doit traverser pour être libre. Il s'agit toujours de la vie, bien sûr, mais pas d'abord de la vie physique. Derrière, l'Égypte, c'est l'idolâtrie et l'esclavage ; devant, la Terre Promise, c'est le chez-soi plantureux où réside le vrai Dieu. C'est, dirions-nous aujourd'hui, une certaine *qualité de vie*.

Or, pour exprimer cette traversée, l'Écriture nous montre Yahweh qui fend la mer (Exode 14, 15) et la maintient ouverte moyennant un fort vent d'est (verset 21). « Il fendit (*BQ'*) la mer et dressa les eaux comme une digue » (Psaume 78, 13). Ou bien il la tranche (*GZR*), la taille en deux morceaux (Psaume 136, 13). Il coupe (*KRT*) le Jourdain (Josué 3, 16), ou bien il le divise (*HSH*) (2 Rois 2, 14). Bref, il semble traiter la mer ou le fleuve comme un coupable qu'il faudrait sectionner par le milieu avec une épée, comme le vieillard accusateur de Suzanne (Daniel 13, 59). Pourtant, lors de l'Exode, ce n'est pas la mer qui est hostile : elle ne fait que tenir sagement sa place, même si elle est gênante. C'est le Pharaon, et lui seul, qui est l'ennemi : un ennemi qui talonne par derrière, mais qui ne bloque pas en avant.

Toujours est-il que ce passage de l'Exode s'est transposé sur le début de la Genèse où, le mythe aidant quelque peu, le Divin ingénieur d'hydraulique s'est transformé en combattant, brandissant l'épée vers une masse d'eau qui a l'allure d'une méchante Bête : « N'est-ce pas toi qui as fendu Rahab et transpercé le Dragon ? », s'écrie Isaïe, « comme tu as desséché la mer, les eaux du Grand Abîme, et tracé au fond de la mer un chemin pour que passent les rachetés ? » (Isaïe 51, 9-10). La leçon est claire : ce que Yahweh a fait lors de la création et répété lors de l'Exode, pourquoi ne le reproduirait-il pas une fois de plus en ramenant son peuple de Babylone ? Alors, s'il exerce sur le Fleuve la violence de son souffle, « il y aura un chemin pour le reste de son peuple, ce qui reste d'Assur, comme il y en eut un pour Israël, quand il monta du pays d'Égypte » (Isaïe 11, 15-16). Oui, telle est l'espérance des exilés : « Ce jour-là, Yahweh châtiera avec son épée dure, grande et forte, Léviathan, le serpent fuyard, Léviathan, le serpent tortueux ; il tuera le Dragon qui habite la mer» (Isaïe 27, 1). Tout cela parce que, dès l'origine, «par sa force il a brassé la mer, par son habileté il a écrasé Rahab» (Job 26, 12). Pourquoi donc n'interviendrait-il pas, puisque, lui dit le priant, «c'est toi qui maîtrises l'orgueil de la mer : quand ses flots se soulèvent, c'est toi qui les apaises. C'est toi qui fendis Rahab comme un cadavre» (Psaume 89, 10-11). «C'est toi, Dieu, mon roi dès l'origine, l'auteur des délivrances au milieu du pays, c'est toi qui fendis la mer par ta puissance, qui brisas les têtes des monstres sur les eaux ; toi qui fracassas les têtes de Léviathan pour en faire la pâture des bêtes sauvages» (Psaumes 74, 12-14).

Laissons de côté les phantasmes. La Bible entend nous montrer la continuité du Plan divin. Loin d'être neutre, la création se présente déjà comme un salut, donc comme une miséricorde. Celui qui est venu à bout des eaux primitives, qui a fendu la Mer rouge en deux parts, qui a ouvert le Jourdain plusieurs fois (Josué 4, 21-24 ; 1 Maccabées 9, 44-48), qui a ramené Israël des fleuves de Babylone (Psaume 137), c'est le même qui a franchi les eaux de sa Passion (angoissant baptême ! Luc 12, 50) et qui nous ouvre, en la Vigile pascale, celle des fonts baptismaux. Tel est l'articulation de la prière que le prêtre prononce sur la cuve à faire des chrétiens. La Bible ne cesse de nous le dire : cette traversée des flots a toujours entraîné *la fondation d'un Peuple* [19].

Et Dieu dit

Les Juifs semblent plus *auditifs* que visuels, peut-être parce que le visuel aurait pu les pousser vers l'idolâtrie.

---

19. Libre à la science de trouver géniale cette vie sortant d'abord de l'eau : la Bible ne nous propose pas une réflexion sur le cœlacanthe !

La Voix, elle, demeure suffisamment mystérieuse : en bien des apparitions, on entend sans rien voir, comme Moïse devant le Buisson (Exode 3, 4) ou au Sinaï (Exode 19 ; 33, 18-23), Elie à l'Horeb (1 Rois 19, 11-18) ou les compagnons de Paul sur la piste de Damas (Actes 9, 7). D'ailleurs, si Dieu n'est pas invisible, il n'est pas regardable, à moins qu'on ne veuille mourir (Exode 33, 20 ; Josué 13, 22). Reste donc l'audition de sa Parole, qui n'est pas une solution de moindre qualité. En effet, la Voix suggère un Vivant, insaisissable, certes, mais qui a des projets, les exprime et les réalise d'une manière souveraine. Le Décalogue, ce sont les Dix Paroles qui réclament l'obéissance : « ouïr », c'est obéir (ob-ouïr). Non pas un diktat absurde et arbitraire, mais une sagesse. Si jadis le prophète s'appelait « Voyant », maintenant, il se nomme « Parlant, porte-Parole » (1 Samuel 9, 9). D'ailleurs, l'Écriture mélange les deux idées « voir la parole » et « parler la vision ». Après avoir eu la visite des anges, les bergers de Bethléem se disent l'un à l'autre : « Allons voir cette Parole qui s'est produite et que le Seigneur nous montre » (Luc 2, 15). La Parole en question, c'est un événement qui en dit long : un Enfant inattendu. Je te l'ai déjà dit : *pour Dieu, parler, c'est agir* ; c'est exprimer dans un fait qui a du sens. Ainsi, son Verbe ne rentre pas bredouille (Isaïe 55, 10-11) : il n'est pas sans effet.

L'homme, fruit d'une Parole de Dieu, sera lui aussi, à sa manière, un être-vivant-parlant, et pas seulement un « roseau pensant » !... L'image divine, en lui, passe par le langage, qui lui permet de communiquer avec son Seigneur et avec ses frères.

Le paganisme, lui, celui d'hier et celui d'aujourd'hui, ne reçoit de ses dieux aucune parole nette ; en certains de ses temples, il tente de faire prononcer, par des servants fiévreux ou drogués, des morceaux de phrases que le fidèle accepte comme oracles et dans lesquels il essaie de deviner n'importe quoi, selon ses états d'âme. Il existe aussi des assemblées où l'incohérence des mots de chacun va de pair avec celle du groupe lui-même (cf. 1 Corinthiens 14, 23). La Parole de Yahweh n'est pas avare, comme l'est une devinette ; elle ne joue pas à cache-cache. Elle est porteuse d'un appel clair et ne s'en remet pas aux fantaisies de notre subjectivité. Le chrétien ne vient pas cueillir un oracle curieux dont il fera n'importe quoi, se parlant ainsi à lui-même : il dit, avec Samuel : « Parle, Seigneur, ton serviteur écoute » (1 Samuel 3, 10). Et nos assemblées de prière ne renoncent pas à la communicaton : elles ne font pas fi de l'intelligibilité (1 Corinthiens 14, 6-19). Émietter la Parole de Dieu en petits bouts et piocher dans le tas au hasard, c'est se condamner à n'y rien trouver ; c'est se préserver d'obéir à un ordre clair. Les impératifs de la Genèse (« Que soit la lumière !...) ne se choisissent et ne s'interprètent pas : ils agissent. Dieu n'a pas créé le monde en émettant des borborygmes : il a exprimé clairement ce qu'il voulait réaliser.

Que la lumière soit

La Création commence donc par la lumière. Non que l'auteur de Genèse 1 ait fréquenté la physique quantique ! Mais, pour un Méditerranéen surtout, la lumière est l'essentiel, en tout cas le préalable à tout : sans elle, c'est encore le tohu-bohu. Là non plus, ne distinguons pas : toute lumière est bonne, quelle qu'en soit la nature : le soleil, la vérité, la clarté du regard, la contemplation...

Ce qui est curieux, c'est que la lumière est créée avant les astres [20]. L'Écriture veut ainsi dégrader ces étoiles devenues des divinités, du moins les rétrograder à un rang inférieur (Deutéronome 4, 19). L'astre n'est

---

20. Aussi, dans la *Cité de Dieu* (11, 8, 9), saint Augustin pense que cette lumière vient de la création des anges.

donc pas la source de la lumière : il la reçoit pour la donner. La lumière existe avant le luminaire, qui se contente de refléter la clarté reçue. Il en va de même dans l'Église, cette Femme vêtue de soleil et dont les pieds reposent sur la lune (Apocalypse 12, 1). Les douze étoiles qui sont autour de sa tête et qui représentent les chefs spirituels ne sont pas en dehors de ce système solaire : elles ne brillent pas dans l'autonomie. Un beau jour, comme l'a annoncé Isaïe (60, 19), Dieu tiendra lieu de tout : la ville céleste « pourra se passer de l'éclat du soleil et de celui de la lune, car la gloire de Dieu l'illuminera et l'Agneau lui tiendra lieu de flambeau » (Apocalypse 21, 23). « De nuit, il n'y en aura plus ; ils se passeront de lampe et de soleil pour s'éclairer, car le Seigneur Dieu répandra sur eux sa lumière » (Apocalypse 22, 5). Yahweh n'est-il pas « drapé de lumière comme d'un manteau » ? (Psaume 104, 2).

Ce premier jour est l'exemplaire de tous les autres. Le texte sera construit désormais de la même manière : « Dieu dit... Que soit... Et cela fut... Et Dieu vit... Il sépara... Il appela ». Vraiment, le Créateur est un Être vivant qui sait ce qu'il veut, qui a des réactions, qui a l'œil à tout, qui est capable d'apprécier et qui dispose tout avec sagesse. Le monde n'est pas l'émanation venant d'un endormi, ni la lubie d'un fantasque : c'est l'œuvre d'un excellent Père de famille ! Note bien le verbe « appeler » : Dieu aime bien nommer chaque chose par son nom, lui conférant ainsi une originalité et une fonction. Il nommera aussi l'homme et la femme. Mais c'est aussi un signe de finitude, car le nom circonscrit et limite. Dieu, lui, est l'Innommable (Genèse 32, 30 ; Exode 3, 14-15 ; Juges 13, 18).

Saint Paul verra dans le Christ la seconde irruption de la lumière, mais une irruption à l'intime de nos êtres. En effet, le Dieu qui a dit : « Que des ténèbres resplendisse la lumière ! », c'est celui qui a fait briller dans nos cœurs la gloire rayonnant de la face du Christ (2 Corinthiens 4, 6). Le Seigneur Jésus est donc le summum de l'embrasement. Voilà pourquoi la lumière constitue un précieux symbolisme : jadis, on appelait les baptisés «*photismenoi*», c'est-à-dire les illuminés (sans la nuance péjorative qu'a ce mot aujourd'hui).

Il y eut un soir, il y eut un matin

La Genèse commence par le soir, parce que le Juif compte le jour à partir de la tombée de la nuit, des Vêpres et des Vigiles. La prière se trouve donc à la jointure de la nuit et du jour, pour assurer une continuité : elle traduit ainsi l'espérance, celle du veilleur sûr de l'aurore (Psaume 130, 6-7). L'Église en fait autant, surtout dans les monastères. Si tu as fréquenté une abbaye cistercienne, tu as compris ce que c'est que la prière des heures : le rythme de la Création a son importance dans la structure de l'Office divin. Les églises romanes, sans vitraux de couleur, sont admirablement faites pour répercuter sur leurs murs les jeux de l'ombre et de la lumière : elles changent d'aspect à chaque heure.

Venu de la Genèse, l'enchaînement des jours et des nuits fonctionne comme la liturgie de l'univers : «Le jour au jour en publie le récit, et la nuit à la nuit transmet la connaissance» (Psaume 19, 3). L'armée des cieux est comme la garde d'un palais (Buckingham...) dont la relève s'assure régulièrement, l'astre couchant disant à l'astre levant une sorte de mot de passe qui est «Gloire au Créateur !». L'homme s'unit à ce culte silencieux, auquel il donne une conscience et une voix : sa prière quotidienne est portée par la beauté du ciel étoilé et du soleil à son aurore. Le chrétien ne s'enferme pas dans ses états d'âme : il n'est pas étranger au cosmos, même si tel coin de banlieue l'enlaidit au petit matin sale ; il prend soin de faire périodiquement une cure de plein air, pour que le néon ne lui cache pas toujours le firmament et que le chauffage central ne le prive pas sans cesse de la fraîcheur de l'aube.

Dans l'Écriture, dans l'Évangile surtout, le jour est l'unité de temps au plan spirituel. Jésus l'a dit, après nous avoir montré du doigt les oiseaux et les lis des champs: « A chaque jour suffit sa peine: demain s'inquiètera de lui-même » (Matthieu 6, 34). A chaque jour aussi suffit sa joie, sa grâce, son pain quotidien (Luc 11, 3). La nuit qui vient doit nous porter à l'abandon, comme le matin nous lancer sur l'étape à parcourir. Là encore, notre prière prend appui sur le cosmos: elle n'est pas intemporelle.

Qu'il y ait des luminaires

Excuse-moi, ami, de sauter quelques versets, mais tu es assez grand pour les comprendre: je m'arrête à ceux qui demandent quelque explication.

Tu dois trouver que les astres viennent bien tard, mais je t'ai dit pourquoi: en des temps où les gens, frappés par leur beauté (la pleine lune au Moyen-Orient, c'est fabuleux! Oh! ces nuits dans le jardin du séminaire de Ghazir, au-dessus de la baie de Djounieh, quand j'avais vingt ans!...) et intrigués par leur influence (sur le temps, sur les cultures, sur les psychologies), n'hésitaient pas à les diviniser, l'Écriture les remet carrément à leur place: celle de créatures enrégimentées qui accomplissent régulièrement leur service quotidien, au garde-à-vous devant le Dieu des armées. Les astres peuvent aussi recevoir une consigne exceptionnelle, par exemple de signaler la venue d'un grand chef: pense à la prophétie de Balaam, où ce pauvre devin, se trompant de cassette, entonne une bénédiction au lieu d'une malédiction sur Israël (Nombres 24, 17). Pense à l'étoile de l'Épiphanie. Pense au Christ, l'Étoile du matin (2 Pierre 1, 19; Apocalypse 2, 28)...

Mais toi aussi, fais bien attention à un paganisme que la foi chrétienne n'a jamais réussi à supprimer totalement. Au 5e siècle, le jour de Noël, tandis qu'il présidait à Rome la messe solennelle du jour, le pape saint Léon le Grand interpelle plusieurs fois avec véhémence des chrétiens mal convertis qui continuent d'adorer l'astre solaire. Oui, mes frères, clame le Pontife indigné, « avant d'entrer dans la basilique du bienheureux Apôtre Pierre, dédiée au seul Dieu vivant et vrai, et après avoir gravi les marches par lesquelles on accède au parvis supérieur, ils se retournent vers le soleil levant, et courbant la tête, s'inclinent en l'honneur du disque radieux » [21]. Voilà qui mérite une bonne mise au point ! Le vrai Soleil de Noël, n'est-ce pas Jésus-Christ ?

De nos jours, en France, nous n'en sommes plus là, même si nous continuons de dire de quelqu'un qu'il est « né sous une bonne étoile ». Mais deux personnes sur trois consultent le Zodiaque, par jeu ou par conviction, sans se rendre compte que ces figures approximatives n'existent que par une illusion d'optique, les étoiles qui les composent n'étant même pas sur le même plan, mais à des distances vertigineuses. Ne te trompe pas : si, dans nos cathédrales, on trouve ces signes dans la décoration sculptée des porches, ce n'est pas pour leur rendre un culte : c'est pour indiquer la Seigneurie cosmique de Jésus-Christ, au milieu des constellations, des saisons et des mois de l'année. Les travaux et les jours, comme disait un auteur ancien.

En Afrique, la conquête de la lune par les cosmonautes a d'abord suscité l'incrédulité de nombreuses gens, des musulmans en particuliers, parce qu'il leur semblait impossible que cet astre sacré ait pu être violé par des hommes impies. Puis il a bien fallu se rendre à la raison. Combien plus belle a été la première exploration, lorsque, dans sa navette spatiale, l'Américain Armstrong

---

21. Tu peux lire ce sermon de saint Léon dans le tome 22 bis des *Sources chrétiennes*, p. 157-163. Il est vrai que l'Église avait mis la fête de Noël le jour de la fête païenne du « Soleil invaincu », en espérant que la vérité gommerait l'erreur. Mais cela ne s'est pas fait du premier coup.

lisait tout haut le début de la Genèse, face à ce sol «lunaire» stérile et raviné qui rassemblait tellement au tohu-bohu primitif! Moi, qui me trouvais devant ma télévision, j'en avais les larmes aux yeux.

Faisons l'homme

Au moment de créer l'homme et la femme, il semble que Dieu ait conscience de faire une chose grave et qu'il veuille consulter autour de lui. Pour la première fois en effet, l'expression «Dieu dit» s'adresse à quelqu'un. Mais à qui donc? A qui le Seigneur peut-il faire part du risque dans lequel il s'engage?

On a parlé d'un pluriel de majesté, mais ce serait localiser la décision créatrice... à la cour des rois de France!

Il nous faut, bien sûr, exclure tout polythéisme. Le 2e livre d'Isaïe est suffisamment net: «Ainsi parle Yahweh, ton Rédempteur, celui qui t'a modelé dès le sein maternel: c'est moi, Yahweh, qui ai fait toutes choses, qui seul ai déployé les cieux, affermi la terre, sans personne avec moi» (44, 24). Nous avons déjà rencontré ce texte très beau où le prophète, non sans railler les mal-croyants, leur demande de lui dire qui donc aurait pu se faire le conseiller du Seigneur (40, 13-14; et Romains 11, 33-36).

Toi, ami, tu vas penser au colloque des trois Personnes divines, et tu as finalement raison. Mais, à l'époque de la rédaction de notre récit, la foi d'Israël n'en était pas encore là. Même au seuil du Nouveau Testament, où la réflexion a bien progressé, on ne présente pas la Sagesse comme dialoguant avec Dieu: elle est à ses côtés comme «un maître d'œuvre» (Proverbes 8, 30), pas comme un interlocuteur.

Reste une seule solution, sur laquelle la Bible nous renseigne abondamment: Yahweh est comme un souverain oriental qui, sur son trône, est entouré d'une cour brillante avec laquelle il s'entretient (Job 1, 6; 2,

1; 38, 7; psaume 89, 6-8...). Il existe même un passage typique, dans lequel on voit Dieu, avec toute l'armée du ciel à sa droite et à sa gauche, demander autour de lui, à la cantonnade, qui se charge d'aller tromper le roi Achab, afin qu'il perde la bataille et y succombe (1 Rois 22, 19-23). Mais de qui est fait cet entourage? Qui sont ces êtres que la Bible nomme «élohim» ou «fils de Dieu», sans trop savoir comment les appeler? Pour nous, ce sont *des anges* [22]. Nous aimerions savoir ce qu'ils ont répondu! Nous verrons plus loin que certains se sont montrés jaloux de l'homme, jaloux du Christ à venir.

Il n'en reste pas moins que, dans notre récit, Yahweh ne consulte pas vraiment: il fait part de sa décision sans demander l'avis de personne. C'est plus une conférence de presse qu'un *brain storming*! Après avoir exécuté son projet, Dieu va trouver à qui parler: l'homme et la femme deviennent ses interlocuteurs, bien que, dans le premier récit, ce soit encore un monologue divin; il faudra attendre le second pour rencontrer une véritable conversation entre le Créateur et ses créatures humaines. Mais, dès à présent, Yahweh parle à quelqu'un: ce n'est plus «Dieu dit», mais «Dieu leur dit».

Tu as parfaitement le droit de penser au dialogue trinitaire, même si ce n'est pas le premier sens du texte. Le Père et le Fils ne peuvent pas ne pas s'être entendus pour faire apparaître cette créature dotée d'une ressemblance et qui allait les embarquer dans une histoire mouvementée. L'Esprit-Saint a lui aussi son rôle à jouer. En tout cas, tu es en bonne compagnie, avec Irénée, Tertullien, Ambroise et Jérôme.

---

22. En Job 1, 6 et 2, 1, on voit Satan lui-même se présenter à la cour divine pour faire son rapport. Mais cette mise en scène est du théâtre, comme on aurait fait dans les «Mystères» du Moyen-Âge.

À notre image, comme notre ressemblance

Les mythes païens utilisent eux aussi un tel langage, mais dans un sens très grossier : pour eux, les hommes sont les images de Dieu qui sont sorties de ses membres, comme un fils ressemble à son père. Certes, la paternité crée une ressemblance, comme Seth est le portrait « tout craché » d'Adam (Genèse 5, 3), mais la création n'a rien à voir avec la procréation, et Dieu n'a pas physiquement engendré l'homme et la femme ! C'est la raison pour laquelle l'Ancien Testament n'appelle Dieu « Père » qu'avec beaucoup de prudence (quatre fois seulement : Jérémie 3, 19 ; Malachie 2, 10 ; Tobie 13, 4 ; Sagesse 14, 3), et en expliquant ce que cela veut dire, pour qu'on n'aille pas songer à un engendrement au sens biologique. Si Yahweh est appelé « le Parent d'Isaac » (traduction possible de Genèse 31, 42 et 53), cela ne veut pas dire qu'Isaac soit sorti « de la cuisse de Jupiter », comme disaient les païens.

De plus, le terme « ressemblance » (*demuth*) atténue ce que le mot « image » (*célem*) pourrait suggérer de trop matériel ou de trop rigoureux. Seul le Fils de Dieu est « le resplendissement de sa gloire et l'effigie de sa substance » (Hébreux 1, 3).

A partir de ces données, la réflexion chrétienne a donné libre cours à ses recherches. Certains ont compris l'« image » comme une donnée fondamentale de l'être humain que le plus dévoyé ne parvient jamais à perdre. Ils ont réservé la « ressemblance » au domaine spirituel, celui de l'amitié avec Dieu, que le pécheur peut rejeter en s'égarant au « pays de la dissemblance ». Mais la laideur et la saleté de l'enfant prodigue ne l'empêchent pas de demeurer le fils du papa qui l'attend : un pardon affectueux, une bonne douche, et tout est remis en place !

D'autres ont épilogué tant et plus sur l'image, la cantonnant plutôt dans la partie spirituelle de l'homme (intelligence, liberté, amour, volonté), la seule qui puisse s'apparenter à l'Être divin, qui est incorporel.

Nous, nous allons essayer de suivre le texte, modestement.

1) C'est *l'homme* tout entier qui est l'image : il n'y a donc pas de raison d'exclure *son corps*, surtout aujourd'hui, où règne le manichéisme le plus complet. La Bible, nous l'avons vu, utilise souvent le terme « modeler », qui suggère un réalisme total. Et elle ne nous dit jamais que l'ange, pourtant un esprit, soit créé à l'image de Dieu. Suivons donc cette piste bien concrète, sans pour autant en conclure, avec Tertullien, à l'interdiction... de se teindre les cheveux, ni, avec Ambroise, à celle... de se maquiller ! [23] N'est-ce pas, mesdemoiselles, vous qui décolorez votre ressemblance divine ?...

Je te dirai un peu plus loin que l'homme est créé comme le vis-à-vis de Dieu, capable de l'écouter et de lui parler. Or cette dignité passe par le corps, dont la station debout (*homo erectus*) est lourde de conséquence. Déjà, de lointains auteurs païens (Platon, Aristote, Ovide, Cicéron) ont souligné cela. Un rhéteur latin, converti au christianisme vers 300, *Lactance* [24], montre que la verticalité du corps humain lui permet de regarder en haut et de tourner les yeux vers le ciel, au lieu de rendre un culte stupide à des objets terrestres, façonnés par ses propres mains. « Il est totalement

---

23. « Car elles pèchent contre Dieu celles qui accablent leur peau de drogues, maculent leurs joues de rouge, étirent leurs yeux avec du noir. Apparemment, l'œuvre pétrie par Dieu leur déplaît. Elles blâment et critiquent en elles l'Artisan de toutes choses » (Tertullien, *La toilette des femmes*, *Sources chrétiennes* n° 173, p. 111-113). Les voici qui en remontrent à Dieu : « Tenez, disent-elles, au lieu de cheveux blancs ou noirs, nous les rendons blonds pour qu'ils aient plus de charme » (p. 119). Pauvre Dieu ! « Il avait oublié, quand il ordonnait à toutes choses de naître, de commander des brebis pourpres ou écarlates ! » (p. 145). Je te cite ce texte pour te détendre, ami...

24. Dans ses *Institutions divines*, *Sources chrétiennes* n° 337, p. 29-33. Je te donne une référence que tu pourrais trouver assez facilement, si le cœur t'en disait.

illogique, écrit-il, que, tandis que le corps, qui n'a qu'un temps, connaît la station droite, l'esprit, qui est éternel, soit de son côté ravalé au niveau de la terre : en effet, cette allure et cette attitude signifient tout simplement que l'esprit de l'homme doit regarder là où regarde son visage, et que son âme doit être aussi droite que son corps, pour être semblable à ce qu'elle doit dominer ». Tu penses, ami, à l'invitation de la Préface : « Élevons notre cœur ! », et, bien sûr, à « Notre Père qui es aux cieux ».

Au 4e siècle, nous avons des développements encore plus riches, par exemple chez le grand évêque *Grégoire de Nysse* [25]. Pour lui, la stature debout rend l'homme apte au commandement et signifie son pouvoir royal sur tous les animaux, dont le corps est penché vers le sol. En effet, si des êtres courbés ont besoin de quatre pieds pour tenir, parce que l'inclination de leur masse demande un appui en avant, chez l'homme redressé, un seul appui suffit : les deux pieds qui lui permettent de tenir solidement. Voilà donc ce qui libère les membres antérieurs et en fait des mains. Or les mains sont utiles d'abord pour la formation de la parole, laquelle demande un organe approprié, comme l'est un instrument de musique. Certes, nos mains servent à bien des usages, sublimes ou pervers : elles signent les pactes de paix et font les gestes de la guerre. Poignées de mains ou coups de poings. Pourtant, c'est d'abord au service du langage qu'elles sont destinées. En effet, si l'homme en était dépourvu, c'est la bouche qui devrait chercher la nourriture. Dès lors, son visage serait semblable à celui des quadrupèdes. « Il aurait une forme allongée, amincie dans la région des narines, avec des lèvres proéminentes, calleuses, dures et épaisses, afin d'arra-

---

25. Tu trouveras ce texte dans *La création de l'homme*, *Sources chrétiennes* n° 6, chapitre VIII. Il est cité partiellement par un grand anthropologue contemporain, André LEROI-GOURHAN, dans son livre *Le geste et la parole* (Albin Michel 1964), p. 55. Tu vois que des hommes de science ne négligent pas la culture chrétienne.

cher l'herbe ; il aurait entre les dents une langue [26] tout autre que celle qu'il a, forte en chair, résistante et rude, afin de malaxer les aliments sur les côtés, comme celle des chiens ou des autres carnivores». La conséquence saute aux yeux : avec une pareille tête, comment la voix articulée pourrait-elle se former, puisque «la constitution des parties entourant la bouche ne serait pas conforme aux besoins du langage» ? Dans ce cas, l'homme aurait du bêler, aboyer, hennir, rugir, mugir. «Mais puisque la main a été donnée au corps, la bouche peut sans difficultés s'occuper de servir à la parole. Aussi les mains sont-elles la caractéristique évidente de la nature rationnelle : le modeleur de notre nature nous rend par elles le langage facile»... Belle page d'un théologien et d'un mystique qui s'aventure dans des choses très concrètes ! Conclusion : alors que l'animal, dit Teilhard, s'est contenté d'améliorer les outils qu'étaient ses propres membres, l'homme, lui, a reçu des membres humains... pour se fabriquer des outils distincts de son corps.

Saint *Augustin* fait lui aussi allusion à l'*homo erectus*, notamment dans son commentaire de la Genèse (6, 12), mais il en conclut au détachement de la terre et au désir du ciel, sans trop préciser.

2) *«Homme et femme il les créa»*. L'image, c'est aussi le couple, dans sa réalité charnelle et spirituelle : *zakar* et *qebah* (Genèse 1, 27). Certes, cela doit être expliqué. Les personnes divines ne sont pas des personnes humaines, sinon il y aurait trois dieux. Elles n'ont pas de corps et donc pas de sexe : elles ne correspondent aucunement à la triade «homme-femme-enfant», quelle que soit la combinaison que l'on envisage (je te l'ai déjà dit). Le Père est sans père, sans frère et sans

---

26. A propos de langue, Jacques nous donne dans son épître (3, 1-12) un morceau de bravoure sur cet organe capable du meilleur et du pire : «Par elle, dit-il, nous bénissons le Seigneur et Père, et, par elle aussi, nous maudissons les hommes *faits à l'image de Dieu*».

femme. Il engendre sans aucun besoin : ni celui de libérer une poussée instinctive, ni celui de se donner un descendant pour lui succéder après sa mort. Le Fils vit un amour qui relève de la même gratuité. L'Esprit n'est pas un enfant qui ferait des enfants à son tour : il ramène le pluriel dans l'unité, il clôt le cercle. La Trinité, ce n'est pas le maillon d'une chaîne : elle n'entre dans aucun arbre généalogique !

Par ailleurs, si Jésus se dit l'Époux (Matthieu 9, 15), c'est d'une manière bien particulière. Il ne ressemble absolument pas à l'Adam esseulé qui avait besoin d'une compagne (Genèse 2, 18) : lui, il n'est jamais seul, parce qu'il est le Fils obéissant que le Père suffit à combler (Jean 8, 29 ; 16, 32). C'est donc en vain que Scorsese lui cherche une âme-sœur et le corps qui va avec ! La seule Épouse que Jésus puisse se donner, c'est son Église. Encore ne va-t-il pas à ses devants dans une sorte de manque, puisqu'il est Plénitude. Certes, il désire l'aimer, il ne fait pas semblant, et il en attend quelque chose : « Femme, donne-moi à boire » (Jean 4, 7). Sa proposition n'est pas une comédie. Mais il prend bien soin de dire à la Samaritaine qu'il est, lui, la Source éternelle dont l'eau mystérieuse est seule capable de tarir toute soif. Ce qu'il cherche en l'abordant, ce n'est pas de s'octroyer une satisfaction : c'est de la combler. Car « le Christ n'a jamais cherché à se faire plaisir » (Romains 15, 3). Il ne se désintéresse pas de sa réponse, pas plus que celle de Pierre (Jean 21, 15-17), mais, en cas de refus, il n'éprouve pas le vide de la même manière qu'un époux rebuté. Il est clair aussi que le Christ n'aime pas chacun de nous de la même manière qu'un mari aime sa femme : sinon, il serait polygame ! Je ne suis pas un « cas » pour lui, mais un être unique, qu'il aime personnellement, et non en vrac, à la cantonnade. Pourtant, cela est vrai de chacun, et nul ne peut, au nom de cette étreinte spirituelle, accaparer le Seigneur pour lui seul.

Je ne te dis pas cela pour compliquer les choses, encore moins pour te décevoir ; je te mets en garde contre une application naïve, sans transposition : je connais une religieuse qui s'efforçait de recevoir l'Hostie d'une manière « conjugale », pour compenser le renoncement au mariage occasionné par son célibat ; l'ai-je convaincu de ne pas continuer ce jeu dangereux, antichambre de la clinique psychiatrique ?... Les incroyants sont impitoyables quand ils constatent de telles récupérations.

Jean-Paul II est bien conscient de cela. Il nous a souvent montré que le couple puisait en Dieu-Trinité une capacité de communion, de responsabilité (*Familiaris consortio* n° 11) et d'amour créateur (n° 36). Il a situé l'image au creux de la personne, faite pour le don total de soi (*Mulieris dignitatem* n° 6). Mais il a pris soin de préciser qu'il y avait là »*une certaine ressemblance* avec la communion divine » (n° 7), pas une réalité identique. De même aussi qu'il existe « *une certaine ressemblance* entre l'union des Personnes divines et celle des fils de Dieu » (n° 7). Il n'a pas craint de souligner une non-ressemblance (n° 8), nous évitant ainsi de pousser trop loin la métaphore. Finalement, l'image de Dieu qui se trouve dans le couple, c'est cette qualité qui appartient à l'être personnel et qui pousse les époux à exister l'un pour l'autre réciproquement (n° 7).

Ceci dit, l'Écriture ne craint pas de décrire l'amour divin sous la forme d'une tendresse de maman (Isaïe 49, 14-15 ; 66, 13 ; psaume 131, 2-3 ; Isaïe 42, 14 ; 46, 3-4) ou de papa (Osée 11, 1-4 ; Jérémie 3, 4-19). Tu iras voir ces beaux textes et tu les goûteras lentement. Sans oublier que Dieu est esprit (Jean 4, 24).

Ne laisse pas de côté l'enfant, qui, contrairement à ce que bien des gens imaginent, n'est pas un raté dans le mariage, ni un accident de parcours, remboursé par l'État comme la sécheresse ou comme la grêle. Si la tendresse des époux fait penser à celle du Christ pour son Église, une belle famille bien élevée fait penser au Père du ciel, dont la générosité est ruisselante et la pédagogie imbattable. L'histoire du prodigue le confirme, si besoin est : Dieu est bonté, patience, miséricorde, grandeur d'âme, infiniment plus que les meilleurs parents, lui qui est la source de toute paternité (Éphésiens 3, 15).

Le don de soi entre époux s'effectue dans les battements du cœur, les gestes de la tendresse et l'étreinte des corps. « Ceci est mon corps livré pour toi » est une formule qui pourrait être celle du mariage. Dès lors, la communion sponsale qui vient tout droit de la création, c'est une communion hétérosexuelle, à n'en point douter : « Homme et femme il les créa ». C'est une erreur grossière, attisée par le besoin de se justifier, que de prêter à David et Jonathan une relation homosexuelle : hypothèse que le texte biblique contredit du tout au tout, car il ne louerait pas une telle amitié entre garçons (1 Samuel 18, 1-4) si elle déviait dans un sens que la Loi condamnait aussi fortement que l'adultère de David avec Bethsabée. D'ailleurs, David était au bord du mariage et l'on sait qu'il en usa plus que de raison. L'Église rappelle aussi, sans crainte de contredire les media, que l'amour n'est pas à séparer du don de la vie, ni le don de la vie de la relation amoureuse. Le corps n'est pas une machine à aimer, dotée d'un interrupteur de conception ou de grossesse ; ce n'est pas non plus une machine à faire des enfants, qu'on pourrait charger de n'importe quelle façon ; ce n'est pas davantage une machine à nourrir des fœtus, une sorte d'éleveuse qui pourrait se louer à la demande... Je ne te dis pas cela, ami, pour que tu sois dur envers les personnes : tu ne seras jamais assez bon ni assez compréhensif pour rejoindre quelqu'un au tronçon de chemin sur lequel il peine à avancer et pour l'aider à faire un pas de plus. Je te dis cela pour que tu penses juste et que tu saches défendre ton Église lorsqu'elle se trouve attaquée, parce que tu es très fier d'elle.

3) *« Et Dieu leur dit »* : en créant l'homme et la femme, Yahweh se donne donc des gens à qui parler et avec qui parler. Mais le dialogue ne commencera qu'avec l'autre récit, dans le cadre tragique de la faute : « Adam, où es-tu ? ». Pour échanger avec quelqu'un, il faut avoir un point commun avec lui : l'homme ne

converse pas vraiment avec les animaux, même si, avec certains, il émet des signaux qu'ils comprennent et qui les font réagir. Mais, entre hommes, le contact n'est pas non plus facile, pas nécessairement : il est des gens qui vous glacent ou qui vous horripilent. La merveille de la création, c'est qu'elle est capable de brancher l'homme avec son Dieu : du moins, c'est Dieu qui prend l'initiative, et sa première parole est une consigne de sagesse, un ordre de route, un programme prenant la forme d'une invitation, d'un encouragement : « Croissez et multipliez-vous ! ». Le signal de départ est donné : « *Go* ». La deuxième parole sera une question traduisant une inquiétude : *« Ayeka ? »*, « Où es-tu ? ». Et *voilà Dieu qui se met à chercher l'homme*, alors que nous, nous imaginons tout le contraire. Mais, dit le Seigneur en parodiant Pascal, « tu ne me chercherais pas si je ne t'avais déjà cherché, et, si tu t'obstines à me chercher ailleurs que sur les chemins par lesquels je suis allé vers toi, tu ne risques pas de me trouver ».

Tout le Plan divin est fait de ces dialogues par lesquels le Seigneur vient « embaucher » des gens qui ne s'y attendent pas et qui n'en ont pas envie. Tu connais les exemples majeurs : Abraham, à Ur ; Moïse, devant le Buisson ; Isaïe, dans le Temple ; Jérémie, qui ne savait pas parler ; Amos, qui était bouvier et pinçait les sycomores ; Marie, troublée mais disponible ; Paul, à plat sur le sable... Et toi, ami. Et moi...

Dans un document court mais très dense, *Lettre aux évêques de l'Église catholique sur quelques aspects de la méditation chrétienne* (15 octobre 1989), le cardinal Ratzinger profite de ce passage de la Genèse pour nous montrer l'originalité de la prière biblique. L'homme reproduit à sa manière l'image du Fils de Dieu dans la Trinité, c'est-à-dire d'une Personne à la fois de la même substance que le Père et pourtant *autre* que le Père. Le fait qu'il existe une altérité entre le Père et le Fils n'est pas un mal, mais plutôt le plus grand des biens (n° 14). De même, la prière chrétienne se présente comme un dialogue personnel, intime et profond, entre l'homme et son Créateur. La communion n'est pas une confusion qui ferait se dissoudre la créature dans l'océan divin : elle est le mouvement du « moi » humain vers le « Tu » de Dieu. Ce dialogue promeut le croyant sans le détruire : il crée sa véritable personnalité, c'est-à-dire sa capacité de recevoir et de se redonner. L'oraison n'est donc pas le repli du fidèle sur lui-même ; se recueillir ne veut pas dire se lover : on ne se recueille que pour mieux se donner. Celui qui prie ne s'enferme pas sur son intimité : il s'ouvre au Dieu transcendant, qui ne se confond pas avec sa psychologie ; il est du même coup en communion avec tous les autres. Rencontre de deux libertés, la méditation ne peut s'obtenir par des techniques impersonnelles et automatiques. Bref, on prie comme on croit (n° 3). Réfléchis bien à cela, ami : ce face-à-Dieu n'existe que dans le judéo-christianisme. Aussi le baptisé ne sort pas de son oraison comme chiffonné, fripé, fiévreux et maussade : en allant vers ses frères, il continue sa prière. Car, disait admirablement Vincent de Paul, « ce n'est pas quitter Dieu que de quitter Dieu pour Dieu ».

4) *« Soumettez la terre »*. Le psaume 8 a des phrases étonnantes et hardies. Parlant à Dieu d'Adam, il s'écrie : « A peine le fis-tu moindre qu'un dieu, le couronnant de gloire et de splendeur. Tu l'établis sur l'œuvre de tes mains : tout fut mis par toi sous ses pieds ». Ce service royal qui consiste à maîtriser l'univers pour le rendre habitable et partagé équitablement entre tous, c'est la *Sagesse*. Pour la Bible, l'image se trouve là d'abord et avant tout. Adam reçoit du Créateur cette capacité et cette vocation qui appartiennent au laïc : la compétence pour œuvrer dans le domaine séculier, au milieu des tâches et dans les relations de la vie quotidienne. Le philosophe converti Jacques Maritain parlait d'« humanisme intégral ». Depuis ces temps lointains (les années 30), le domaine temporel s'est trouvé kidnappé par la politique, et bien des militants ont négligé l'œuvre proprement missionnaire pour se contenter du social. Aussi, le pendule est parti en face, dans les nouvelles communautés d'aujourd'hui, qui se soucient

avant tout de la vie chrétienne, de l'évangélisation et du caritatif. Mais il ne faudrait pas pour autant que le laïcat se cléricalise, comme l'a noté Jean-Paul II dans *Christifideles laïci* (n° 23). Tout cela, je te l'ai déjà dit en commençant.

Mélange de sciences nat' et de sciences po', la Sagesse comporte à la fois *le savoir, le savoir-faire et le savoir-vivre*. L'exemplaire biblique, c'est le roi Salomon. Il connaissait, comme Buffon, les bêtes et les plantes, des plus petites jusqu'aux plus grandes. Il maîtrisait la technique pour construire et décorer le Temple. Il avait rédigé 3.000 sentences et composé 1005 cantiques (1 Rois 5, 9-14). Si bien que tous les peuples lui envoyaient de futurs fonctionnaires afin qu'il les formât. Par ailleurs, le roi était devenu célèbre par un jugement particulièrement astucieux dont la réussite avait fait le tour du monde, tant il dénotait une connaissance de la psychologie féminine (1 Rois 3, 16-28). À vrai-dire, la Sagesse de Salomon n'était peut-être pas partie de zéro : elle avait sans doute puisé à d'autres sources (égyptiennes en particulier) dans le Croissant fertile ; mais enfin, le résultat était là, probant. Jean-Paul II, au n° 4 de *Laborem exercens*, souligne le rôle essentiel du travail dans l'aménagement de la création : c'est là une participation capitale au labeur d'un Dieu qui ne s'est reposé que parce qu'il avait mis la main à la pâte... à modeler ! Car la Sagesse est « un miroir sans tâche de l'activité de Dieu, une image de sa bonté » (Sagesse 7, 26). Avec Jésus, le jeune garçon de Nazareth, nous dit Jean-Paul II (*Redemptoris custos*, n° 22-24), le travail entre dans le mystère de l'Incarnation, et c'est Joseph le charpentier qui remplit le rôle paternel de celui qui guide un apprentissage.

5) La ressemblance qui se trouve en Adam le met en relation avec *le Christ*, qui est l'Exemplaire suprême. C'est lui qui est « l'Image du Dieu invisible, le Premier-Né de toute créature » (Colossiens 1, 15). C'est « l'Évangile de la gloire du Christ qui est l'Image de Dieu » (2 Corinthiens 4, 4). Les traits d'Adam annon-

cent le visage du Sauveur à venir. Ceux du chrétien d'aujourd'hui annoncent la splendeur du Seigneur qui revient : car « de même que nous avons porté l'image de l'Adam terrestre, nous porterons aussi l'image de l'Adam céleste » (1 Corinthiens 15, 49). Autrement dit, notre ressemblance ne cesse de se perfectionner. A force de contempler le visage du Christ sans mettre de voile sur le nôtre, nous serons transformés à cette image d'une façon de plus en plus lumineuse, comme si nous étions photographiquement impressionnés par la Sainte Face (2 Corinthiens 3, 18). La prière est le temps de cette « exposition » au soleil, diaphragme dilaté. Telle est notre vocation, car le Père « nous a prédestinés à reproduire l'image de son Fils, afin qu'il soit l'aîné d'une multitude de frères » (Romains 8, 29).

L'image que le Créateur imprime en nous est donc celle d'un Christ qui ne cesse de venir et qui est à la fois l'alpha et l'oméga. Elle nous est donnée comme une tâche à remplir, elle nous tire sans cesse vers l'avant. Nous ne conservons pas une beauté fragile qui ne pourrait que se faner : nous marchons vers notre jeunesse. Une fois de plus, le Plan divin est d'une seule pièce.

C'est au ciel que nous serons vraiment semblables à Dieu, « parce que nous le verrons alors tel qu'il est » (1 Jean 3, 2).

Commentant au 12e siècle le Cantique des Cantiques, le moine Guillaume de Saint-Thierry écoutait Jésus disant à l'homme : « Connais-toi donc, ô mon image. Ainsi me pourras-tu connaître, moi dont tu es l'image » [27]. Il existe au fond de mon être des désirs qui sont un appel d'air vers le Christ. son image en moi n'est pas figée, comme celle du cachet dans la cire devenue froide : elle me travaille, elle m'attire vers lui, elle veut coïncider avec lui dans la perfection de son tracé.

---

27. *Sources chrétiennes* n° 82, p. 164.

6) Reste un dernier point: pourquoi le Décalogue défend-il à quiconque de représenter, en sculpture ou autrement, aucun des habitants du ciel ou de la terre (Exode 20, 4), donc l'homme et la femme? On peut trouver deux raisons à cet interdit. Il prohibe tout ce qui pourrait devenir une provocation, une incitation à l'idolâtrie, c'est trop clair. Mais ce n'est pas tout. Il veut éviter que la figuration de l'homme devienne plus importante que l'homme lui-même, donc que le dessin nous détourne de la véritable image. Le danger n'était pas illusoire: l'idolâtrie a conduit à tuer des êtres humains pour faire plaisir à l'idole. Pense aux prisonniers égorgés rituellement, aux enfants jetés vivants dans la gueule embrasée du dieu Moloch (Lévitique 18, 21; 20, 2-4). Il est grave que l'image de Dieu devienne quantité négligeable auprès de je ne sais quelle fonte ou de je ne sais quel caillou grossièrement sculpté. Il est grave aussi que la femme soit caricaturée et privée de sa dignité par des figures impudiques installées dans des temples (je songe ici à l'Artémis d'Éphèse, hideuse avec la batterie de ses seins nus). La statue est alors la projection d'une idée fausse qui semble plus divine que la personne concrète. C'est le monde à l'envers.

Une nourriture végétarienne

Aux hommes et aux bêtes, Yahweh donne un menu strictement végétarien. Après la violence de la conquête de Canaan, le récit sacerdotal tente de rectifier les mœurs d'Israël. Pour cela, il reconduit le Peuple de Dieu jusqu'au temps de la Genèse, et c'est sur la création qu'il base la Loi: on ne peut pas faire mieux qu'à l'origine. Jésus fera le même raisonnement à propos du mariage: pour le ramener à sa véritable pureté, il faut remonter en-deçà même de Moïse, qui l'a accommodé à la dureté des cœurs; il faut revenir au commencement (Matthieu 19, 8).

L'homme végétarien est l'image de Dieu parce que,

comme lui, il domine par la douceur. Il disparaît à l'époque de Noé, où les animaux deviennent la nourriture courante. Mais, en contrepartie, Dieu interdit à son Peuple de boire le sang, qui est comme l'âme de la chair (Genèse 9, 1-7). Le Juif ne se prive pas de viande, mais il ne connaît pas la chasse pour le plaisir. Le meurtre de l'animal est une violence dont il ne faut pas abuser : on se borne à le pratiquer pour les repas de fête et pour les sacrifices. Chaque culture a ses manières, mais la nature ne doit pas être le lieu d'un carnage organisé, que ce soit pour le gain ou pour le « plaisir » de détruire. Pense ici à François d'Assise.

En des temps de guerre et de violence, les prophètes ressortiront l'idéal d'un monde herbivore où « le lion comme le bœuf mangera de la paille » (Isaïe 11, 7), tandis que le nourrisson s'ébattra sur le trou de la vipère. Utopie d'une fin du monde ressemblant à ses débuts, mais pour ne plus sortir de la paix première. Certes, ne sois pas plus prompt à te mettre en campagne pour la préservation des bébés-phoques que pour la disparition de l'avortement ; ne te scandalise pas davantage de la vivisection des animaux que de la torture des prisonniers politiques. Mais sache que les différentes formes de la violence ne sont pas sans rapport les unes avec les autres.

Cela était très bon

Très bon, l'univers ? Sans exception ? Mais, au moment où j'écris cette page, le cyclone « Hugo » vient de ravager les Antilles. Et l'on pourrait multiplier les exemples de bien des malfaçons dans l'œuvre du Créateur. Alors, que signifie ce contentement divin lors de la réception des travaux ?

Je n'ai que deux choses à te répondre. La première, oui, c'est que la création est bonne, parce qu'elle n'est pas l'ouvrage d'un dieu mauvais ; parce qu'elle n'est pas l'enlisement de parcelles divines dans cette horrible matière qui serait une dégradation ; parce que l'âme n'est pas ensevelie dans le corps comme dans un tombeau ; parce que la multiplicité des êtres n'est pas l'émiettement fâcheux de l'Unité primitive ; parce que le mariage n'est pas impur ; parce qu'il n'est pas criminel de faire des enfants, comme si l'on ajoutait à la cassure, comme si l'on continuait d'enfermer des âmes dans la gangue de la chair... Elle est bonne partie par partie, et elle est bonne dans l'harmonie du tout, grâce aux distinctions qu'a établies le Créateur. On voit qu'elle a été faite avec Amour et Sagesse ; on voit qu'elle respire la beauté qu'y a déposée son Créateur en la façonnant et en la regardant.

Reste le mal et surtout la mort, mais ce sera le sujet du second récit : pourquoi l'homme, si semblable à Dieu par sa sagesse, est-il si semblable à l'animal parce qu'il meurt ? Car, nanti ou misérable, l'être humain ne dure pas : il ressemble au bétail qu'on abat (Psaume 49). Le chapitre 3 de la Genèse donnera la réponse de Dieu : c'est le péché qui a introduit le mal et la mort [28]. Mais le chapitre 1er ne soulève pas cette question. Au seuil de l'ère chrétienne, le livre de la Sagesse l'aborde courageusement pour répondre aux Grecs, mais il réfute l'objection sans faiblir : non, « Dieu n'a pas fait la mort, il ne prend pas plaisir à la perte des vivants. Il a tout créé pour l'être. Les créatures du monde sont salutaires : en elles il n'est aucun poison de mort » (Sagesse 1, 13-14). C'est en effet par un « Que soit ! » (*yehi*) sans réticence, sans limitation, que le Créateur a posé sa créature, afin qu'elle subsiste. « Oui, Dieu a créé l'homme pour l'incorruptibilité, il en a fait une image de sa propre nature. C'est par l'envie du diable que la mort est entrée dans le monde » (2, 23-24). Un confrère exégète, le P. Maurice Gilbert, commente en ces termes : « La mort, même physique, n'était pas dans le projet divin ». Et si, maintenant qu'elle existe, elle sem-

28. Je compte développer cela dans mon prochain livre, je te l'ai déjà dit.

ble nous «dé-créer» en retirant le souffle de nos narines, ce souffle que Dieu y avait déposé (2, 2), elle n'est pas pour autant la fin de tout. Jamais le Seigneur ne détruira son œuvre, jamais il n'annulera son projet.

C'est tout ce que je puis te dire, pour le moment.

Et Dieu chôma au septième jour

Le shabbat est d'abord l'attitude de Dieu, avant d'être l'attitude de l'homme. Ainsi, il permet à l'homme d'être l'image de Dieu en se conduisant comme lui le 7e jour. Il le lui permet, il le lui offre, il le lui demande.

1) Le récit ne dit pas que le Créateur se repose, mais qu'il chôme, qu'il cesse de travailler. C'est donc *l'arrêt, la rupture*, qui ont une signification, et pas la pause comme telle dans le temps qui suit : pause liturgique, sans doute, pour admirer le beau travail et chanter «Que tes œuvres sont belles!». Que veut dire cette toute première coupure? Que le Don est achevé, que l'univers est fondé; un peu comme la manne cesse de tomber quand Israël est arrivé en Terre promise (Josué 5, 12). La toute première semaine comporte donc une césure avec le reste du temps. Non que Dieu ait fini son travail: je suis autant créé qu'Adam. Mais la suite de l'ouvrage ne pourra pas fondamentalement innover: elle possède là une structure de laquelle elle ne s'écartera jamais et qu'elle ne détruira certes pas. Le shabbat récapitule le projet divin; certes, il se déploiera au long des siècles, mais il détient déjà tous les éléments de base. Le 7e jour enclôt les six autres dans une figure définitive qui suffira à vivifier le reste du temps et qui est lourde d'une promesse, puisque le Christ s'y trouve annoncé. Dieu se plaît à créer chaque être, mais d'après le schéma de la première semaine. On parle parfois de «création continuée», mais il faut bien comprendre cette expression: il y a, dans l'œuvre de Dieu, quelque

chose qui *se poursuit*, mais aussi quelque chose qui se trouve *achevé* ; quelque chose qui se poursuit d'après un modèle qui se trouve achevé. Le shabbat divin s'oppose donc à une succession indéfinie de travaux qui seraient sans lien les uns avec les autres et qui s'étireraient à la queue-leu-leu dans une totale incohérence. Ne va pas en conclure, ami, que Dieu renonce à faire du neuf : tu sais bien que ce n'est pas vrai. Mais jamais il n'enfreindra la distinction qui existe entre lui, l'homme et les choses.

Quant à l'homme, il ne continue certes pas la création : il l'aménage, il la cultive, il l'accroît (en procréant), mais il ne s'adjuge pas le pouvoir réservé au seul Créateur. La première semaine lui est donnée comme un appel : à cet appel, il répond, précédé par une structure qu'il n'a pas pour mission de bouleverser. Un Don formidable lui a été fait, un Don qui a pris sa forme définitive : il ne s'agit pas pour lui d'en faire n'importe quoi [29].

2) Ceci dit, les textes bibliques vont donner au shabbat humain plusieurs significations. En Exode 20, 8-11, c'est *la cessation de tout travail* qui est demandée : à l'image de Dieu, il ne faudra rien faire ; il ne faudra rien faire faire aux autres, pas même à l'étranger, pas même aux animaux. C'est le texte que citera le chef de synagogue, indigné de voir Jésus guérir une femme courbée un jour de shabbat : « Il y a six jours pendant lesquels on doit travailler, dira-t-il à la foule (sans oser faire la remontrance au Christ lui-même !) : venez donc vous faire guérir ces jours-là et non le jour du shabbat ! » (Luc 13, 14). A quoi Jésus rétorquera : « Hypocrites ! Chacun de vous, le shabbat, ne délie-t-il pas de la crèche son bœuf ou son âne pour le mener boire ? Et cette fille d'Abraham, que Satan a liée depuis dix-huit ans, il n'eût pas fallu la délier de ce lien le jour du

29. Là-dessus, le calviniste Pierre Gisel et le juif Armand Abécassis sont bien d'accord avec ce que je te dis.

shabbat ? ». Le soin des bêtes et la charité envers les autres ne figurent donc pas dans la liste des œuvres qu'il faut stopper : l'homme s'en rend bien compte quand le contenu de son porte-feuille est en jeu !

D'autres textes insistent sur *le repos* comme tel : Exode 23, 12 et Deutéronome 5, 12-15. Il s'agit alors de souffler et de laisser souffler tout le monde : la femme, les enfants, les serviteurs, les bêtes. Le second passage ne se réfère pas à la création, mais à la sortie d'Égypte, qui a mis fin à une dure servitude. On voit que ces textes réunissent étroitement les *Deux Tables* de la Loi : le volet qui traite des devoirs envers Dieu et celui qui détaille les devoirs envers l'homme. Lorsqu'on l'accusera d'enfreindre le shabbat par des œuvres de miséricorde, Jésus n'aura pas de mal à montrer à ses interlocuteurs qu'ils oublient la seconde Table, donc qu'ils ne sont pas de bons Juifs. Reporte-toi, ami, à la guérison de l'homme qui avait la main sèche (Matthieu 12, 9-14). Le Christ a été provoqué par les gens eux-mêmes qui lui ont tendu un piège. Il rejette cette peau de banane en disant : « Il est permis de faire une bonne action le jour du shabbat ». Certes. La Loi ne dit pas le contraire. Le shabbat est aussi un jour réparateur où l'on refait ses forces.

En Exode 31, 12-17, ce sont à la fois la cessation du travail et le repos qui font l'objet du précepte. Mais, si le texte se réfère à la Création, à ce 7e jour où Dieu « a chômé et repris haleine », il voit dans le shabbat le signe de l'*Alliance*. Autre nuance.

3) Jésus, Juif pratiquant (comme dit le Frère Ephraïm), ne s'amuse pas à violer la Loi pour épater la galerie : il l'observe aussi loin qu'il peut, tant que les commandements sont compatibles avec sa mission. En ce qui concerne le shabbat, il s'est voulu plus Juif que les Juifs, car il en a donné le sens véritable et n'a pas eu l'impression de faire un accroc à la règle en guérissant. De même pour certaines exigences de pureté, où la tradition pharisienne avait fini par remplacer le véritable précepte (Marc 7). Il a remis aussi les cho-

ses dans le bon sens, en disant : « Le shabbat a été fait pour l'homme, et non l'homme pour le shabbat » (Marc 2, 27). Mais il s'est aventuré beaucoup plus loin en concluant : « … en sorte que le Fils de l'homme est maître même du shabbat ». Et, quand il disait « même du shabbat », il savait qu'il proférait quelque chose d'énorme.

Toutefois, la nouveauté chrétienne ne vient pas d'une infraction qui permettrait une plus grande liberté dans l'application de la loi. Il suffirait alors de déplacer d'un jour ce shabbat assoupli pour avoir le dimanche. Peut-être, au cours des âges, talonnée par un Judaïsme qui lui faisait quelque concurrence, l'Église s'est-elle contentée de copier l'observance de l'Ancien Testament, pour ne pas paraître dépourvue d'un rite hebdomadaire qui fasse sérieux. Or, le dimanche, c'est-à-dire le lendemain du shabbat (Matthieu 28, 1), a une toute autre signification que le jour précédent, et le chrétien ne se borne pas à opérer un glissement dans le calendrier, laissant le samedi aux Juifs… et le vendredi aux Musulmans, comme disent les gens simplistes, prompts à tout aligner. Le shabbat, c'est le 7ᵉ jour, la clôture de la première semaine du monde : le dimanche, c'est *le 8ᵉ jour*, l'introduction à la vie éternelle. Le shabbat termine la première Création, *le dimanche ouvre la nouvelle Création* : telle est sa signification profonde. Le sérieux qu'il demande et la prière communautaire à laquelle il convoque exigeront bien la cessation de certains travaux, mais ce n'est pas cela qui constitue l'essentiel de la journée. Le fidèle entend d'abord acclamer le Ressuscité, qui est le Nouvel Adam, et chanter l'espérance qui s'ouvre au monde tout entier, la matière y compris, car la mort, fruit du péché, se trouve enfin vaincue, même si sa destruction tarde encore (1 Corinthiens 15, 26). On ne tourne pas pour autant le dos à l'origine : on montre de quelle espérance elle était porteuse, puisqu'elle annonçait le Christ alpha et oméga (Apocalypse 1, 8 et 17). Le baptisé ne fuit pas vers l'avant : il récapitule tout. Et, s'il s'enchante de la vie nouvelle qui lui est offerte, il sait fort bien que cette vie le renverra, le lundi matin, aux tâches quotidiennes, que la Résurrection n'abolit pas.

Est-il alors possible au chrétien de célébrer le shabbat, par amitié pour ses frères juifs ? En me posant cette question, tu penses certainement au Lion de Juda, qui a conservé cette coutume, en partie du moins, et la met en œuvre de façon fort belle. Moi aussi. Et je me réjouis de cette pratique. Mais je ne pense pas que le baptisé puisse donner à sa semaine un autre centre que le dimanche. Ce qu'il célèbre le vendredi soir, s'il le désire, ce n'est pas le shabbat, avec toutes ses exigences : c'est le repas du shabbat, attente joyeuse du Fiancé au chant du Cantique des cantiques. La nuance est de taille. Il peut alors christianiser à loisir cette cérémonie : entre le jeûne du vendredi et les premières vêpres du dimanche, les lumières du shabbat sont l'anticipation de la Résurrection, elles attendent l'Époux qui vient. « Brillez déjà, lueurs de Pâques !... ».

4) Parlant à son Peuple obstiné qui ne cessait de rouspéter au désert, Yahweh avait dit autrefois : « Aujourd'hui, si vous entendez ma voix, n'endurcissez pas votre cœur » (Psaume 95, 7-8). Peine perdue. « Alors, a-t-il ajouté dans sa colère, jamais ils n'entreront dans le repos que j'ai promis » (Psaume 95, 11). Ce repos, c'était celui du 7e jour, symbolisé par le paradis de la Terre Promise où coulaient le lait et le miel. Aussi, dit la lettre aux Hébreux (4, 1-11), puisque ceux qui devaient y entrer n'y sont pas entrés, Dieu a délimité pour nous un nouvel « Aujourd'hui », nous offrant à nouveau d'entrer dans son repos, afin de nous délasser de nos travaux comme lui-même l'a fait pour les siens. Craignons de gâcher cette bonne nouvelle par notre raideur. Ce repos-là, ce ne peut être que le Royaume, où ceux qui sont morts dans le Seigneur se débarrasseront de leurs fatigues (Apocalypse 14, 13). Mais on peut déjà l'anticiper par la paix du cœur.

Le deuxième récit

Le Potier

Avec ce deuxième récit, nous changeons complètement d'ambiance : des grands espaces et des gouffres marins, nous passons aux champs. Ce n'est plus l'époustouflant plafond de la Sixtine, avec sa superbe création de l'homme, mais les porches de nos cathédrales, si joliment paysans. La terre et le ciel sont déjà créés, mais il n'y a pas le chaos boueux du premier récit : c'est au contraire l'eau qui manque, faute de pluie. Aucune importance, puisqu'il n'y a pas encore d'homme pour cultiver le sol. Heureusement, si les nuées font défaut, une sorte de ruisseau sourd de la terre, et c'est avec cette première irrigation que Yahweh pétrit un peu de terre rouge, la façonne et en fait un homme. Nous connaissons déjà ce verbe « modeler », *yatsar*, qui revient 63 fois dans l'Ancien Testament dont 42 avec Dieu comme sujet. Pétrir la glaise, c'est chercher à lui donner une forme belle et aimée, avec une idée dans la tête, même s'il faut tâtonner. L'idée, c'est de faire ressembler l'homme à Celui qui ressemble le plus à son Père : le Fils. L'inspirateur, c'et le Saint-Esprit. Ainsi raisonneront les Pères, Augustin en particulier. Et comme ce Fils deviendra un homme, chaque coup de pouce du Créateur annonce un Jésus bien chair qui n'aura rien d'une apparence : ainsi pense Tertullien, relayé par les tailleurs de pierre de Chartres. Et comme la poterie demeure encore inanimée, rien de plus simple que de lui souffler la vie par les narines. De cette façon l'homme est un composé de chair, d'âme et de Saint-Esprit : ainsi conclut Irénée. Poésie, me diras-tu ? Certes, mais avec sa vérité profonde, qui n'a rien à envier au jargon compliqué. L'homme n'est pas tombé du ciel : il est terrestre et même terreux ; il retournera là d'où il vient. Rien qui doive l'humilier : un Péguy était plutôt fier de cette humble origine [30]. Mais voilà que, tournée par un Potier plein de tendresse, cette poterie humaine est devenue capable de génie et de passion, pour avoir reçu l'inspiration même de son Créateur. « Ni ange ni bête », certes, mais « capable de Dieu », malgré des turbulences sans nombre.

A quoi ressemble ce Créateur aux mains gluantes d'argile ? Ce n'est pas le petit Jésus prétentieux des apocryphes (et du Coran) qui, ayant ébauché des oiseaux avec sa pâte à modeler, soufflait dessus pour les faire s'envoler et ainsi épater les copains subjugués. Ce n'est pas Vaucanson donnant son départ à un automate docile qui ne pouvait pas aller bien loin sans qu'on en remonte le mécanisme. Ce n'est pas non plus l'apprenti-sorcier ayant, par mégarde, confectionné un objet endiablé qui tout-à-coup lui échapperait des mains et qu'il ne pourrait plus maîtriser. Non. C'est un Père se donnant un enfant pour la joie de ses yeux ; fier de lui — pourquoi pas ? — mais pas pour épater la galerie. Un Père risquant l'apparition d'une liberté avec un cœur généreux, confiant sans être naïf et prêt d'avance à suivre son enfant partout où il s'aventurera. Pas un sorcier débordé par un fétiche devenu incontrôlable, mais un maître d'œuvre plein de sagesse, capable de mener sa création sans la brutaliser. Essaie de deviner ce à quoi pensait le Potier en te créant…

L'haleine venant des narines de Dieu demande quelque explication. En certains passages, on nous parle d'un souffle divin qui est brûlant et destructeur (Isaïe 30, 33 ; Job 4, 9), ou bien qui manœuvre les eaux de la Mer rouge pour les ouvrir et les refermer à point (Exode 15, 8-10), ou encore qui écarte les eaux de l'abîme jusqu'à mettre à nu les assises de la terre afin de sauver celui qui est englouti (2 Samuel 22, 16 ; psaume 18, 16…). On nous parle d'un souffle qui durcit en glace la surface des eaux (Job 37, 10), ou qui au contraire, à la manière d'un redoux,

30. « Seigneur qui les avez pétris de cette terre / Ne vous étonnez pas qu'ils soient trouvés terreux » (*Eve*, 843).

provoque la fonte des neiges (Psaume 147, 18). Mais ici, il ne s'agit point d'une intervention de Dieu dans le cosmos, d'un dynamisme mécanique : il s'agit d'une insufflation vitale, d'une inhalation d'oxygène. Non pas *ruah*, comme au début du récit précédent, mais *nefesh*, l'animation. Ce souffle, l'homme le reçoit (Isaïe 42, 5...) et il peut le perdre : « Il rend le souffle, il retourne à sa glaise ; en ce jour-là périssent des pensées » (Psaume 146, 4). On dit très justement qu'il expire, qu'il rend le dernier soupir (1 Rois 17, 17).

Par un curieux paradoxe, que seul Jean souligne (19, 30), c'est en rendant l'esprit que le Crucifié nous livrera le Saint Esprit : l'extinction de sa vie terrestre fonctionnera comme une Pentecôte, comme le déchaînement d'une vie nouvelle.

L'insufflation créatrice, qui se fait nez-à-nez (et pas bouche-à-bouche), donne à l'homme sa vie biologique (Job 3, 4), mais il le rend aussi intelligent (Job 32, 8). Influence si prodigieuse et si totale que l'écrivain biblique, porte-parole de son peuple, éprouve une peur essentielle : que Yahweh ramène à lui son haleine, qu'il la concentre en lui, et c'est la fin de tout (Job 34, 14-15). « Tu envoies ton souffle : ils sont créés... Tu retires leur souffle : ils expirent » (Psaume 104, 29-30). La Genèse établit une équivalence entre l'âme (*nefesh*) et le *sang* (Genèse 9, 4), un sang qu'il est interdit de boire plus encore que de le verser ; car le répandre est davantage sanctionné que défendu. Quant à l'animal, il est vivant, mais il n'a pas reçu comme Adam l'haleine de Yahweh. En tout cela, bien sûr, il y a des représentations qui sont dépassées : nous savons que Dieu se sert des « causes secondes » pour opérer dans le monde, et il ne se confond pas avec un ballon d'oxygène [31]. Mais,

31. Nous dénonçons ceux qui versent le sang, nous aimons donner notre sang, mais nous ne mangeons pas *casher*, tout en respectant nos frères Juifs qui le font. Nous comprenons qu'ils se soient cabrés en entendant Jésus leur proposer de « boire son sang » (Jean 6, 53-56). Nous trouvons toutefois ridicule, criminel et non-biblique de refuser la transfusion sanguine.

si la Bible écrase souvent les plans, en disant par exemple que Dieu ouvre et ferme le sein maternel, elle nous révèle des vérités profondes que rien ne peut démoder. Vatican II nous a rappelé que, si le monde jouissait d'une certaine autonomie, cela ne voulait pas dire qu'il ne dépendait aucunement de son Créateur (*Gaudium et spes* n° 36 § 3). Toi, ami, tu es d'un autre âge que tes parents : tu n'éprouves pas les réticences de leur génération. Et, surtout si tu es un converti de fraîche date, longtemps sevré d'une vérité que tu découvres avec émerveillement, les propos que je te tiens doivent plutôt te ravir. Je vois pas mal de jeunes qui, sans être naïfs, n'éprouvent aucun goût à désosser l'Écriture pour mieux la « démythiser » : ils appellent de tout leur cœur, non pas une histoire du texte, mais un commentaire intelligent et chaleureux. Ils n'ont rien à faire d'une Bible démontée en atelier : ils acceptent le don de l'Esprit comme il se présente à eux, par les mains de l'Église. Alors, ils peuvent prier et évangéliser.

Le Jardinier

Dieu n'a pas fini de garder les manches retroussées : après l'atelier, c'est le jardin, avec la bêche et le plantoir. Il met en route un verger que l'homme pourra continuer à faire fructier. *Gan*, jardin, vient de *ganon*, protéger ; comme *gart* ou *garden* signifie « garder ». C'est donc un enclos protégé et surveillé. Tu vois une fois de plus que la Bible n'aime pas le désert, le terrain vague sans limites, le tohu-bohu sans repères, l'espace sans sécurité. C'est Caïn qui, après avoir tué son frère Abel, est banni du sol fertile et chassé sur les pistes désolées (Genèse 4, 14) ; tel est le salaire de sa transgression : l'insécurité angoissante, l'étrangeté qui surprend et inquiète, sans qu'on puisse vraiment « s'apprivoiser ».

Le jardin que Dieu plante se trouve en *Eden*, mot qui signifie la jouissance. Vraiment, c'est pour le bonheur que nous avons été créés. Les arbres qui s'y trouvent sont là pour entretenir la vie : ils réjouissent les yeux et font saliver la bouche. Mais ils sont aussi des points de repère : leur feuillage en forme de toit ou de voûte donne à l'homme un abri et une tranquillité. Aux temps messianiques, « chacun restera assis sous sa vigne et sous son figuier, sans personne pour l'inquiéter » (Michée 4, 4), et c'est sous cet agréable couvert qu'il invitera ses amis (Zacharie 3, 10). En cas de guerre, dit le Deutéronome (20, 19), « tu ne mutileras pas les arbres en y portant la hache : tu t'en nourriras sans les abattre. Est-il homme, l'arbre des champs, pour que tu le traites en assiégé ? ». Au fond, l'homme n'est-il pas un peu comme un arbre ? Il a des racines, il est vertical, il porte des fruits, il protège de ses branches les plantations plus petites, comme le ferait un roi avec ses sujets (Juges 9, 15). Certes, l'être humain est capable de bouger, mais pas n'importe où, pas sans arrêt : Caïn, le nomade, n'est-il pas un déraciné, un déstabilisé ? Curieusement, dans l'évangile (Marc 8, 24), l'aveugle que Jésus vient de commencer à guérir s'écrie, après la première imposition des mains : « J'aperçois des gens : c'est comme si c'était des arbres que je les vois marcher ».

Il semble que le jardin ne soit pas exactement la même chose que l'Eden, puisque le fleuve qui l'arrose sort de l'Eden. Qu'importe ? Ce fleuve se divise pour former quatre bras, donnant ainsi naissance au Tigre et à l'Euphrate, ainsi qu'à deux autres cours d'eau non identifiables (le Nil et le Gange ?). Cet ensemble fluvial semble délimiter le Moyen-Orient, espace prestigieux. Toute cette richesse liquide, à laquelle s'ajoute une richesse minière, ne peut être qu'un don de Dieu, généreusement offert à l'exploitant humain. L'homme biblique n'est pas sécularisé : tout lui semble reçu comme un cadeau, un cadeau à faire valoir.

Dieu *prend* Adam pour le mettre dans le jardin. N'imagine pas ici une transplantation sans âme, un déménagement pur et simple : le verbe utilisé (*lakah*) signifie le *choix gratuit*, comme le sera l'élection d'Abraham ou celle du peuple d'Israël. L'Alliance est donc déjà commencée, sans que Dieu perde de temps. Ce mot sert aussi à désigner le geste du mari déclarant son amour à la femme qu'il aime et la conduisant dans sa maison pour qu'elle soit son épouse. Adam se trouve donc comme pris par le bras par un Dieu qui le chérit et qui l'emmène affectueusement vers une grande surprise. Ne négligeons pas les nuances!

Alors, le Seigneur *dépose* son ami dans le paradis. Il l'y dépose, dit l'hébreu, en utilisant le verbe *nouah* qui signifie «faire reposer» et qui, parmi tous les délassements possibles (celui d'une auberge de jeunesse dans l'Israël actuel), sert à indiquer le délassement du shabbat. Comme si, dans ces conditions exceptionnelles, la culture du jardin ne devait pas différer d'une détente. L'homme biblique n'est pas un fainéant qui chercherait à ne rien faire: c'est un actif qui désire travailler intelligemment, en prenant goût à ce qu'il fait, posément.

C'est alors que Yahweh, avant toute autre considération, donne à Adam un ordre catégorique, assorti d'une menace de mort. Il lui interdit rigoureusement de manger le fruit d'un arbre, seul entre tous, celui de la connaissance du bien et du mal. En d'autres termes, il lui demande de ne pas déserter sa condition de créature pour s'emparer de ce qui est réservé à Dieu seul: décider du bien et du mal. Ne vois pas là une brimade, mais une miséricorde. Le Seigneur n'a pas créé un homme minable, qui se serait contenté de peu: il a fait un être prodigieux et, de façon très loyale, le préserve d'un grand malheur: que sa sagesse lui tourne la tête et lui donne le vertige. La mort dont il fait état n'est pas une punition arbitraire, comme le serait une condamnation à la peine capitale, chose horrible qu'une loi pourrait supprimer: c'est une conséquence inhérente à son geste de folie. Prendre la place de Dieu et chambouler toutes les valeurs, c'est s'auto-détruire du même coup et semer la désolation dans l'univers. N'aie pas la réaction stupide des gens de 1968, pour lesquels «il est interdit d'interdire» (ce qui fait un interdit de plus!...). D'ailleurs, ce n'est plus ton problème: toi, qu'on a peut-être trop laissé à l'abandon, tu aurais sans doute souhaité qu'on t'aide davantage. L'exigence du Seigneur est sagesse : qu'il nous la dise est de sa part une grande bonté. Mais ce passage du récit amorce une histoire dramatique que je ne pourrai pas aborder dans cet ouvrage. Attends un peu.

Le chirurgien ?

Avec ce passage, nous entrons dans une histoire qui peut te sembler rocambolesque et proche du mythe : qu'est-ce que c'est que cette chirurgie curieuse où c'est l'homme qui accouche, et qui accouche de sa propre femme ?...

Mais n'allons pas trop vite en besogne. Yahweh, dont la sagesse est pénétrante et le cœur plein de bonté, constate qu'il n'est pas bon pour l'homme de demeurer seul : seul face à *Dieu*, position qui deviendrait rapidement gênante à cause du maintien qu'elle demande ; seul face à *lui-même*, devant le miroir de son introspection ; seul devant les *animaux*, qui peuvent bien être des bestioles agréables (le matou de la vieille mémé) ou secourables (le chien de l'aveugle), qui peuvent sembler capables d'un brin de conversation (mais n'est-ce pas le maître qui fait les demandes et les réponses ?), mais qui ne peuvent quand même pas être au sens strict une « présence », encore moins « une aide assortie ». Qohéleth, qui ne pèche pas par excès de sublime, n'y va pas par quatre chemins : « Mieux vaut être deux que seul, dit-il, car ainsi le travail donne bon profit (surtout quand c'est l'homme qui éreinte sa femme au rendement : Proverbes 31, 10-31 !...). En cas de chute, l'un relève l'autre : mais qu'en est-il de celui qui tombe sans personne pour le relever ? Et si l'on couche à deux, on se réchauffe ; mais seul, comment avoir chaud ? » (Qoheleth 4, 9-11). On ne peut pas dire les choses plus clairement. D'ailleurs, Yahweh s'est livré à une petite expérience : il a modelé quantité de bêtes différentes, et il les a fait défiler devant Adam (seules ou en couple ?) pour voir sa réaction. La réaction d'Adam a été de leur donner un nom, de les identifier, opération presque divine dont le Seigneur a eu la bonté de lui laisser la primeur ; car Salomon le saura bien (1 Rois 5, 13) : nommer, c'est dominer (je pense au garçon révolté à qui un copain demandait : « Comment tu t'appelles ? », et qui répondait, grognon : « Je m'appelle pas ! »). Mais jamais Adam n'a paru satisfait, et les noms qu'il donnait n'avaient aucune parenté linguistique avec le sien. De toute évidence, il n'était tombé amoureux d'aucun animal (et heureusement ! Car la Loi punira sévèrement la bestialité comme un retour au tohu-bohu (cf. Exode 22, 18 ; Deutéronome 27, 21 ; Lévitique 18, 23 ; 20, 15). Restait donc à trouver ailleurs — mais où et comment ? - la fameuse « aide assortie ».

L'exégète juif Armand Abécassis, dont j'aime beaucoup le commentaire, se pose ici la question : « Il n'est pas bon (*lo tov*) que l'homme soit seul : pas bon pour qui ? Pour lui, ou... pour Dieu ? ». Il répond : « Pour les deux, mais surtout pour Dieu ». Et il s'explique. Sans la sexualité au sens global (l'affectif y compris), l'homme finirait par se prendre pour Dieu : il n'aurait besoin d'aucun complément pour vivre, se suffirait, et il se croirait éternel. Car, dans la Révélation judéo-chrétienne Yahweh est unique : il n'a pas besoin d'une déesse comme les divinités de l'Olympe qui se trouvaient « en manque » de pas mal de choses, amour et gourmandises [32]. Quand l'être humain sera devenu mâle et femelle, il ne risquera plus bien longtemps de se prendre pour l'Absolu : l'un et l'autre auront trouvé leur limite, celle qu'ils sont l'un pour l'autre, car ils ne pourront se réaliser qu'en rencontrant le partenaire. Le désir qu'ils éprouvent l'un pour l'autre est bon, certes, mais il marque leur imperfection. La création

32. Dans la Trinité, aucune Personne divine, ni le Fils ni l'Esprit, ne joue le rôle d'une femme par rapport au Père, qui est l'Amour totalement gratuit. Je te le répète.

de la femme semble donc une précaution supplémentaire après la promulgation de l'interdit. Elle va dans le même sens : la créature ne devra jamais quitter son rang... Je trouve cette explication d'une grande vérité et d'une entière franchise. Mais je n'oserais pas mettre dans la tête de Yahweh un calcul aussi sordide au moment où il décide de donner Eve à Adam : l'amour a dû faire les choses plus simplement, avec davantage de limpidité, à mon humble avis ; il a voulu d'abord fournir une aide et non assigner une limite, même si toute aide est nécessairement le rappel d'une limite. Il n'a quand même pas infligé une épouse à l'homme, en se disant en lui-même : « Ce grand benêt ne se doute sûrement pas que je fais une affaire moi aussi ! »...

Abécassis en conclut aussi à la nécessité du mariage pour être un vrai croyant car l'homme ne peut vraiment rencontrer son Seigneur qu'avec une femme. Mais, que je sache, Yahweh n'a jamais *obligé* personne à se marier : dans le Nouveau Testament il est des êtres auxquels il n'a pas *interdit* les noces, mais qu'il a *dispensés* des noces (Matthieu 19, 12 ; 1 Corinthiens 7, 32-38). Je te l'ai déjà dit : Jésus est le Fils pleinement comblé par son Père et qui ne s'est jamais senti esseulé (Jean 8, 29 ; 16, 32). Aussi a-t-il convié des hommes et des femmes à faire comme lui : demeurer vierges, pour anticiper un Royaume où l'on n'épousera plus, parce que les ressuscités seront au-delà de toute mort (Luc 20, 35-36). Car l'alpha ne doit pas nous faire oublier l'oméga. L'alpha règle la valeur fondamentale du mariage monogame, indissoluble et fécond (Matthieu 19, 8). L'oméga annonce le dépassement de certaines réalités terrestres devenues caduques. A ce sujet, je reçois parfois des lettres me disant que je ne crois pas à l'éternité du mariage : lettres de veufs ou de veuves qui se font un devoir de ne pas se remarier par fidélité à l'époux disparu. Je les admire, mais je pense qu'ils font une confusion entre la *charité* (qui, certes, demeurera éternellement : 1 Corinthiens 13, 8) et la *vie conjugale*, qui n'aura plus de raison d'être. Voilà pourquoi l'Église autorise le remariage, sans craindre qu'au jour du Jugement le conjoint remarié se trouve tout-à-coup polygame dans les cieux, et bien embarrassé, comme la femme aux sept maris dans l'Évangile (Luc 20, 33). A la base de ces questions, il existe une autre confusion : celle qui comprend la *vie éternelle* comme une *survie* dans laquelle les choses continueraient comme précédemment, après avoir subi une restauration pour durer. Or, l'éternité, c'est une vie totalement nouvelle que nous ne pouvons pas imaginer. Elle se caractérise par la densité de la vision et par l'universalité de la communion. Ne vois pas le paradis comme une multitude d'H.L.M. glorieux où chaque famille aurait son appartement pour reconstituer en mieux sa vie terrestre : les « demeures dans la maison du Père » (Jean 14, 2), ce doit être quand même autre chose, ne crois-tu pas ? Ou bien alors le ciel ne vaudrait pas le déplacement ! Excuse-moi de te dire cela de façon cocasse, surtout si un deuil a cruellement meurtri ton cœur. Et comprends que je crois très fort, très fort, en l'éternité de la charité, qui est déjà sur terre l'anticipation du Royaume, la seule réalité qui traversera la mort, la valeur sûre. Mais je ne cherche pas à imaginer (encore moins à décréter) la façon dont nous la vivrons là-haut. Je laisse faire le Seigneur.

Mais revenons à notre texte, sans regretter cette petite digression, qui en est à peine une. Yahweh fait donc tomber sur Adam une torpeur qui l'endort aussitôt. Ne vois pas là une anesthésie médicale avant l'opération ! Non. Ce sommeil, cette absence, signifie sans doute le mystère qui va se produire et qui n'a pas de témoin. Dieu prend à Adam, non pas une de ses côtes, mais un de ses *côtés*, et il lui construit (*banah*, d'où viendra *ben*, le fils) une femme pour la lui présenter en *vis-à-vis*. Auparavant, il a refermé l'ouverture, pour qu'il n'y ait pas de trace de l'événement. Alors, ne soyons pas stupides. L'auteur sacré ne nous parle pas d'une extraction (au sens dentaire du mot) ; il ne nous décrit pas une chirurgie (y en avait-il seulement à l'époque ?) ; il n'est quand même pas fou à ce point-là ! Il répond au désir de l'homme, qui voudrait avoir *un être semblable à lui face à lui*. Or cet être, c'est la femme, «chair de sa chair» et «joie de ses yeux» (Ezéchiel 24, 16). Elle est *un côté mis en face*. Avec elle, Adam a trouvé ce qu'il cherchait sans pouvoir se le donner: une personne comme lui dans une chair comme la sienne, *un moi de même nature*. Cette «aide»-là n'est pas un ustensile ni un animal: c'est quelqu'un. Ce n'est même pas une servante ou une ménagère: c'est un cœur capable de se donner lui-même, au lieu de fournir seulement quelques services stipendiés. On comprend dès lors la joyeuse exclamation d'Adam: «Pour le coup», s'écrie-t-il, c'est exactement celle qu'il me fallait! Il comprend ainsi que l'aide ne fonctionnera pas de façon unilatérale, à sens unique, car cette aide est un don d'amour et que l'amour doit être réciproque. Il comprend également que leur sexualité à tous deux n'est pas animale: il l'a déjà réalisé s'il a vu des animaux s'accoupler. Le rut? Non, zéro pour lui.

Alors, pour exprimer qu'Eve est «la femme d'un homme», «une femme pour homme», l'hébreu forge le jeu de mots intraduisible: *Isch-Ischa*. Il faudrait dire, en français, que l'*homme* a trouvé son «*Hommelette*»!... La Bible latine a tenté de traduire cette facétie en mettant: «*Vir-virago*». Mais *virago* n'est guère sympathique: c'est le sobriquet d'une femme masculinisée qui «porte-culotte» et qui en fait voir à son mari. Restons-en là par conséquent. Mais comprenons bien l'arrière-fond du message biblique.

1) La Genèse rappelle évidemment que la femme est de la même nature que l'homme, qu'elle n'est pas inférieure à lui dans l'échelle des êtres, ce qui devait être dit en ces temps-là d'une façon bien claire. De ce fait, l'un et l'autre sont des personnes, c'est-à-dire des libertés faites pour se donner l'une à l'autre réciproquement, le corps entrant dans cette donation mutuelle et l'exprimant pleinement, de manière à ne pas retomber dans l'animalité. Tu remarqueras qu'il n'est pas question ici de l'enfant, pas plus que dans le Cantique des cantiques. Cela ne veut pas dire que l'Écriture le né-

glige ; d'autant qu'en ces temps-là la fécondité ne passait pas pour un malheur. Mais il faut que l'homme et la femme prennent le temps de se regarder, de se comprendre, de se complaire ensemble. Il faut qu'ayant bien réalisé leur identité profonde, celle qui vient de la même nature humaine, celle qui résulte du fait qu'ils sont des personnes, ils puissent découvrir aussi leur différence : à savoir que l'un est masculin et l'autre féminine. Les jeunes aujourd'hui qui bondissent sur l'activité sexuelle s'initieront à des fonctionnements mécaniques, mais ils passeront à côté de l'essentiel et ne connaîtront pas vraiment. Ils auront beau prendre fait et cause pour les droits de l'homme, ils n'auront guère dépassé le monde des objets. On ne peut donc pas dire que le message biblique n'ait plus d'actualité : d'ailleurs, Jean-Paul II ne cesse de nous le rappeler en mettant les points sur les i.

2) Dans le texte biblique, tu vois que l'homme regarde sa femme droit dans les yeux, à la hauteur du regard, à l'horizontale. Il ne lève pas la tête en l'air, comme si elle était une déesse. Il ne la dirige pas non plus vers le bas, comme si elle se réduisait à son sexe. Non : il la contemple pour ce qu'elle est : une créature comme lui, et un visage d'abord. Chose curieuse : les païens qui divinisaient la féminité divinisaient en fait la fécondité, dès lors, ils ne connaissaient d'autre culte que la prostitution sacrée, dans laquelle ils mimaient rituellement l'effet qu'ils appelaient de tous leurs vœux (abondance des récoltes, abondance du bétail, abondance des pluies). Paradoxalement, c'est parce qu'ils regardaient trop en haut qu'ils regardaient trop en bas. Adam, tant qu'il n'a pas péché, sait porter les yeux là où il faut. La pureté, ce n'est pas d'abord une vertu morale : c'est la juste appréciation de celui qu'on a en face de soi. On est propre envers lui, parce qu'on le prend pour qui il est, pas pour autre chose ; parce qu'on ne détaille pas dans son corps la partie qui nous intéresse, le détail qui nous obsède, au risque d'oublier et même de nier la personne entière. Voilà pourquoi

Adam et sa femme, tous nus qu'ils étaient, n'avaient pas honte l'un de l'autre. Leur regard allait droit au but, droit devant, droit en face, sans être tenté de glisser vers l'objet convoité. Il était pudique parce qu'il n'était pas curieux du sexe mais émerveillé du cœur.

3) Il y a un lien étroit entre la foi en un Dieu personnel et la conception qu'un homme se fait de la femme. Adam n'a pas de mal à regarder *Ischa* dans les yeux parce que Yahweh a pris la peine de la conduire jusqu'à lui et de la lui donner. Entre eux trois, les relations sont nettes et limpides. Il n'en allait pas de même pour le païen de Canaan, qui vénérait un peu partout des énergies divines anonymes et impersonnelles : des énergies fécondantes. Lors donc qu'il désirait capter ces forces à son profit pour la prospérité de son exploitation rurale, il ne pouvait le faire que dans une véritable frénésie sexuelle, sans se fixer sur personne. Recourir aux prostituées sacrées, c'est chercher le dieu sans visage dans la femme sans visage. C'est vouloir déclencher une puissance en épuisant le maximum d'objets capables de la faire fonctionner. Yahweh se plaint amèrement, par la bouche de ses prophètes, d'une idolâtrie magicienne qui lui semble plus perverse que l'athéisme, et qui consiste moins à accumuler le nombre des divinités qu'à vouloir leur forcer la main. L'erreur sur la quantité du divin est moindre que l'erreur sur la qualité du divin : Dieu n'est pas une force manœuvrée à volonté mais un Amour se donnant librement. Pour tout dire, il est un Époux. Le monothéisme des prophètes n'est pas seulement arithmétique : il est *monogame* : Dieu est unique non pas comme un Être tiré à un seul exemplaire, mais comme un Mari adoré, le seul à pouvoir aimer ainsi. C'est le méconnaître, le dénaturer et le blesser que de vouloir contourner sa tendresse pour déclencher sa puissance. Isch et Ischa comprendront un jour que leur amour à tous deux est de même qualité que celui de Yahweh pour son Peuple, qu'il appartient au mystère de l'Alliance. D'ailleurs, dans l'histoire des idées, c'est la théologie qui poussera

la philosophie : c'est en étudiant la vie intime du Dieu-Trinité et celle du Fils incarné que l'on pourra mettre au point ce mot qi s'appliquera aussi à l'homme : le mot *« personne »*. Donc tout se tient.

Quitter père et mère

L'homme est sorti du sein de sa mère, ce qui a créé entre eux deux une relation très forte et très douce. Cet attachement a trouvé son équilibre en se conjuguant avec la présence du père. Il a progressivement évolué avec la montée de l'âge, mais il est demeuré très vif. Le jour vient où le jeune homme doit prendre son essor. Il faut pour cela qu'il ait trouvé dans sa vie un amour capable de le prendre en charge, sans qu'il entre pour autant en concurrence avec le lien familial, sans les parents le considèrent comme un rapt. Les épousailles ne vont pas périmer l'enfantement, mais elles créent une gravitation suffisamment forte pour que le partant puisse tenir bon sur la nouvelle orbite où il va évoluer. La femme d'où l'homme est sorti doit faire place à celle qui est sortie de lui. Et le jeune époux qui, dans le ventre de sa maman, ne faisait qu'une seule chair avec elle, s'en va vers la jeune épouse qui, désormais, d'une autre façon bien sûr, ne fera qu'une seule chair avec lui. Opération parfois malaisée quand l'amour maternel est possessif ou que l'amour filial est demeuré infantile. Jésus reprendra ce passage de la Genèse pour rappeler aux pharisiens l'indissolubilité du mariage (Matthieu 19, 1-6). En effet, l'homme n'a pu quitter père et mère que parce qu'il s'unissait pour toujours à son épouse, et l'attraction qui a pu le prendre en charge ne doit plus cesser, car elle a créé une nouvelle unité qu'il serait impie et dangereux de casser [33].

33. Il est possible qu'il y ait dans ce texte une condamnation de l'inceste, dont la pratique était courante en Égypte à la cour des Pharaons, ceux-ci épousant leur sœur pour garder pur le sang royal.

Ce qui se passe dans le mariage explique toute l'histoire d'Israël. On a noté en effet que, dans la Bible, la Terre Promise ne se présente pas comme chez nous à la façon d'une *«patrie»* (ni d'une «matrie»), c'est-à-dire le sol conquis par les ancêtres. La raison est facile à comprendre : Israël n'était pas du pays ; il n'a pu rencontrer cette Terre que parce que Yahweh la lui a donnée. Il s'est dirigée vers elle comme vers une *épouse* à lui présentée. Alors, à la suite d'Abraham, qui avait quitté le pays de ses pères pour aller vers l'inconnu, il s'y est établi ; il a fait corps avec elle («une seule chair»), souffrant douloureusement d'en être arraché lors de l'Exil à Babylone. Tant et si bien qu'il s'est confondu avec elle. Aussi, au retour de la captivité, lorsque le Peuple de Dieu retrouve son pays et que Yahweh renouvelle son Alliance avec lui, le 3e livre d'Isaïe s'écrie, tout joyeux : «Yahweh trouvera en toi son plaisir, et ta terre sera épousée» (62, 4-5). On comprend dès lors que tout à la fin de l'Apocalypse (21, 2-9), la nouvelle Jérusalem descende du ciel comme une Fiancée parée pour son Époux. C'est dire toute la place que tient la symbolique du mariage dans l'Écriture.

LE JOURNAL SPIRITUEL DE L'ÉGLISE

Il ne nous reste plus maintenant qu'à feuilleter le Journal de bord du navire Église pour repérer les grands moments où elle a dû parler de la création et apercevoir les enjeux dogmatiques de tous ces débats. Tu verras mieux à quel point, dans notre foi, les choses se tiennent en elles [34].

En feuilletant le livre commode qui, en français, rassemble les textes majeurs de la foi catholique [35], je me trouve un peu embarrassé, à première vue du moins, pour en tirer une classification commode. Permets-moi de te proposer celle-ci, qui me semble éclairante.

La première étape : le Credo

Je n'ai pas à t'expliquer comment les multiples professions de foi, à commencer par celles du Nouveau

---

34. J'écris ces pages toujours à l'abbaye de la Rochette. Hier dimanche, je suis allé visiter l'étonnante église de Saint-Hugues-de-Chartreuse, décorée par le dessinateur Arcabas. C'est merveilleux, c'est chrétiennement beau. Justement, l'auteur ne cesse d'affirmer, par un symbole de son invention, l'imbrication des deux Testaments, la croix du Christ s'emboîtant dans l'Ancienne Alliance par l'un de ses bras. Ce signe très parlant, maintes fois répété, est taillé dans le marbre pour constituer l'autel. J'aimerais célébrer l'Eucharistie sur cet autel !

35. Ce livre s'appelle *La Foi catholique* (Orante). Je t'y renverrai en utilisant le signe FC, suivi du numéro qui se trouve en marge du texte.

Testament (de saint Paul notamment), relayées par celle des premiers Pères (Ignace, Justin, Irénée...), ont fini par donner les deux *Credo* que tu connais bien, par cœur j'espère. Mais tu dois savoir quelles sont les préoccupations auxquelles répondent ces deux textes. Il y en a deux principales.

La première, c'est, je te l'aurai souvent répété, d'affirmer *l'unité rigoureuse du Plan divin*, auquel s'en sont pris très tôt les premiers dualismes. Il n'y a donc qu'un seul Dieu le Père, Créateur de tout, ce qui se voit et ce qui ne se voit pas, et un seul Fils du même Père, le Seigneur Jésus, venu dans le monde pour récapituler et achever tout ce qui était entrepris dès l'origine. Impossible donc, sans ruiner la foi, d'établir une division du travail entre deux Principes, dont l'un serait mauvais. Impossible également de faire arriver sur le tard, comme un simple Réparateur, un Jésus-Christ qui n'aurait pas appartenu au Plan divin dès l'origine. Cela, nous allons le trouver redit tout au long de l'histoire, car le dualisme n'a pas fini de produire ses fruits pernicieux, même aujourd'hui, hélas !

Précisément, cette erreur va s'en prendre à *Jésus*. Comme la chair semble un produit suspect, fruit d'une création mauvaise, il paraît impensable que Dieu ait pu s'incarner. Le personnage qui circulait sur les chemins de Galilée n'a pu donc être qu'une *apparence*. On appelle « docètes » (du grec *dokein* qui signifie apparaître) les gens qui inventaient de telles choses. Déjà saint Jean, dans sa première épître (1, 1), affirmait dur comme fer avoir vu, entendu et touché un Sauveur qui n'avait rien d'un fantôme ni d'un ectoplasme.

D'autres au contraire, loin d'imaginer un double Principe, réduisaient tellement — tellement mal — Dieu à l'unité qu'ils faisaient du Fils une créature comme les autres, mais un peu plus distinguée. Ils prétendaient que le Fils n'avait pas toujours existé. Alors, en 325, le concile de Nicée (Iznik dans l'actuelle Turquie) vote ce texte que tu connais par cœur mais dont tu ne vois pas bien à quoi il fait allusion : « *Engendré, non pas créé*, de même nature que le Père, et *par qui tout a été fait*». Tu sauras maintenant que ce membre de phrase visait un hérétique nommé Arius. Histoire ancienne ? Que non ! Après avoir sévi en Europe jusqu'au 6e siècle (chez les Wisigoths et chez les Lombards notamment), cette erreur grave continue de réapparaître d'une façon plus discrète mais qui trompe pour cela même une foule de gens : en France, un sondage SOFRES nous apprenait que 30 % seulement des habitants croyaient en la divinité de Jésus-Christ, alors que 81 % continuaient de se dire (de se croire) chrétiens. Ce n'est donc pas le moment de trouver le Credo démodé !

Les séquelles du dualisme

Le dualisme va se poursuivre de différentes manières, et nous le voyons s'étirer jusqu'à la fin du Moyen-Âge, où l'Église doit encore compter avec lui, car il ne cesse de renouveler ses manières et de produire de nouveaux fruits. Mais, dans les premiers siècles, la foi laisse un peu ce problème de côté : elle se trouve accaparée par tous les débats qui surgissent à propos de la Trinité et de l'Incarnation, et elle a fort à faire. C'est au milieu du 5e siècle que les problèmes relatifs à la Création refont surface.

Curieusement, c'est du *diable* que le pape saint Léon-le-Grand se met à parler dans une lettre expédiée à un évêque (FC 233). Des gens prétendaient en effet que le diable n'avait jamais été créé, étant lui-même le principe et la substance de tout mal ; sans donc avoir jamais été bon, il avait émergé du chaos et des ténèbres. La réponse est que le diable est un ange déchu, pas un dieu. Il a été créé bon, comme tout ce que Dieu a fait, et il le serait encore s'il était demeuré dans son état primitif. En ne restant pas dans la vérité, il n'a pas changé de nature : il demeure un ange et n'est pas Dieu. Il s'est simplement séparé du Souverain Bien auquel il aurait dû demeurer uni. Quant au mal, ce n'est pas une créature, car le Créateur n'a rien fait que de bon… Histoire ancienne ? Oh non ! Que de jeunes, aujourd'hui, pourraient et devraient lire cette lettre, écrite le 21 juillet 447 !

En 561 ou 563, Satan revient encore sur le tapis, dans un concile local réuni à Braga, au Portugal (FC 235-240). C'est que la même erreur continue de faire des ravages : celle de Mani, relayé par un certain Priscillien. Les évêques répètent la même chose que saint Léon, mais ils ajoutent des précisions. Le diable n'a créé personne, et ce n'est pas lui qui produit le tonnerre, les éclairs, les tempêtes et la sécheresse par sa propre puissance. Ce n'est pas lui qui provoque la conception et qui forme le corps humain dans le sein de la femme. On ne doit donc pas condamner le mariage ni la procréation. Quant à la chair, elle est bonne et, contrairement à ce qu'ont dit Mani et Priscillien au 3e et 4e siècle, elle est promise à la résurrection. Sans même affirmer que Satan est avec Dieu co-principe du monde, il est faux de dire que les mauvais anges ont créé les corps… Tu vois ainsi, ami, que l'infection se répand : elle atteint désormais le mariage, les enfants et la résurrection [36].

Le célèbre 4e concile de Latran (1215) (FC 29) réaffirme la même doctrine et porte les mêmes condamnations. C'est en effet l'époque des Albigeois, ces Cathares qui avaient repris en main le flambeau du manichéisme. Pour d'autres raisons, des courants spirituels comme celui des Vaudois (FC 241) s'étaient engagés dans la même voie. Mais cette mise au point ne suffira pas à enrayer le phénomène, puisqu'en 1442, le concile de Florence (FC 248) doit encore préciser la vraie foi : le dualisme continue en effet de recruter des adeptes. De nos jours, on pourrait imaginer que le Magistère nous donne quelques éclaircissements, car le

36. Il y aura aussi des gens pour proscrire le vin de messe, le fruit de la vigne étant maléfique. On les appelle les Aquariens, car ils prônaient l'eau de messe !…

diable, expulsé de la catéchèse et de la prédication, par compensation, est redevenu dieu pour certains. On pourrait aussi bien préciser que le corps, sans être la créature du diable, n'est pas la créature de personne, une chose séculière n'entrant pas dans la même zone du sens et n'ayant aucun rapport avec la morale : une telle erreur fait en effet bien des ravages.

Une mystique curieuse

La vie mystique veut être l'union très intime de l'homme avec Dieu : en cela, rien à dire. Mais il y a des façons curieuses de vouloir réaliser cette union, par exemple de diminuer Dieu pour le rapprocher de l'homme, et de grandir l'homme pour le rapprocher de Dieu. C'est ce qu'un synode de Constantinople (543) (FC 234) a condamné, visant ainsi des moines de Palestine qui avaient des doctrines curieuses, inspirées plus ou moins par le grand Origène. Ils disaient, d'un côté que la puissance divine était limitée, Dieu ne pouvant créer que ce qu'il était capable de penser et d'étreindre ; de l'autre, que les créatures lui étaient coéternelles.

Une chose similaire se reproduit beaucoup plus tard chez un excellent dominicain germanique, Maître Eckhart, qui a beaucoup prêché de part et d'autre du Rhin, à Colmar notamment. Aussi, en 1329, deux ans après sa mort, un pape d'Avignon nommé Jean XXII fait une mise au point : d'ailleurs, le prédicateur avait, avant de mourir, révoqué d'avance tout ce qu'on trouverait d'inexact dans ses œuvres. Tout l'effort d'Eckhart consiste à montrer que Dieu n'a jamais été sans créature, parce que la création coïncide avec l'engendrement du Fils dans la Trinité, et que le Père ne s'est jamais trouvé sans son Fils (FC 243-246). Si le dominicain a tenu de tel propos, ce ne peuvent être dans sa bouche que de pieuses exagérations, comme en font tous les prédicateurs enflammés qui veulent secouer leur auditoire. Mais, au pied de la lettre, ces énoncés sonnent faux, car ils confondent la création avec la vie intime de Dieu. Certes, le Père nous crée du même amour qu'il aime son Fils, mais nous ne sommes pas son Fils ; nous ne lui sommes pas aussi essentiels que son Fils. L'apparition du monde suppose donc en Dieu une décision à part, un acte de liberté tout spécial qui ne va pas de soi.

D'autant que cette théorie grisante finissait par avoir des conséquences déprimantes, puisque le prédicateur en concluait que nous n'étions que... pur néant : même pas peu de chose, rien du tout ! En effet, à force de coller autant au mystère de Dieu, l'homme en devenait plus que passif : inexistant.

Ces histoires-là te paraîtront sans doute bien subtiles et totalement inactuelles. Permets-moi de te dire que non, ami. Il n'y a pas très longtemps, j'ai connu un philosophe qui, peut-être sans avoir la vie intérieure et apostolique d'Eckhart, tenait lui aussi des propos semblables. En fin de compte, c'est le monde créé qui prenait dans son système la place du Fils. Donc il n'y avait plus de Trinité. Il n'y avait plus qu'un Dieu mal défini dont on finissait par dire qu'il avait été contraint de créer, de se donner un vis-à-vis. On était passé de la liberté du Père à la nécessité « dialectique ». Au bout du rouleau, Dieu en arrivait à se confondre avec l'homme. Bien entendu, il n'y avait pas non plus d'Incarnation, puisqu'il n'y avait plus ni Père ni Fils. Cela donnait à la longue le béton philosophique (le monisme) le plus compact, la « mystique » servant ici de trompe-l'œil et de cache-misère. Navrante dérive !

Les conciles ne cessent de nous le rappeler : Dieu a créé quand il a voulu (FC 248), dans le plus libre de ses desseins (FC 253). Il n'est pas lié au monde par la nécessité éternelle qu'il aurait eu de le créer, et d'intégrer l'homme dans la libre intimité de sa vie trinitaire. Il n'a pas créé « aussi nécessairement qu'il aime lui-même » (FC 259).

L'apparition de la modernité

Au 19e siècle, commencent à surgir les problèmes nés des sciences et des philosophies modernes. Comme tu vas le voir, le ton change du tout au tout.

1) C'est d'abord une philosophie venue de loin mais qui se donne une forme moderne : le *panthéisme*. Dieu, c'est la nature, pas davantage. Il n'y a donc pas d'Être suprême qui serait distinct de l'universalité des choses. Ce qu'on continue d'appeler « Dieu » par habitude, c'est donc quelque chose qui change et qui devient. La notion de création relève de la mythologie : on doit nier toute action de Dieu sur l'homme et sur le monde... C'est ainsi que le catalogue des idées fausses constitué par Pie IX et nommé *Syllabus* (FC 250-251) présente une philosophie naturiste qui avait cours en ces temps-là.

Le concile de Vatican I, en 1870, remet les choses au point. L'Église catholique croit plus que jamais en un seul Dieu vivant, Créateur du ciel et de la terre, infini en puissance et en intelligence, réellement distinct du monde comme une substance spirituelle unique, souverainement bienheureux en lui-même (FC 252). Dans sa bonté et par sa force, non pas pour augmenter son bonheur ni pour acquérir une plus grande perfection, mais pour se manifester à ses créatures, ce seul vrai Dieu, dans le plus libre de ses desseins, a, dès le commencement du temps, créé de rien ses créatures angéliques et terrestres (FC 253). Il est donc faux de dire que les choses sont une émanation de la substance divine ; ou que l'essence divine devient toutes choses en se manifestant ; ou que Dieu est l'être indéfini qui en vient à constituer l'universalité des choses (FC 258). On doit croire au contraire que Dieu a créé le monde pour sa gloire, dans une liberté libre de toute nécessité, et qu'il a produit toutes choses à partir de rien, dans la totalité de leur substance (FC 259). Je simplifie de mon mieux ce langage un peu compliqué mais qu'il est bon d'entendre au moins une fois dans sa vie.

2) Le second problème soulevé, c'est la *valeur historique* qu'il faut ou non accorder aux récits de Genèse 1-3 sur des points précis : la création particulière de l'homme, et celle de la femme à partir de l'homme, l'unité du genre humain, le bonheur originel de nos premiers parents, la transgression du commandement divin, la chute et la promesse du Rédempteur. A tout cela, la Commission Biblique répond, en 1909, qu'il est impossible de nier la réalité de ces fondements de la foi (FC 260). Derrière ces interrogations, on devine l'essor des sciences bibliques et les premiers essais tentés pour éclairer la question des « genres littéraires » de chacun des livrets composant l'Écriture. On devine aussi les ravages causés par une critique intempérante : c'est ce qu'on appelle « le modernisme ». Évidemment, la Commission ne nous demande pas de tout prendre au pied de la lettre : elle s'attache aux points qui engagent la doctrine. Dans sa brièveté, elle ne creuse pas vraiment le problème, mais elle se contente d'une solution de prudence. Depuis, des documents plus officiels ont fait la clarté sur ce qu'est l'inspiration de l'Écriture et sur la manière d'en dégager le sens exact. Le plus récent, c'est la constitution *Dei Verbum* (n° 11-13) à Vatican II. Ce beau texte nous rappelle que, dans sa condescendance, Dieu a voulu parler aux hommes à la manière des hommes. Donc, à l'interprète de chercher avec attention ce que l'écrivain sacré a voulu dire exactement et ce que le Seigneur a voulu faire passer par sa parole. Pour y parvenir, il est indispensable de tenir compte des divers « genres littéraires » qui se trouvaient alors en usage au Moyen-Orient. Mais un tel travail ne se fait pas en solitaire : il puise dans la Tradition vivante de l'Église. On ne peut lire fructueusement un passage biblique qu'en le référant à l'ensemble de l'Écriture ainsi qu'à la totalité cohérente de la foi. Ce qui suppose finalement une soumission au jugement de l'Église quand la question se pose (n° 12). Tu vois, ami, entre 1909 et 1965, il s'est passé des choses.

3) Le troisième problème soulevé, c'est *l'articula-*

tion de la foi et de la science. Dans la chaîne des interventions du Magistère, il est un maillon important, l'encyclique *Humani Generis* de Pie XII, en 1950 (FC 268-269). J'aime ce texte parce qu'il est probe et honnête, ne voulant aucunement stopper les recherches en cours, mais critiquant les solutions hâtives qui prennent les hypothèses pour la réalité. Il ne durcit pas des positions mais les réfère « à l'état actuel des sciences et de la théologie ». Le progrès n'est donc pas exclus. Toutefois le pape ne met pas sur le même plan les deux questions en litige : l'*évolution* et le *polygénisme*. L'évolution suppose que le corps humain a été tiré d'une matière déjà existante : la foi catholique n'y est pas opposée, dans la mesure où l'on peut maintenir que l'âme est créée immédiatement par Dieu. Il ne reste plus dès lors qu'à découvrir si les choses se sont bien passées ainsi. Il n'en va pas de même pour le polygénisme, cette théorie pour laquelle il est impossible que l'humanité entière descende d'un seul couple primitif. On en vient alors à supposer plusieurs points de départ. Les plus optimistes disent avec humour que l'existence de plusieurs « chaînes de montage » n'empêcheraient pas l'existence d'un unique « brevet », d'une unique « licence » donc que la nature humaine demeurerait quand même unique. Mais Pie XII ne l'entend pas de cette oreille. Pour lui, « on ne voit aucune façon d'accorder pareille doctrine » avec l'enseignement sur le péché originel.

En ce qui concerne l'évolution, l'Église a su, depuis, nous mettre à l'aise en distinguant le plan de la foi d'avec celui de la science. Je te l'ai dit plus haut. Pour ce qui est du péché originel, ami, une fois de plus, je suis obligé de te renvoyer à un prochain ouvrage, faute de pouvoir tout mettre dans celui-ci. Pardonne-moi de te faire attendre, attendre pour mieux comprendre, pas pour faire un acte de foi !

Vatican II [37]

Le dernier concile, c'est un monument imposant ! Je voudrais ici me contenter de ce qu'il a dit au sujet de la création, en t'indiquant les points majeurs, dont la plupart se trouvent dans la constitution pastorale *Gaudium et spes* (GS).

1) Vatican II, c'est d'abord, si besoin en était, *la remise en place du Christ* dans le dessein de Dieu. L'Église voit en lui, non pas un individu tard venu dans le monde, pour un bricolage très secondaire et avec une influence limitée au compte-goutte, mais « la clé, le centre et la fin de toute histoire humaine ». « C'est pourquoi, sous la lumière du Christ, image du Dieu invisible, premier-né de toute créature, le concile se propose de s'adresser à tous, pour éclairer le mystère de l'homme » (GS 10 § 2). Ni plus ni moins. C'est dire que la vérité chrétienne n'est pas uniquement confessionnelle, une opinion qu'il faudrait garder *at home* sous peine d'être un fanatique. Le Magistère ne sort donc pas de son rôle et de sa compétence quand il s'adresse, non seulement à ses fidèles, mais à tous les hommes de bonne volonté.

2) Loin d'être périmée, parce qu'elle serait devenue pernicieuse, *la mission* demeure une nécessité urgente. Elle ne se contente pas de repeupler l'Église. Elle ne se fixe aucun plafond à ne pas dépasser. Elle ne joue pas la modeste, la femme aux petits besoins : « elle accomplit vraiment le Dessein du Créateur formant l'homme à son image et à sa ressemblance », en conduisant « tous ceux qui participent à la nature humaine » à dire « Notre Père » (*Ad gentes* n° 7). Et le texte renvoie, en note, à saint Irénée et à sa doctrine

---

37. Je te renvoie à l'édition du Centurion, *Concile œcuménique Vatican II*.

de la Récapitulation. D'ailleurs, dans l'évangile, Jésus nous demande d'aller dans le monde entier pour annoncer la Bonne Nouvelle « à toute la création » (Marc 16, 15), c'est-à-dire à la création comme telle, qui a droit au Message parce qu'elle a été faite pour le recevoir un jour, et pour rien d'autre. Évangéliser, c'est donc mener à bien l'activité du Père quand il produisait le monde. C'est du même coup retrouver dans l'univers les pierres d'attente de la foi, tout ce qu'on appelle la « préparation à l'Évangile (*Ad gentes* n° 3 ; *Lumen gentium* n° 16).

3) Vatican II reconnaît que « les réalités terrestres et les sociétés elles-mêmes ont leurs lois et leurs valeurs propres », qui sont à connaître et à respecter. Cette *« autonomie du temporel »* que bien des hommes revendiquent aujourd'hui, l'Église ne se borne pas à la leur concéder du bout des doigts, comme une chose qu'on lui arracherait de haute lutte : « non, elle correspond à la volonté du Créateur ». En effet, « c'est en vertu de la création même que toutes choses sont établies selon leur consistance, leur vérité et leur excellence propre, avec leur ordonnance et leurs lois spécifiques » (GS 36 § 2). « Mais, si, par 'autonomie du temporel', on veut dire que les choses créées ne dépendent pas de Dieu, et que l'homme peut en disposer sans référence au Créateur », c'est absolument faux. C'est même dangereux, car « la créature sans Créateur s'évanouit » (GS 36 § 3). Le monde n'est donc pas un *No God's land*, comme l'ont répété les adeptes de la trop fameuse « sécularisation », une erreur qui n'en finit pas de dépérir. Il ne suffit pas de dire, comme on le faisait en 1962 aux États-Unis, que l'Église doit laisser les choses se faire et se contenter d'une triple tâche : « être prophète », en invectivant ça et là ceux qui déraillent ; « être exorciste », en chassant le mal et en soignant les blessés ; « être communion », face à un monde d'égoïsme et d'affrontements. Tout cela n'est pas faux, mais c'est une vue cléricale : c'est le regard de ceux qui ne sont pas vraiment dans la mêlée.

4) Du même coup, Vatican II redit aux *laïcs* quelle est leur tâche propre, leur tâche première : œuvrer au-dedans du monde, parmi les tâches séculières (*Lumen gentium* n° 31). Voilà ce qui leur revient en propre, même si des prêtres et des religieux peuvent, à leur manière et selon leur vocation, évoluer eux aussi dans le monde professionnel (GS 43 § 2). Jean-Paul II ne cesse de répéter la même chose dans *Christifideles laïci* (n° 15...). Le concile a soin de remonter à la source : il rappelle aux laïcs chrétiens qu'« il doivent reconnaître la nature profonde de toute la création, sa valeur et sa finalité » (*Lumen gentium* n° 36). Et il utilise pour cela un mot qui vient en droite ligne de la Sagesse biblique : « *compétence* dans les disciplines profanes ». Cela ne veut pas dire que les laïcs se bornent à cela, ni que cette activité (« changer l'eau du bocal ») suffit à évangéliser. Non, bien sûr. Mais cela veut dire que, dans leur vie, ce travail doit être premier, et jamais escamoté compte tenu des divers dosages correspondant aux diverses vocations. On ne prétexte pas de cette tâche séculière pour exclure les laïcs de la vie de l'Église, pour les priver de toute responsabilité dans la communauté chrétienne, mais on leur rappelle un trait spécifique de leur condition. On les préserve ainsi de se rabattre sur des activités liturgiques ou pastorales pour compenser la peur que le monde leur inspire, voire exercer dans l'assemblée des fidèles une volonté de puissance difficile à satisfaire dans la société civile.

Le concile entend bien laisser aux laïcs toute la marge d'action qui leur revient et que les pasteurs doivent respecter. C'est leur droit à l'autonomie. Mais, si les domaines peuvent se distinguer, la *conscience* chrétienne ne peut pas se diviser : elle demeure « leur guide en tous domaines temporels, car aucune activité humaine ne peut être soustraite à l'empire de Dieu » (*Lumen gentium* n° 36 ; *Apostolicam actuositatem* n° 5).

5) C'est avec une telle lumière que Vatican II s'adresse aux *athées*, tels que les évêques les voyaient à cette époque : athées systématiques, bardés de raisons

de nier Dieu et décidés à tout faire pour empêcher les gens de croire ; athées marxistes, qui envahissaient alors tout le champ de conscience et bouchaient l'horizon ; athées dont certains paraissaient sympathiques, en tous cas généreux. Je pense que, de nos jours, il faudrait écrire tout autrement les n° 19-21 de *Gaudium et spes*, car la modernité ne se confond pas avec l'athéisme, ni l'athéisme avec le marxisme, et l'athéisme systématique a perdu son arrogance : il a fait place à l'incroyance, à la mal-croyance ou à l'indifférence, ce qui n'est pas du tout pareil. Le seul athéisme qui demeure virulent, et même sanguinaire, c'est l'athéisme politique des pays totalitaires : mais le KGB n'est pas un argument philosophique, c'est une contrainte policière ; que resterait-il si elle se desserrait ?... En tous cas, cette brutalité s'est largement déconsidérée, en U.R.S.S. ou en Chine : nous sommes après Soljénitsyne ! Et le bloc communiste s'effrite en Europe, montrant soudain qu'il n'était qu'une façade imposée, du toc obligatoire.

Au concile, les évêques sont à la fois gentils et nets. Gentils, parce qu'ils trouvent des excuses à l'athéisme (n'est-ce pas, pour une part, la faute des chrétiens ?) ; parce qu'ils ne dénient pas toute valeur à ses adeptes, à certains du moins ; parce qu'ils reconnaissent à l'athéisme le mérite d'avoir chassé la superstition (mais n'en a-t-il pas apporté d'autres ?). Nets, parce qu'ils mettent en évidence le fait que sa critique porte à faux. Tu n'es pas sans savoir que certains athées refusent le Créateur, et que d'autres refusent le Rédempteur. Le Créateur est inutile, et, s'il existait, il serait l'ennemi déclaré de l'homme, l'obstacle à sa liberté. Le Rédempteur est une illusion pernicieuse : sur la grand'place de Cotonou, j'ai vu cette inscription géante : « Peuple du Bénin, ton sauveur, c'est toi-même »... Vatican II répond à ces deux attaques. Il voit dans la création le fondement de tout : « Cette invitation que Dieu adresse à l'homme de dialoguer avec lui commence avec l'existence humaine. Car, si l'homme existe, c'est que Dieu l'a créé par amour, et que, par amour, il ne cesse de lui donner l'être » (GS n° 19 § 1). Il ne cesse aussi de lui donner la liberté, la vraie, laquelle est en l'homme «un signe privilégié de l'image divine. Car Dieu a voulou le laisser à son propre conseil (Sirac 15, 14) pour qu'il puisse de lui-même chercher son Créateur et, en adhérant librement à lui, s'achever ainsi dans une bienheureuse plénitude» (GS 17). Quant à la rédemption, l'Église ne détourne pas le cœur de l'homme vers un mirage qui proviendrait de la fumerie d'opium religieuse (GS 20 § 2). L'Évangile ne détourne pas le croyant d'établir la justice sur la terre : loin que le désir du ciel lui en ôte le goût, il accroît au contraire son désir. D'ailleurs, «Dieu est à la fois Créateur et Sauveur» (GS 41 § 2). Et le concile «passe à l'attaque», si j'ose dire : est-il bien vrai que le mal soit uniquement d'ordre économique ou politique ? La foi répond que non, et tout homme loyal le confirme : «car l'Église sait parfaitement que son message est en accord avec le fond secret du cœur humain» (GS 21 § 7), ne serait-ce que parce que, sans le Christ, l'énigme de la mort est insoluble (GS 18).

J'en reste là, ami. Nous verrons dans le chapitre suivant tout ce que Vatican I dit de l'homme et de la communauté humaine.

J'ai cherché dans la constitution sur la divine Liturgie pour savoir si elle parlait de la création : pas beaucoup, me semble-t-il. Ce sera donc pour une autre fois ! Mais les prières remontent toujours à la toute première Liturgie de la Genèse, et les symboles puisent abondamment dans le cosmique.

Et maintenant

Jean-Paul II a annoncé la couleur dès le début de son pontificat : «L'homme est la route de l'Église» (*Redemptor hominis* n° 14). Cette petite phrase n'innove pas par rapport à Paul VI, qui avait dit à l'O.N.U. ce qu'il a répété dans *Populorum progressio* : «L'Église est experte en humanité». Mais l'un et l'autre n'avaient pas la même expérience de départ. Paul VI se trouvait dans le contexte de la « sécularisation » où nombre de théologiens conseillaient au Magistère de « s'écraser » devant le monde et de laisser faire la société politique, seule habilitée à régler les mœurs publiques et privées. Alors il protestait contre cette démission et rappelait l'enseignement de l'Église en matière familiale, économique et internationale : un enseignement qui ne se limitait pas à l'audience des baptisés mais concernait l'humanité entière… Jean-Paul II, lui, avait connu en Pologne deux régimes totalitaires, le nazi et le stalinien, devant lesquels l'Église ne s'écrasait certes pas, mais qui, eux, cherchaient à écraser l'Église. De quelle manière ? En lui ôtant le droit de s'occuper de l'homme et en la reléguant dans le privé. L'homme était le bien de l'État, seul dépositaire de la vision « scientifique » et de l'avenir humain. Le christianisme était faux et rétrograde. D'où le sursaut du Pape, qui, d'ailleurs, avait beaucoup travaillé, lors du concile, à la rédaction de *Gaudium et spes*… Mais ces deux points de départ aboutissaient à la même doctrine : la foi judéo-chrétienne doit laisser Dieu parler de l'homme, cet homme qu'il a créé à son image et dont il connaît tous les recoins, toutes les aspirations. D'ailleurs, les deux systèmes qui s'opposaient à l'Église sont en train de révéler leurs criminelles erreurs : d'un côté, la destruction de la famille, avec ce qui en résulte au niveau des jeunes (drogue, sexe, suicide, rock) ; de l'autre, les camps de la mort et le passage de l'homme au laminoir, ce contre quoi s'insurgent des foules de plus en plus nombreuses.

Dès lors, on comprend les thèmes préférés de Jean-Paul II : la Genèse, l'homme et la femme, la personne, la culture, le travail, la paix, la réconciliation, les droits de Dieu sur l'homme et le droit de l'homme à connaître Dieu, donc la liberté de conscience. Sans oublier la seconde évangélisation. À la base de cette attitude, le recours incessant au Créateur et Rédempteur de l'homme, à une époque qui ressemble beaucoup à ce qui se passe au jardin d'Eden, quand le serpent tourne la tête à Adam et Eve pour leur faire falsifier les valeurs : le domaine de la bioéthique n'est-il pas en ce moment le lieu du grand vertige, où l'apprenti-sorcier se lance dans un processus infernal ?

Mais je voudrais faire ici une place spéciale à une conférence prononcée par le cardinal Ratzinger à Laxenburg, près de Vienne, en Autriche, et dont tu as la traduction dans la *Documentation catholique* (année 1989, p. 847-850). Dans ce document, que les contradicteurs ont déclaré pessimiste pour le disqualifier sans le discuter, le cardinal, avec un discernement remarquable, assigne une même origine à quantité de déviations actuelles dans l'Église : cette origine, c'est... *l'effacement de la doctrine de la création*. Je t'avoue, ami, que c'est ce texte qui a déclenché en moi le désir d'écrire ce livre, ou du moins qui en a provoqué la mise en route immédiate, car, depuis longtemps, je pensais la même chose, quoiqu'avec moins d'acuité.

1) À une époque où nous constatons les limites de notre pouvoir sur la création, il est surprenant que la théologie se voile la face devant ce problème. C'est que, pour elle, il est mal vu de considérer la nature comme un élément de la morale : elle est incapable de reconnaître dans le monde corporel un message spirituel. Le cosmos, c'est un ensemble irrationnel d'où il n'y a rien à tirer, sinon des calculs mathématiques. L'homme ne l'accueille pas comme une création : il le manipule dans un rapport de domination. Avec son cerveau, il l'« arraisonne », comme un flibustier ferait avec un navire, et il essaie de le dompter ; mais jamais il n'y aperçoit la moindre trace de la Sagesse divine. L'acte créateur a été remplacé par le déclenchement d'une explosion primordiale.

Cela se répercute avant tout sur le corps, qui devient une chose que l'on utilise, au lieu d'y voir le temple de la dignité humaine. On l'expulse complètement de la zone du sens, et on interdit à ses données d'intervenir dans la décision morale, parce que la liberté fait fi de la biologie. Alors tout devient possible : homosexualité, contraception, avortement. Le collage provisoire d'un homme et d'une femme (dans la meilleure des hypothèses !) n'a plus rien à voir avec les sacrements de l'Église : il se passe du mariage, ou du mariage indissoluble. C'est le concubinage et le divorce. Et, ce faisant, les « amis » collés ou recollés réclament bruyamment de pouvoir communier lors de l'Eucharistie, comme si de rien n'était. On se trouve dans la confusion totale, parce qu'il n'y a plus de cohérence : ce qu'on appelle « amour », au sens viscéral, égoïste et fugitif, n'a plus rien à voir avec une structure provenant de la création ; et la communion n'est plus qu'un rite de convivialité auquel on peut prétendre, bien sûr, comme tout le monde. Le Français, tu le sais, est un être qui ne veut être ni obligé ni empêché : il est libre de refuser et il a le droit d'exiger.

La création est aussi la bête noire des féministes, qui y voient la source de leurs malheurs. Dès lors, la différence entre le masculin et le féminin s'estompant, on en arrive à demander le sacerdoce pour les femmes, et, en Amérique du Nord, les suffragettes les plus virulentes sont des religieuses. Que Jésus soit un mâle (Luc 2, 23 ; Apocalypse 12, 5) n'a plus aucune signification, sauf... pour le tournage du film de Scorsese. Qu'il soit l'Époux de son Église devient une poésie ridicule et sotte, puisque la sexualité n'entre pas dans cette union, pas plus que dans l'alliance entre l'évêque et sa communauté. L'Église est un Peuple au sens le plus vague : une société dont les gestionnaires peuvent être n'importe qui. Et il semble démodé, voire malsain, que la consécration à Dieu puisse utiliser, dans la vie religieuse, la symbolique des noces, d'autant qu'il n'y a plus beaucoup de noces, de noces réussies notamment.

Paradoxalement — et je ne cesse de le montrer quand je suis en tournée dans les lycées — vous, les jeunes, c'est après avoir posé sur le mariage des questions montrant le peu d'estime que vous en avez, que vous osez proposer ces débris aux prêtres, en vous scandalisant de ce que l'Église les empêche de prendre femme ! J'en conclus sans peine que vous ne voulez pas des prêtres heureux mais des prêtres complices, parce que, sans les écouter, vous vous projetez sur eux. Dès lors, pour ne pas être gênés par des déviants trop provocateurs, vous désirez des prêtres homosexuels, des prêtres divorcés remariés, des prêtres en cohabitation sénile ou juvénile, mais rien d'autre. Et, à supposer que l'Église accepte d'ordonner des hommes mariés, aussitôt, vous feriez campagne pour le droit des prêtres au divorce, etc... C'est là que la confusion est complète.

Ceci montre — et je reviens au cardinal ! — que la conscience n'est plus une science reliée à la création, et, à travers elle, au Dieu créateur, mais un calcul individualiste pour lequel toute règle est une atteinte à la « liberté ».

2) À travers cette dérive où les choses s'enchaînent inexorablement, il y a un déclin de cette philosophie de l'être qui s'appelle métaphysique. C'est la raison pour laquelle la création n'est plus qu'un ensemble hétéroclite ne reflétant aucune sagesse. Le cardinal Ratzinger en tire une autre conséquence : le rétrécissement de Jésus-Christ aux simples dimensions d'un Jésus historique, auquel l'homme s'empresse de prêter toutes ses convoitises les plus sordides. Cet être limité n'a plus aucun rapport au Père, si ce n'est de se présenter comme son mandataire ou son lieutenant, pas davantage. Dès lors, pas plus de rédemption que d'Incarnation : la mort de Jésus n'est plus qu'un fait navrant, comme celle de Martin Luther King. Elle peut exciter l'indignation, ou l'admiration, mais elle ne sauve pas du péché : c'est malgré elle que Jésus continue d'avoir quelque influence. Nous ne sommes plus sauvés *par* la Croix : nous sommes sauvés *de* la Croix. Le Mystère pascal se trouve évacué.

3) Le cardinal Ratzinger souligne aussi la disparition de ce qu'on appellait « les fins dernières » : l'enfer est déclaré mythique et odieux ; le purgatoire passe pour non prouvé ; et le ciel est à chercher sur la terre. Pendant ce temps, les gens, déçus et désorientés, lisent

des livres curieux, cherchant des traces de la survie dans les phantasmes de comateux, cependant que beaucoup (22 % des Européens) croient en la réincarnation. Mais justement, la réincarnation, c'est la négation de la Genèse : au lieu de se croire créé par Dieu, l'adepte de cette théorie se considère comme venant d'une existence antérieure, sans que cette migration des âmes ait aucun commencement ni aucune fin [38]. Il préfère le tournis à l'ancrage, refusant à la fois l'alpha et l'oméga.

En nous disant tout cela, le cardinal ne se propose pas de nous démoraliser ; il ne veut pas non plus généraliser les déficits doctrinaux qu'il constate. Mais il veut nous indiquer les obstacles dont nous devons venir à bout, et surtout les relier l'un à l'autre dans une suite logique qui me semble archi-lumineuse [39].

Ami, au terme de ce premier chapitre, tu auras pu voir cet enchaînement inexorable. Si, avant de commencer à me lire, la création te semblait une idée lointaine et sans influence, elle t'apparaît maintenant un fondement irremplaçable. Elle donne au Christ sa vraie dimension, puisqu'il est présent dès l'origine dans le Plan de Dieu, et elle fait de sa chair le « gond du salut », comme l'a hurlé Tertullien face aux hérésies. Elle fournit son support concret au sacrement, permettant à la matière de produire un effet de salut. Elle offre à la consécration le pain et le vin, « fruit de la terre et du travail des hommes ». Elle donne au mariage sa vraie structure et sa pleine signification. Elle intègre le corps dans la vie morale. Elle est un appel de résurrection, et il est typique de voir, dans la Bible, que ces deux actes de foi jaillissent ensemble (2 Maccabées 7, 9 et 28). Elle donne à la

---

38. J'en discutais hier soir avec mon confrère et ami Christian, qui repartait enseigner en Chine populaire, à Canton. Il me disait l'influence de cette théorie en Extrême-Orient.

39. C'est aussi l'impression de cette vingtaine de jeunes prêtres avec lesquels je me trouvais récemment. Nous regrettions seulement que le Magistère romain soit si peu relayé par le Magistère diocésain, plus soucieux d'arbitrer des conflits que de définir la vérité.

liturgie une ampleur cosmique, intégrant l'univers entier à la louange et l'irriguant jusqu'aux confins avec le sang du Christ. Elle fournit à la mission toute son étendue, propulsant les missionnaires jusqu'au bout du monde. On n'en finirait pas de tout énumérer.

Parmi les grands poètes chrétiens qui ont fait chanter la création, il y a Péguy, Claudel et sans doute beaucoup d'autres. Mais j'ai une amitié — j'allais dire une accointance spirituelle — avec Patrice de La Tour du Pin, que je retrouve souvent en disant mon bréviaire et qui prononce de multiples fois le mot « genèse ». Ce matin encore, il me faisait ouvrir la journée par cet hymne que je te laisse en prière :

En toute vie le silence dit Dieu
Tout ce qui est tressaille d'être à lui !
Soyez la voix du silence en travail,
Couvez la vie, c'est elle qui loue Dieu !

Pas un seul mot, et pourtant c'est son Nom
Que tout secrète et presse de chanter ;
N'avez-vous pas un monde immense en vous ?
Soyez son cri, et vous aurez tout dit.

Il suffit d'être, et vous vous entendrez
Rendre la grâce d'être et de bénir ;
Vous serez pris dans l'hymne d'univers,
Vous avez tout en vous pour adorer.

Car vous avez l'hiver et le printemps,
Vous êtes l'arbre en sommeil et en fleurs ;
Jouez pour Dieu des branches et du vent,
Jouez pour Dieu des racines cachées.

Arbres humains, jouez de vos oiseaux,
Jouez pour Lui des étoiles du ciel
Qui sans parole expriment la clarté ;
Jouez aussi des anges qui voient Dieu. [40]

---

40. *La liturgie des Heures*, hymne du Jeudi I à l'office des lectures.

II

L'HOMME ET LA FEMME

Je t'ai déjà parlé abondamment de l'homme et de la femme, pour lesquels l'Écriture utilise trois couples de mots : mâle et femelle (*zakar - qeba*), homme et « hommette » (*isch - ischa*), Adam et Eve. Toi, bien sûr, tu connais surtout le troisième, comme tout le monde. Mais, en réalité, ce n'est pas aussi simple que tu le crois. Pour toi, Adam, c'est à la fois quelqu'un (un monsieur portant ce nom propre) et quelqu'un de masculin. Or, regardons-y de plus près. Dans la Bible, le terme « Adam » possède en fait quatre significations : l'Humanité, l'individu, le mâle, le couple.

1) Le plus souvent (19 fois sur 23), le mot est précédé de l'article : « *Ha-Adam* », « l'Adam ». Il est alors un nom commun désignant *l'Humanité* dans son ensemble [1]. Je te donne un exemple : après le déluge, en passant une alliance avec Noë, Yahweh lui dit : « Qui verse le sang de l'Adam, par l'Adam son sang sera versé » (Genèse 9, 6). Le sens est donc clair.

2) Dans la Genèse, par quatre fois (2, 5 et 20 ; 3, 17 et 21), le terme n'a pas d'article. Il s'agit donc de *l'individu* nommé Adam, celui avec lequel Dieu converse dans le jardin. Cette lecture va devenir tradition-

1. Ce que dit Jean-Paul II dans *À l'image de Dieu*..., p. 18, note 2 (si du moins la note est de lui).

nelle, même avant la traduction grecque de la Bible. Car, alors, les traducteurs reproduisent le mot Adam sans le changer (du moins à partir de Genèse 2, 15). Dans cette optique, l'Écriture se réfère à celui qui fut le premier « modelé », le premier « façonné » de toute l'histoire (Job 15, 7-8 ; Sagesse 7, 1 ; 10, 1 ; Actes 17, 26). Car il y a bien fallu qu'il y en ait un !

3) Ailleurs, Adam, c'est *l'être masculin*, celui qui appelle sa femme « Eve » (Genèse 3, 20). Ici, l'Écriture enseigne la distinction des sexes, mais d'une façon plus fonctionnelle, en insistant sur la différence. Eve, c'est surtout la mère, alors que *ischa*, c'est l'épouse dans sa complémentarité.

4) Mais, curieusement, « Adam » désigne aussi *le couple*, et de plusieurs manières. D'abord, il est écrit : « Le jour où Dieu créa Adam, il le fit à la ressemblance de Dieu. Homme et femme il les créa, il les bénit et leur donna le nom d'Adam » (Genèse 5, 2). L'homme n'est donc totalement homme que dans le foyer. La même chose nous est dite autrement. En Genèse 3, 8, après le péché, il y a : « L'Adam et sa femme se cacha », avec le verbe au singulier. Inversement, par 9 fois, « Adam » est suivi d'un verbe au pluriel. La leçon est claire : Adam, c'est l'homme qui a une femme, et ils sont deux en une seule chair. D'ailleurs, en Genèse 2, 23, Adam ne réalise vraiment qu'il est *isch* qu'après la naissance d'*ischa*, lorsqu'elle est sortie de son flanc.

J'espère que tout cela ne te laisse pas trop perplexe, car c'est inattendu pour toi. Mais tu vas le voir : ces précisions vont nous être bien utiles pour la suite.

Il me semble que, sans nous égarer dans des détails, nous avons à ouvrir maintenant quatre dossiers : la personne humaine, le masculin et le féminin, le corps et l'âme, la communauté.

LA PERSONNE HUMAINE

J'étudie l'homme en commençant par la personne, pour la bonne raison que j'en fais autant pour étudier Dieu ! Te voilà donc prévenu, ami. En effet, comme tu le sais déjà, c'est dans la théologie trinitaire que cette notion prend naissance. Je me réjouis aussi parce qu'une fois de plus nous nageons dans un domaine que Karol Wojtyla a parcouru en tous sens, notamment dans son livre *Amour et responsabilité*.

Le paganisme

Le paganisme n'a pas connu ce que nous appelons la personne humaine. Tu connais bien quelques grands philosophes de l'antiquité, au moins de nom. Pour *Platon*, l'âme n'est pas liée au corps : elle peut se réincarner indéfiniment. Donc l'homme ne possède aucune unité intérieure, et toi, tu commets la même destruction quand tu rêves d'aller faire du tourisme expiatoire dans la carcasse d'un inconnu. Dans ce cas, tu n'as pas de profondeur et tu ne décides rien qui t'engage vraiment. Tu n'as pas d'existence propre, puisque tu émigres sans cesse de ta peau de serpent. Je ne puis faire aucune alliance avec toi, car je ne sais pas en face de qui je me trouve, puisque toi-même tu ne sais pas non plus qui tu es...

Pour *Aristote* au contraire, l'âme est liée à la matière concrète, si bien que l'homme ne dure pas au-delà du moment où son être se défait : la mort abolit son individualité.

Par ailleurs, le cosmos est un tout homogène qui impose sa loi à Dieu lui-même. En effet, Dieu ne fait pas face au monde : il lui est lié par nécessité, il lui est soumis. Les choses viennent d'une émanation divine dans laquelle n'entre aucun acte de liberté, car l'imprévu ferait sauter l'harmonie de l'ensemble. Le Verbe est la loi inhérente à l'univers, et cette loi (*Logos*) colle étroitement aux êtres. Pas moyen de mettre tant soit peu de fantaisie dans ce programme, sous peine d'y causer du désordre.

Et l'homme là dedans ? Il n'est évidemment pas libre lui non plus, et les auteurs ne cessent de parler du destin inexorable, comme celui du malheureux Oedipe qui devait nécessairement un jour tuer son père et coucher avec sa mère. Ce sont de telles tragédies que raconte le théâtre grec, et l'acteur paraît masqué sur la scène. Le masque représente une utilité technique, car il sert à donner de l'ampleur à la voix, d'autant que le spectacle se déroule en plein air, et l'acoustique du bâtiment ne suffirait pas à rendre audible la déclamation. Aussi les Latins le nommeront-ils *persona*, c'est-à-dire ce à travers quoi (*per*) la parole résonne (*sonare*). Mais il y a plus. Les Grecs, eux, utilisent le mot *« prosopon »* c'est-à-dire ce qui se met devant (*pros*) le visage (*opon*), et ce terme est lourd de sens. Ainsi masqué, l'homme lutte de toutes ses forces contre le destin, c'est-à-dire contre la nécessité logique ; mais, au terme de ce combat de comédie, il sera obligatoirement vaincu. Son rôle était sans rapport avec son être véritable : une façade recouvrant son vrai visage, comme un maquillage. Or, quand arrive le christianisme, tel est le seul langage dont il dispose pour parler de Dieu et de l'homme. Tu imagines toute la recharge de sens qu'il a fallu mettre dans *« persona »* pour que ce mot devienne autre chose qu'un accessoire de théâtre et qu'il désigne la personnalité ! Il faudra des siècles pour y arriver [2].

Les Romains, eux, sont des hommes pratiques. Ils s'intéressent surtout à la capacité relationnelle de l'homme et lui offrent d'entrer dans divers collèges où le droit limitera sa liberté. Pour eux, l'identité humaine est avant tout politique.

C'est dans un tel contexte culturel que le judéo-christianisme a dû lancer son message : celui d'un Dieu personnel créant le monde librement et lui faisant carrément face ; celui d'un homme créé à son image et laissé à son propre conseil pour organiser sa vie avec sagesse... Je ne sais pas si tu imagines la révolution que pouvait représenter un tel Évangile ! Ne va pas croire que, désormais, l'étrangeté chrétienne a été complètement digérée. La preuve que non, c'est justement que certains théologiens et certains pasteurs nous pressent, pour combler le fossé, de passer au paganisme avec armes et bagages, quitte à dénaturer complètement la foi. Ils succombent ainsi aux tentations qu'a rencontrées Jésus au désert : faire le jeu de Satan... pour mieux se faire admettre, pour mieux passer la rampe. Mais peut-on évangéliser en allant contre l'Évangile ? Ce fut la réponse du Christ, rapide et nette.

La foi chrétienne

Dieu-Trinité

La notion de personne est née de la foi *trinitaire*, mais il n'a pas été facile de penser ni de parler correcte-

2. Je te dis cela parce que c'est toujours actuel. Dans le néo-paganisme contemporain, la tragédie revient. Je me rappelle tout ce théâtre d'après-guerre (l'*Antigone* de Jean Anouilh, par exemple) où la mythologie grecque faisait sa rentrée sur scène pour traduire la désespérance de l'homme « fait comme un rat ». Et aujourd'hui, qui croit vraiment à la liberté, même si le destin n'est plus aux mains des dieux ?

ment. Utiliser le mot *«persona»* ou le mot *«prosopon»*, c'était demeurer au théâtre. Dès lors, prêter à Dieu trois masques, celui du Père, du Fils et de l'Esprit, c'était caricaturer l'Évangile en imaginant une succession de déguisements, pas plus. Mais, à l'inverse, trop appuyer sur la distinction, c'était courir le risque d'arriver à trois dieux. On a fini par comprendre qu'il fallait renoncer à mettre en premier une divinité confuse, mal séparée du monde, et à lui ajouter ensuite trois personnes. Ce que l'on superposerait ainsi ne pourrait être qu'un masque, donc une chose insignifiante. Non. Dieu est personnel du premier coup (si l'on peut dire), et c'est *le Père* qui nous le garantit, lui qui est la Source de tout. Il n'est pas mis devant le fait d'exister, ni de se communiquer, ni de créer : il est l'Amour dans son absolue liberté, dans sa totale gratuité. Dès lors, ce qu'il y a de plus fondamental en Dieu, c'est l'Amour, parce que le Don coïncide avec la personne même du Père. Tel est Celui qui communique sa vie au Fils. Tel est Celui qui, avec le Fils et l'Esprit, crée l'univers «dans un Dessein le plus libre de tous» (disaient les conciles). La charité n'est donc pas en Dieu une sorte de propriété chimique de sa nature, quelque attribut fonctionnant tout seul et de façon automatique. Elle n'est pas non plus une qualité qui surviendrait comme un condiment agréable mais facultatif, une sorte de bonne manière. Non : «Dieu est Amour» en nous donnant son Fils (1 Jean 4, 8-9). Par conséquent, c'est le Père dont il est question ici : une Personne qui a montré qui elle était dans l'événement historique de notre rédemption. Pour le chrétien, l'Amour n'est pas une badinerie insignifiante : c'est la catégorie philosophique la plus importante, celle qui constitue la personne en tant que telle [3]. Voilà ce que l'Église a dû faire comprendre à un monde qui n'était pas préparé à cela et qui n'avait pas les mots pour le dire.

---

3. Je te résume ici, en simplifiant beaucoup, ce qu'écrit un orthodoxe fort profond, Jean Zizioulas. Relis-le, pour le mieux comprendre : cela en vaut la peine.

L'homme

L'homme, bien sûr, est à l'image de Dieu, mais il n'est pas Dieu. Il est une personne, c'est-à-dire un être concret, singulier, unique, non-répétable et irremplaçable, qui ne s'additionne avec rien. Mais il demeure lesté d'une nature finie. Au plus fort même de sa tendresse pour quelqu'un, il ne s'investit pas tout entier : il est autre chose, il fait autre chose. Ce qui me lie à l'être aimé n'épuise pas ce que je suis. Ma relation à autrui n'est pas ma nature : si l'ami meurt, j'en souffre, atrocement peut-être, mais je survis. Bref, j'*éprouve* l'amour, mais je ne *suis* pas l'amour. Là se trouve ma différence avec Dieu.

Par ailleurs, pour moi, l'autre est un être que j'accueille, même si c'est l'enfant qu'à deux nous mettons au monde. Tandis que, dans la Trinité, le Père n'accueille pas son Fils : il le suscite, il l'engendre en permanence, sans faire autre chose que cela et sans avoir besoin de personne. Ce n'est pas un Dieu qui, accessoirement, pour s'occuper, ferait de la paternité : le Père n'est Père qu'en engendrant son Fils de toute éternité. Il ne possède la vie divine qu'en la donnant. Pour le chrétien, il devrait devenir impossible de penser Dieu en dehors de la charité par laquelle il se communique et qui est constitutive des trois Personnes, chacune ayant sa manière de se donner. Le Père est uni à son Fils non pas en acceptant qu'il soit autre, mais en lui donnant d'être autre, et ce en permanence. Il n'est pas autre chose que ce Don même. Oh ! si tu pouvais réaliser cela, ami !

Mais, avec cette différence profonde dont je te parle, tu es quand même une personne, et l'amour en toi n'est pas un passe-temps : le masque que tu pourrais mettre sur ton visage ne serait qu'un loup pour carnaval de Venise, c'est-à-dire un déguisement décevant pour toi et pour les autres. Tu n'es fait que pour te donner de toutes les manières possibles (mariage, célibat consacré, profession, expression culturelle...). Tu te détruirais en refusant de le vivre, en t'égarant dans le non-sens ou en allant à contre-sens. Et, pour te donner, tu ne consultes pas un catalogue : tu reçois ton appel particulier, ta vocation unique. Celui qui te communique ta mission ne peut être que le Père, car c'est lui, Personne, qui te fait personne. Je te le répète : il t'attire tout contre son cœur pour te murmurer : « Mon chéri, c'est Papa qui te le demande. Fais-le pour me faire plaisir » (Matthieu 21, 28-31). Si tu vivais à ce niveau de profondeur, que tu serais heureux ! C'est une tout autre chose que de faire comme tout le monde, parce qu'on appartient à l'espèce humaine et à la tribu contemporaine.

Les impasses et le passage

L'homme est finalement, qu'il le veuille ou non, une personne biologique, et cela peut lui sembler un handicap.

D'abord, il a été mis au monde sans son consentement, et cette nécessité devant laquelle il se trouve peut lui peser. C'est la raison pour laquelle certains se suicident (je pense aux héros du romancier russe Dostoiewski), afin d'être libres en se tuant, comme si ce geste les divinisait.

Le commun des hommes n'en vient pas là, heureusement, et les personnes cherchent à se survivre en engendrant des enfants. Mais cela ne réussit qu'à perpétuer l'espèce, et encore sans qu'on parvienne à détruire la mort. Adam se donne un fils, Seth, qui est sa ressemblance et son image (Genèse 5, 3), mais il ne réussit pas à prolonger cette identité unique qui est la sienne propre, même si les voisins voient dans l'enfant « son père tout craché ». L'être humain court au trépas sans pouvoir s'offrir une survie.

La réincarnation, si elle existait, ne réussirait qu'à procurer aux âmes des corps fonctionnant comme autant de masques provisoires. La tragédie païenne continuerait, avec cet inexorable enchaînement des causes qui s'appelle le *karma*. Et la vie quotidienne ne serait plus qu'un mystérieux carnaval où personne ne rencontrerait personne dans les volutes du bal masqué.

L'immortalité de l'âme n'assure d'ailleurs pas la survie de la personne. Elle fonctionne elle aussi comme une nécessité, comme une loi générale. Et puis elle demeure abstraite, sans aucun visage. La vie éternelle, vie qui nous met au contact du Dieu-Trinité, ne peut être qu'une offre gratuite (un salut), une résurrection de tout nous-mêmes, une communion entre personnes. Comment l'Amour du Père pourrait-il nous dé-personnaliser en nous réduisant à ne plus être que des esprits et en nous confiant à une sorte de « propriété chimique » nommée immortalité ? Le ciel ne va pas de soi, comme une garantie philosophique : il est une grâce offerte. Il ne nous dé-crée pas, mais nous « sur-crée ». Comment le Père, qui, au jardin d'Eden, courait affectueusement à la rencontre d'Adam, pourrait-il renoncer à dialoguer avec lui dans l'éternité ? Le paradis, c'est le summum du Don, c'est le summum de notre personnalisation. Mais comment pouvons-nous en arriver là : demeurer quelqu'un pour toujours, visages fascinés par le Visage ? (1 Jean 3, 2).

La personne, une réalité d'Église

Il nous faut pour cela renaître, dit Jésus (Jean 3, 3-8), c'est-à-dire naître d'une toute autre façon pour exister autrement. Et le Nicodème, en nous, voudrait bien savoir comment cela peut se faire. À la manière du Sauveur lui-même.

Jésus est bien un homme comme nous, ayant tout pris de notre condition, sauf le péché (Hébreux 4, 15). Il est bien né dans la chair, sans fausse honte de se trouver dans les entrailles viscérales d'une maman : Tertullien a, sur ce sujet, un extraordinaire morceau de bravoure avec, en finale, ce grand effet de manche (il était avocat) qui a tant fait hurler : « Il faut y croire puisque c'est absurde !... Cela est certain puisque c'est impossible ! »[4] Pourtant, Jésus n'est pas le fruit passif de la biologie, parce que ça n'a pas fonctionné tout seul, comme un processus bien remonté. Il n'est pas né de Joseph, qui, comme homme, aurait mis nécessairement quelque chose de lui-même : il a été conçu virginalement, donc par l'intervention totalement libre et totalement désintéressée du Père. Dans la mise en route de l'Incarnation, pas un brin de pulsion instinctive : un Don à l'état pur, en dehors de toute nécessité ; le Don d'une Personne à l'état pur qui est le Père.

Du coup, Jésus, c'est le Fils venu dans la chair. Il existe humainement comme le Père nous en a fait cadeau : non pas pour se donner un fils, mais pour nous donner son Fils. Ce n'est donc pas un collage d'humain et de divin plus ou moins bien assemblés. Encore moins est-ce une simple adoption faite sur le tard. Non : la personne de Jésus, que Marie, la *Theotokos*, a mise au monde à Noël, c'est celle du propre Fils de Dieu. De là, et de là seulement, pourra venir notre salut : d'un Don, pas d'une nécessité biologique.

Ce salut s'opère par l'Église. Elle n'est pas une association : elle est une famille, mais une famille nouvelle, échappant à la nécessité de nos familles charnelles. Pense à la parole de Jésus remettant durement sa parenté à sa place (Marc 3, 31-35) : dans la communauté chrétienne, nous sommes fils de notre propre consentement, pour répondre au libre appel venu du Père. Même si tu es né dans une famille convaincue qui t'a fait baptiser, tu n'es pas fidèle sans ratifier un jour ce fait. La charité qui unit les chrétiens n'est pas un commandement juridique ; pas davantage la réaction instinctive d'un clan crispé sur lui-même : c'est la conséquence de leur nouvelle naissance, de leur nouvelle personnalité. Nous sommes ensemble d'une façon plei-

4. Tu as ce texte dans *La chair du Christ* (5, 4), *Sources chrétiennes* n° 216, p. 229. Lis les pages 221-233 : elles sont saisissantes de réalisme, de truculence même.

nement volontaire, comme des appelés qui se sont laissé appeler. Aussi comprends-tu cette phrase de Vatican II : « Ce qui unit les fidèles est plus fort que ce qui les divise » (*Gaudium et spes* n° 92 § 2). Là, j'ai envie de dire : « Chiche ! »...

L'Eucharistie est le plus beau des sacrements, parce qu'elle ne se contente pas de bénir une donnée naturelle pour qu'elle soit porteuse de grâce : elle la transfigure. En nous nourrissant de la vie divine, qui est un échange trinitaire, elle nous personnalise. L'homme n'est vraiment libre que dans la communion. Il est dès maintenant « intra-céleste ». Jésus l'a dit (Jean 6, 54), « celui qui mange ma chair et boit mon sang a la vie éternelle, et je le ressusciterai au dernier jour ». Note bien : « *Je* le ressusciterai », et non pas : « Il ressuscitera tout seul automatiquement, mu par un ressort ». Encore moins : « Qu'importe qu'il ressuscite, puisque de toutes façons son âme est immortelle ! ».

Tu vois, ami : dans la Révélation chrétienne, tout vient de la Personne du Père qui donne gratuitement. Tout passe par la Personne du Fils, engendrée sans aucune nécessité par l'appel du Père et le libre consentement de la Vierge. Et tout se vit dans la communauté de volontaires que rassemble l'Esprit, pour que soit donné au monde le signe de la charité. Voilà ce qui, venu du ciel, entre au ciel. Si je t'emmène sur ces chemins peu fréquentés, ce n'est pas pour t'égarer : c'est pour te conduire au Modèle divin dont nous sommes l'image [5].

Vie morale, respect de la personne

Karol Wojtyla, je te l'ai dit, a écrit un beau livre intitulé *Amour et responsabilité*, dans lequel il étudie le fonctionnement moral de l'amour entre époux. C'est

5. Tout cela, je l'emprunte encore à Jean Zizioulas.

une belle illustration de ce que nous venons voir ensemble. La sexualité est l'école réaliste où l'homme apprend, par la maîtrise de soi, que la personne veut être accueillie pour elle-même et non pas utilisée pour les avantages que le partenaire peut en tirer. Car « nul n'a le droit de se servir d'une personne, d'en user comme d'un moyen, pas même Dieu son Créateur ». Est donc moral l'acte qui, en intégrant le sexuel, vise la personne du conjoint et, par là même, celle du troisième qui sera le fruit de leur union. De ce point de vue, le mariage est le lieu social par excellence. Le plaisir y a sa place, sans hésitation possible, mais à condition de ne pas devenir une fin autonome, car ce serait réduire l'autre à un objet de jouissance. La chasteté est la condition indispensable pour aimer : elle ne nous demande pas d'abord de nous abstenir, mais d'avoir une juste estimation de la personne. La pudeur est une réserve protégeant la personne des regards de convoitise, afin qu'elle se garde pour l'être aimé. La monogamie et l'indissolubilité du mariage sont faites pour que le conjoint échappe aux calculs utilitaires (ce qu'il faut pour assurer le plaisir maximum, la corvée la plus rentable, le standing le plus prestigieux) : ce sont les meilleures conditions pour qu'il soit chéri personnellement, donc d'une façon exclusive et durable, sans qu'on rajoute ou supprime quoi que ce soit au contrat de mariage. L'amour entre époux est un sacrement parce qu'il est une attitude juste envers la personne, à l'image de la charité qui unit le Christ à son Église. C'est un acte d'homme, qui ne se borne pas à enregistrer l'instinct, le coup de foudre. Ce n'est pas le *but* de l'acte conjugal : c'en est la *règle* ; il n'intervient pas seulement à la fin : il accompagne tout du long la donation mutuelle des époux. On n'en fait pas un résultat à obtenir : on baigne dans sa tendresse. Il ne s'agit ni de chercher le rigorisme ni de tomber dans le laxisme : il s'agit d'aimer vraiment.

Il est facile d'élargir cette réflexion à d'autres domaines, celui de l'économie par exemple. Ainsi le concile nous rappelle que, dans les entreprises, « ce sont des personnes qui sont associées entre elles, c'est-à-dire des êtres libres et autonomes, créés à l'image de Dieu» (*Gaudium et spes* n° 68). Des personnes la plupart du temps mariées, dont la famille doit être prise en considération en ce qui concerne le salaire, les conditions d'embauche et le logement.

Permets-moi une autre explication, ami. Refuser de vénérer la Vierge Marie, c'est supposer que le Père s'en est simplement servi pour avoir d'elle un enfant, un point c'est tout, comme on ferait d'un mère porteuse (durée du contrat: 9 mois) ou d'une nourrice de la DDASS (durée de l'opération: quelques années). Une maman, ce n'est jamais un instrument: aussi la mère est-elle mère pour toujours, hors contrat. En tout cas, Dieu a tellement respecté la petite Myriam à l'Annonciation, en la saluant comme «pleine de grâce», qu'elle-même s'en est souvenu à Lourdes. À son tour, elle a dit à Bernadette, une pauvre fille dédaignée de tous: «Voulez-vous me faire la grâce de venir ici durant quinze jours?». C'est superbe.

LE MASCULIN ET LE FÉMININ

Avec la question du masculin et du féminin, nous entrons dans une question disputée... parce que posée de travers et de façon étroite. Quand Jean-Paul II a publié *Mulieris dignitatem*, tous les journalistes sont allés au n° 26 pour voir si la femme pourrait enfin accéder à la prêtrise, et, constatant que non, ont jeté le document au panier. Tel est le caractère infantile des media : l'enfant tape du pied en disant : « Je veux ça, na ! ou je fais une colère ! », et il trépigne en faisant une énorme grimace. Commençons par balayer les objections et construisons.

Les objections courantes

« C'est la faute de l'Église »

L'Église est toujours le bouc émissaire par excellence, même pour certains chrétiens. Sans doute la psychologie peut-elle expliquer ce réflexe agressif qui s'acharne contre la mère. Évidemment, les comportements sociaux n'ont pas toujours été les mêmes que ceux d'aujourd'hui, et les modèles familiaux se sont modifiés, pour une part du moins. La communauté chrétienne, quoi qu'on dise, a toujours été « de son temps », même si elle a travaillé à améliorer les mœurs autant qu'il était possible. Aussi, faire des rétrospectives ecclésiales sera toujours injuste si l'on ne tient pas compte du contexte. Curieusement, le chrétien critique plus volontiers son éducation religieuse (catéchisme, liturgie, discipline de collège...) que son éducation tout court : il en veut à l'Église plus qu'à sa famille ou à son lycée d'État.

Sans remonter au déluge, il est faux de faire porter à cette Église le poids d'un antiféminisme qui ne lui est pas imputable. De bons auteurs l'ont souvent noté : le siècle le plus opposé à la promotion féminine, c'est sans aucun doute le 19e, avec son Code Napoléon par exemple. Pour l'empereur, la femme était un gentil joujou, pas plus, et les interventions politiques de Madame de Staël l'agaçaient prodigieusement. Surtout, les sociologues du 19e siècle ont souvent mis de côté la distinction du masculin et du féminin quand ils analysaient la société : Marx par exemple, sauf dans un court passage qui, dans son œuvre immense, est de l'ordre du paragraphe. Et la dialectique du Maître et de l'Esclave chère à Hegel est un beau morceau d'explication monosexuelle, comme des psychologues l'ont remarqué : où donc se trouve le mariage là dedans ?

Sans du tout canoniser le passé, il me semble que, dans les siècles précédents, l'Église a connu des femmes prodigieuses, capables de tenir tête au Pape comme Catherine de Sienne, ou de remuer les évêchés comme Thérèse d'Avila. Il se trouve même que, sans qu'on l'ait cherché, le célibat ait été l'un des grands moyens de la promotion féminine, parce qu'il évitait à la femme d'être sous la « puissance » d'un mari.

« C'est la faute de la Création »

Les féministes qui sont théologiennes accusent volontiers les récits de la création d'avoir campé l'homme et la femme trop séparément et d'avoir mis celle-ci sous l'autorité de celui-là, comme cela se passait dans les familles patriarcales en ces temps anciens. Elles reprochent surtout au texte d'avoir figé ces modèles en leur donnant une valeur inchangeable, parce que canonique. Or nous venons de voir que c'est faux. Dans le premier récit, la femme et la femme sont ensemble l'image de Dieu dans la relation d'amour qui les unit. Dans le second, *isha* est tirée du flanc d'*ish*, et elle lui est tellement semblable qu'il lui donne son nom en le féminisant, ce qui n'existe dans aucune langue autre que l'hébreu. Adam la regarde dans le blanc des yeux et exprime son entière satisfaction, sans penser à autre chose. En plusieurs endroits, c'est l'homme et la femme ensemble qui sont appelés « Adam », et ils sont tellement liés qu'ils commandent à eux deux un verbe au singulier. Yahweh parle bien de la domination qui pèsera sur l'épouse mais c'est à la suite du péché, non de la création. Vraiment, au niveau du texte, je ne vois pas l'objection.

Une théologienne essaie d'opposer la création à la rédemption, en choisissant dans saint Paul les passages qui l'arrangent, notamment le « ni homme, ni femme » de Galates 3, 28. Mais cela ne veut pas dire que le baptême nous rend asexués ! Tout au plus supprime-t-il dans l'Église des discriminations qui n'ont plus aucune raison d'y être. Mais cette libération ne concerne pas seulement les chrétiens, elle est proposée à toutes les créatures, auxquelles le Peuple de Dieu sert de signe, sans pour autant constituer une réserve d'Indiens exceptionnels. Et puis, quelle hypocrisie de citer saint Paul, alors que le malheureux Apôtre est la bête noire de ces dames !...

« C'est la faute à saint Paul »

Enfin, nous tenons le grand coupable, et nous allons lui régler son compte ! Il lui est d'abord reproché d'avoir écarté le texte de Genèse 1, 27, « À l'image de Dieu il le créa, homme et femme il les créa », en accordant à l'homme seul le monopole de l'image divine: «L'homme, lui, ne doit pas se couvrir la tête, parce qu'il est l'image et le reflet de Dieu; quant à la femme, elle est le reflet de l'homme. Ce n'est pas l'homme en effet qui a été tiré de la femme, mais la femme de l'homme. Et ce n'est pas l'homme, bien sûr, qui a été créé pour la femme, mais la femme pour l'homme» (1 Corinthiens 11, 7-9). Mais l'Apôtre ne supprime rien: simplement, il mélange les deux récits, le premier, qui présente la création du couple comme tel, le second, qui fait sortir la femme de l'homme. Il amalgame l'apparition simultanée et l'apparition successive. De toutes manières, après avoir marqué l'antériorité du masculin sur le féminin, il s'empresse de souligner la réciprocité qui les unit: «Aussi bien, dans le Seigneur, ni la femme ne va sans l'homme, ni l'homme sans la femme; car, de même que la femme a été tirée de l'homme, ainsi l'homme naît par la femme, et tout vient de Dieu» (1 Corinthiens 11, 11-12).

Quant au fameux voile que la femme doit porter sur la tête pour prendre part à l'assemblée de prière (1 Corinthiens 11, 10), il ne faut pas y voir un signe de *sujétion* (le mot grec *exousia* n'a jamais ce sens, nous dit la TOB), mais un signe de *dignité*. Les Corinthiennes sont donc invitées à adopter une tenue qui respecte la présence divine: car l'expression «à cause des anges» signifie «à cause de Dieu» (de Dieu dont on évite de prononcer le nom parce qu'il est adorable). Les désordres qui existaient dans les assemblées eucharistiques de cette ville nous laissent deviner que l'exhortation n'était pas superflue, il s'en faut! Voilà pourquoi l'Apôtre mène les choses rondement, sans omettre de semoncer aussi les messieurs: «car le chef de tout homme, c'est le Christ; le chef de la femme, c'est l'homme; le chef du Christ, c'est Dieu» (1 Corinthiens 11, 3). Et puis «si quelqu'un se plaît à contester, nous n'avons pas cette habitude, et les Églises de Dieu non plus» (1 Corinthiens 11, 16).

La même chose revient dans la 1ère lettre à Timothée, où les femmes sont rappelées à la décence; mais, là, il n'est plus question d'imposer le voile : on écarte plutôt « les cheveux tressés, l'or, les pierreries et les somptueuses toilettes » (2, 9). Reste la suite, qui fait grincer des dents : « Pendant l'instruction, la femme doit garder le silence en toute soumission. Je ne permets pas à la femme d'enseigner ni de faire la loi à l'homme. Qu'elle garde le silence. C'est Adam en effet qui fut formé le premier, Eve ensuite. Et ce n'est pas Adam qui se laissa séduire, mais la femme qui, séduite, se rendit coupable de transgression. Néanmoins, elle sera sauvée en devenant mère » (2, 11-15). Annotant ce passage, la TOB nous dit qu'il faut tenir compte à la fois du contexte social de l'époque, des coutumes rabbiniques et des préoccupations immédiates de l'épître (mettre fin à la pagaille). Il est clair que Paul veut fermer la bouche aux femmes « qui courent les maisons, non pas pour ne rien faire, mais pour bavarder, s'occuper de ce qui les regarde pas, parler à tort et à travers » (1 Timothée 5, 13). Plutôt que de voir des jeunes veuves ainsi tournoyer, il préfère, bien sûr, qu'elles se remarient et qu'elles élèvent leurs enfants (1 Timothée 5, 14). Aussi voit-il dans la maternité un salut. Et il le dit d'autant plus que certains hérétiques interdisaient le mariage (1 Timothée 4, 3), avec beaucoup d'autres choses : des dualistes, sans doute. Donc rien qui soit scandaleux. Par contre, il serait saugrenu d'appliquer littéralement les consignes de l'Apôtre jusqu'à nos jours : l'a-t-on toujours évité ?...

Reste un dernier texte de Paul qui, dans les assemblées « charismatiques » de Corinthe, où il y avait pas mal de désordres verbaux, commence par fermer la bouche aux dames (c'est toujours cela de gagné !). Tu connais le texte : « Comme dans toutes les Églises des saints, que les femmes se taisent dans les assemblées, car il ne leur est pas permis de prendre la parole ; qu'elles se tiennent dans la soumisson, comme la Loi même le dit. Si elles veulent s'instruire sur quelques points, qu'elles interrogent leur mari à la maison ; car il est inconvenant pour une femme de parler dans une assemblée » (1 Corinthiens 14, 33-35). Le délit semble ici flagrant : Paul est anti-féministe, à n'en point douter !... Pourtant, au risque de te décevoir (ou de te rassurer !), je vais te montrer que non. En effet, nous dit la TOB (avec bien des exégètes), ces versets n'ont pas dans l'épître une place fixe : certains manuscrits les insèrent ailleurs. Il s'agit donc d'un corps étranger qui aura été mis à sa place actuelle lorsque les lettres pauliniennes auront été rassemblées. La preuve ? C'est qu'un peu plus haut Paul dit le contraire, en voilant les femmes pour qu'elles puissent prophétiser et prier en public dans les assemblées (1 Corinthiens 11, 5), toutes choses qui supposent qu'elles y prennent la parole, même si ce n'est pas pour enseigner. Il est donc clair qu'il y a eu un rajout, dont la provenance est d'ailleurs connue : car « les Églises des Saints » dont il est question, ce sont les communautés judéo-chrétiennes alignées sur Jérusalem, avec des coutumes plus strictes. Ouf !...

Mais nos chères féministes ne désarment pas encore. Pourquoi, disent-elles, l'expression « ni homme, ni femme », qui se trouve dans Galates 3, 28 pour marquer l'égalité de tous dans l'Église, a-t-elle disparu de Colossiens 3, 11, passage qui est pourtant parallèle au précédent ? S'agit-il d'une régression ? Permets-moi de te dire deux choses. D'abord, que cette expression ne signifie pas la suppression du sexe chez les baptisés ! S'adressant aux religions non-chrétiennes (*Nostra aetate* n° 5), le concile leur dit simplement que l'image de Dieu, commune à l'homme et à la femme, prohibe toute discrimination entre eux deux : pas davantage. L'égalité fondamentale de tous les humains au plan de la personne ne supprime pas pour autant les diversités légitimes qui subsistent, surtout l'agréable complémentarité des sexes qui figure dans le deuxième récit de la Genèse. Je te dirai ensuite, sans trop m'avancer, que la lettre aux Colossiens a dû être écrite, ou bien par un disciple immédiat de Paul, ou bien par Paul lui-même, parvenu à la fin de sa vie. Dans l'un ou l'autre cas, elle représente une synthèse théologique qui a pris de la hauteur et qui se trouve affrontée à de tout autres problèmes. Au terme de sa course missionnaire, l'Apôtre regarde loin en avant : ne vas pas finasser sur son texte pour en tirer des conclusions qui ne s'imposent pas.

De toutes manières, je dois t'informer que des femmes ont pris la défense de l'Apôtre, surtout une érudite qui s'appelle Annie Jaubert et qui connaît bien l'Écriture. Elle a surtout noté le nombre de collaboratrices dont l'Apôtre fait l'éloge à la fin de la lettre aux Romains (chapitre 16) : à elle seule, cette page d'agenda suffit à réfuter des calomnies qui sont surtout... des ignorances. Les meilleures thèses ne visent personne, elles ne tirent pas sur un bateau-cible : elles se contentent de construire.

Des objectifs contestables

Il me semble que la revendication féministe, légitime en bien des points, se donne trois objectifs contestables sur lesquels elle se braque et qui la condamnent à l'insuccès : la féminisation de Dieu, la conquête du pouvoir, l'accès au sacerdoce.

La féminisation de Dieu

« Dieu a fait l'homme à son image, et l'homme le lui a bien rendu », disait Voltaire. Les féministes traduisent : « Le mâle se croit seul l'image de Dieu : aussi se donne-t-il de Dieu une image masculine, qui est celle du Père. Or, la femme elle aussi est créée à l'image de Dieu : elle peut donc réclamer un Dieu qui ait les traits de la Mère ». J'ai entendu cela notamment dans les pays scandinaves.

Je répondrai de la manière suivante :

1) Dans le premier récit de la Genèse, l'image de Dieu, c'est le couple comme tel, pas l'homme et la femme séparément.

2) Cela ne veut pas dire que Dieu soit sexué ni que la Trinité fonctionne comme une famille : je te l'ai déjà dit plus haut. Cela signifie que Dieu est relation à l'intime de lui-même et qu'il entend faire alliance au-dehors avec son Peuple. En d'autres termes, il est à l'intérieur le Père d'un Fils et à l'extérieur l'Époux d'une Église.

3) L'homme a plus de facilité à comprendre que Dieu soit Père, « celui de qui toute paternité au ciel et sur terre tire son nom » (Éphésiens 3, 15). Et la femme a plus de facilité à dire au Christ : « Mon Époux », ce qui, personnellement, me reste un peu dans la gorge. Mais veut-elle d'un Époux ? Tout me semble là.

4) C'est l'humain qui est à l'image du divin, pas l'inverse. Je ne puis donc ni masculiniser ni féminiser Dieu pour l'aider à se comprendre lui-même. C'est, à l'inverse, lui qui me fait comprendre le mystère qui m'habite. Vouloir assimiler les mœurs divines aux mœurs humaines, c'est tomber dans le paganisme le plus total, avec ses dieux et ses déesses s'ébattant sur l'Olympe au milieu de leurs tyranniques marmots.

5) La Bible, nous l'avons vu, utilise largement les deux symboliques, celle du père et celle de la mère, pour parler de l'amour divin. Mais elle privilégie la première : pourquoi ? Parce que le Père est la source, sans aucun doute. Mais aussi parce qu'il déloge l'enfant des rêveries dans lesquelles il se complaît au creux de sa maman. Le ramenant à la réalité, non sans qu'il y ait entre eux deux un affrontement, il l'aide à résoudre son Oedipe. Il existe la même chose dans le domaine spirituel. Spontanément, le païen se love sur lui-même cherchant à se dissoudre dans une divinité de type maternel (Gê, Déméter...) qui fonctionne comme un sein. Il cherche une sorte de mystique pré-natale, un grand Tout où pouvoir s'engloutir confortablement. Un grand Vide, parfois, voire un Néant. La Révélation judéo-chrétienne l'arrache à cette confusion infantile : elle

campe un dieu absolument distinct du monde, un Dieu qui appelle, ordonne, interpelle, menace, promet, pardonne. Ce Dieu nous est communiqué par son propre Fils qui, dans son enseignement et dans sa prière, l'appelle Père avec des accents jamais entendus : « Abba, Papa chéri » (Marc 14, 36). Ce Fils s'est incarné dans le corps d'un garçon, d'un mâle (Luc 2, 23 ; Apocalypse 12, 5 et 13), ce qui n'est pas non plus un hasard. Certes, Dieu nous promet une communion finale qui s'accommode fort bien de la symbolique maternelle, courante dans la Bible (*Mulieris dignitatem* n° 8), mais, comme l'a dit très bien un psychologue de Louvain, « c'est en Père que Dieu nous fait des promesses de mère ». Autrement dit, la communion ne sera jamais une confusion, une régression au tohu-bohu du mélange, Dieu demeure un papa qui nous aime comme une maman, a dit un jour un délicieux gamin de 5-6 ans qui avait bien compris. Mais je connais un petit Thomas qui s'est élevé contre cette formulation en s'écriant : « C'est pas vrai ! Un papa, ça aime aussi ! »...

La conquête du pouvoir

Il y a toujours eu des féministes, mais la dernière promotion remonte aux alentours de 1968, lorsque s'est faite la fameuse « prise de parole ». C'est le moment où la communauté chrétienne est devenue un ring où chacun prétendait à la « prise du pouvoir ». Qui donc allait commander : le Pape ou les évêques, le Saint-Siège ou les conférences épiscopales, la conférence épiscopale ou chaque évêque en particulier, l'évêque ou son conseil presbytéral, le pontife ou le théologien, le clergé diocésain ou les religieux, les hommes ou les femmes ? Le féminisme a participé lui aussi à la grimpette vers la tribune pour l'accaparement du micro. Et, vingt ans après, au Synode romain de 1985, bien des évêques ont déploré cette volonté de puissance qui n'avait rien à voir avec la doctrine du concile, laquelle se résumait dans une « ecclésiologie de communion ».

Moi qui n'exerce aucune autorité, ni pour obliger, ni pour interdire, et qui m'en trouve fort bien, j'admire ceux qui ont le courage d'accepter humblement le pouvoir quand l'obéissance le leur offre ; mais j'éprouve une horreur instinctive pour ceux qui le convoitent avec des yeux pleins de concupiscence, comme ceux d'un enfant regardant un gâteau au chocolat. S'il est vrai qu'il existe des prêtres un peu « adjudants », le laïc qui assume une charge dans l'Église n'est pas préservé lui non plus de tomber dans un solide cléricalisme, et le cléricalisme n'est pas un monopole masculin ! Rien de plus néfaste qu'une personne parvenant « enfin » (!) au pouvoir et se livrant à une sorte de rattrapage effréné, comme un être longtemps affamé qui se précipiterait sur un rôti enfin accessible. Pour accomplir une tâche d'Église, il ne faut surtout pas assouvir une fringale ni chercher une compensation. La femme (laïque ou religieuse) qui succomberait à cette manie serait d'ailleurs si peu... féminine, au meilleur sens du mot ! En elle, *isha* aurait fait place à la *virago* !

De toutes manières, le concile nous a assez dit que le sacerdoce n'était pas une promotion sociale mais un service. Ce serait donc régresser à des temps pas tout-à-fait révolus que de mettre la prêtrise au sommet du mât de cocagne dans la foire aux champions. Ambitieux, s'abstenir ! Le pauvre bonhomme que l'ordination fait se prosterner sur le pavé, de tout son long, durant la litanie des saints, n'est pas un candidat à l'Élysée ni à l'Assemblée Nationale ! Que cela soit bien clair dans ton esprit.

L'accès au sacerdoce

Il est une manière exaltante de désirer, comme Thérèse de Lisieux dans son Carmel, accomplir toutes les vocations de l'Église (prêtre, martyr, zouave pontifical...), parce qu'on a le cœur tout plein d'un immense amour. Là, bravo! C'est une superbe parabole illustrant toute l'étendue du désir généreux. Mais Thérèse a su se contenter de sa tâche, en la situant «dans le cœur de l'Église, sa mère», ce qui était une manière d'être tout, sans pour autant tout faire. Cependant, ce dont je te parle en ce moment n'a rien à voir avec un tel enthousiasme: c'est une revendication, ni plus ni moins; c'est l'appel à un droit méconnu ou refusé.

Sur ce point, le cardinal Seper, Préfet de la Congrégation romaine pour la Doctrine de la foi, nous a donné, le 15 octobre 1976, en la fête de sainte Thérèse d'Avila, un solide document que le Pape Paul VI a confirmé et fait publier: «Déclaration sur la question de l'admission des femmes au sacerdoce ministériel» [6]. Ce texte commence par rappeler que jamais l'Église catholique (l'Église orthodoxe non plus) n'a admis au cours des âges que les femmes puissent recevoir validement l'ordination épiscopale ni même presbytérale. La chose était d'ailleurs tellement reconnue qu'elle n'a jamais fait l'objet d'une définition: c'est ce qu'on appelle la «possession tranquille» d'une vérité. On se contentait de suivre la manière de faire de Jésus, qui n'avait placé aucune femme dans le groupe des Douze. Et qu'on n'aille pas voir là une coutume sociologiquement datée! D'abord, dans le monde païen, il y avait des prêtresses en abondance et un peu partout: si l'on avait suivi la mode, on aurait ordonné des femmes. Et puis, dans le monde juif, Jésus est assez libre pour prendre la défense de la femme d'une manière insolite, voire choquante: il cause avec la Samaritaine, au grand étonnement des apôtres (Jean 4, 27); il laisse une hémorroïse le toucher (Matthieu 9, 22); il laisse une pécheresse l'approcher et lui parfumer les pieds, dans un repas totalement masculin, et dans la maison de Simon

---

6. Tu peux le trouver, soit dans la *Documentation catholique*, année 1977, p. 158-164, soit en petit livret chez Téqui: *L'admission des femmes au sacerdoce ministériel*.

le pharisien (Luc 7, 38) ; il pardonne à une adultère, et publiquement [7] (Jean 8, 11) ; il ose contredire Moïse en donnant à l'épouse et à l'époux les mêmes droits dans le mariage (Matthieu 19, 3-9) ; il se fait accompagner par des femmes durant son ministère (Luc 8, 2-3) ; il leur donne mission d'annoncer sa Résurrection avant même les apôtres, qui en seront les témoins officiels (Matthieu 28, 7-10 ; Luc 24, 9-10 ; Jean 20, 11-18). Non vraiment : là non plus Jésus ne suivait pas la mode ! On ne peut donc pas dire que sa manière de faire relève de la sociologie. D'ailleurs, utiliser cet argument a un effet boomerang : toi-même, ne cèdes-tu pas à l'environnement médiatique quand tu poses ta question dans le sens inverse ?

Marie surtout, la plus excellente des femmes, n'a jamais été prêtre : elle avait mieux à faire. Au jour de la Pentecôte, elle se trouve au Cénacle, elle attire la foudre, elle reçoit l'Esprit : cependant, l'annonce de l'événement est faite par « Pierre et les Onze » (Actes 2, 14). Mais les féministes n'aiment pas qu'on évoque Marie : d'abord parce qu'elle est vierge, ce qui, pour elles, est anormal ; ensuite parce qu'elle n'a eu aucune ambition et qu'elle n'a pas suffisamment fait parler d'elle de son vivant terrestre. Le théologien qui cite l'exemple de Marie est censé vouloir faire taire les femmes : j'en ai fait personnellement l'expérience. L'évocation de la Vierge semble à beaucoup l'enterrement du problème. L'enterrement ? Non pas : mais la marche vers la vraie solution.

Paul, tu le sais, s'est fait abondamment aider par des femmes hyper-actives qu'il couvre d'éloges. Mais, quand il en parle, en les associant à des hommes de la même trempe, il dit : « mes collaborateurs » (Romains 16, 3 ; Philippiens 4, 2-3). Alors qu'il réserve le titre de « coopérateurs de Dieu » (1 Corinthiens 3, 9 ; cf. 1

7. D'autant que l'homme ayant commis l'adultère devait lui aussi être mis à mort (Lévitique 20, 10). Pourquoi donc oublier le complice ?... Était-ce cela que Jésus écrivait sur le sol ?...

Thessaloniciens 3, 2) à Apollos, à Timothée et à lui-même. Paul, tu l'as vu, n'interdit pas à la femme de parler dans l'assemblée, soit en priant, soit même en prophétisant ; mais il lui refuse la fonction officielle d'enseigner, en se référant à la création. Ce faisant, il ne blâme pas nos conférencières, ni nos catéchistes, ni nos animatrices d'assemblées sans prêtre (le dimanche, ou bien aux enterrements) : merci à elles ! Mais il ne leur confère pas l'office du diacre ou du prêtre. Si, dans les communautés protestantes, il y a des femmes-pasteurs, c'est bien compréhensible, puisque la Réforme a commencé par la négation du sacerdoce ministériel ; il n'y a pas à s'étonner qu'elles puissent accéder aux sommets de la hiérarchie. Telle n'est pas la foi catholique : pour notre Église, l'épiscopat et la prêtrise ne sont pas un simple pastorat, mais (nous dit le cardinal Seper) la continuation du ministère confié par Jésus à ses apôtres. Voilà pourquoi cette fidélité suppose un sacrement, l'Ordre, et pas une simple désignation.

L'Ordre confère à un être humain (pas à un ange) de tenir la place du Christ dans son rôle d'Époux de l'Église. Il est donc bien normal que cet être soit un homme, comme l'est Jésus lui-même en son Incarnation. Aussi l'évêque reçoit-il un anneau « nuptial » en se liant à son Église : un concile ancien souhaite même qu'il ne change pas de diocèse pour que le « mariage » soit plus réel. Dans le même esprit, on lui demande le célibat, pour qu'il soit tout entier à sa communauté [8].

---

8. C'est là une règle commune à l'Orient et à l'Occident, mais, en Occident, on l'étend aux simples prêtres, pour leur faire partager la même spiritualité que leur évêque, au lieu de créer un fossé entre les uns et les autres. Que cette règle, rappelée par Vatican II (*Presbyterorum ordinis* n° 16) et par l'encyclique *Sacerdotalis cœlibatus* de Paul VI (1967), soit contestée ici ou là, montre que tout l'édifice s'ébranle en même temps et pour la même raison. Quant à dire que le célibat s'oppose au ministère, c'est évidemment faux : c'est, au contraire, le ministère pleinement compris qui fait comprendre et demander le célibat, comme les jeunes ont fini par le comprendre, mettant fin à une contestation devenue « rétro ».

C'est de cette Alliance que le couple est l'image, depuis la création (Genèse 1, 27). Et cette Alliance culmine dans l'Eucharistie, acte central du ministère sacerdotal.

Il serait donc faux, conclut le cardinal Seper, de faire de l'Église une vulgaire association (pour moi, tout est là) ; de confondre les prêtres et les évêques avec de simples gestionnaires ayant des pouvoirs administratifs excitant l'envie de certains ; de vouloir étendre le sacrement de l'Ordre aux deux sexes au nom du « ni homme ni femme » de Galates 3,28 ; de ranger le sacerdoce parmi les droits de l'homme ; de faire de la charge sacerdotale le terme d'une promotion dans l'Église et dans la société civile. Ainsi, les choses sont bien nettes.

L'encyclique *Mulieris dignitatem* va dans le même sens. Au n° 26, elle redit elle aussi que, si le sacerdoce est réservé aux hommes, cela n'a rien à voir avec la sociologie, mais d'abord avec le sens sponsal de l'amour divin. L'Eucharistie est le sommet de cette Alliance, parce que le Christ-Époux s'offre tout entier à l'Église-Épouse dans le don de son corps. « Prends et mange : ceci est mon corps livré pour toi », c'est un langage capable de faire en même temps la messe et le mariage. La communion va même plus loin que l'union des conjoints, puisque le Christ-Époux se laisse manger (dévorer, *trogein*, dit Jean 6, 54.56.57.58 en insistant sur le mot), se laisse engloutir sacramentellement, au lieu que l'Épouse se contente de le « dévorer des yeux » ou de le « manger de baisers ». Acte rédempteur de l'Homme pour la Femme, l'Eucharistie est donc présidée par des hommes agissant « en la personne du Christ ».

Les féministes ont donc bien raison de voir l'image divine dans le couple : mais elles ont tort de ne pas aller jusqu'au bout de la similitude ; tort aussi de rejeter cette similitude... comme une pure similitude, après avoir tant bataillé pour qu'on la prenne au sérieux !

Le masculin-féminin en vérité

Cessons donc de convoiter pour accueillir la Révélation.

Le couple se trouve aux deux extrémités de la Bible, à l'alpha et à l'oméga, depuis Genèse 1-2 jusqu'à Apocalypse 21-22. En lui transparaît, dès le début, ce qui sera le Mystère final : la Noce de Dieu avec l'Humanité.

Cette Humanité, c'est donc « la Femme » (Genèse 3, 15), qui trouve son plus pur modèle en Marie, elle aussi « la Femme » par excellence (Jean 2, 4 ; 19, 26).

Le sommet de l'histoire, c'est le Fils naissant de cette Femme (Galates 4, 4) à la plénitude des temps. Le maximum de cette union à Dieu tant recherchée, ce n'est pas une vie mystique dans les nuages, mais la maternité de Marie, la *Theotokos*. Une femme de chez nous a en commun avec le Père d'avoir le même fils que lui, de lui donner un fils en chair et en os (*Mulieris dignitatem* n° 2-4).

Marie a été faite « pleine de grâce », c'est-à-dire pleine d'une sainteté féminine, faite d'une capacité d'accueil la plus totale qui soit. Elle a dit à Dieu, par l'intermédiaire de Gabriel, un oui féminin : elle s'est offerte comme servante, non pas au sens 19e siècle (la « bonniche », la bonne à tout faire, qui cire les chaussures de Monsieur et apporte le thé de Madame), mais au sens biblique (l'épouse qui donne son corps à l'Époux). En disant au Seigneur « Faites en moi comme vous voulez », elle sait très bien qu'elle s'ouvre à la maternité, et à rien d'autre (*Redemptoris mater* n° 13 ; *Mulieris dignitatem* n° 18).

Jésus, qui a quitté son Père, quittera aussi sa Mère pour épouser son Église, comme le dit la Genèse. La substance de cette Église est fondamentalement féminine. Le chrétien, ce n'est pas d'abord l'apôtre, celui qui veut aimer Jésus : c'est le disciple, celui qui doit se laisser aimer par Jésus. C'est donc Jean avant Pierre. L'Église, c'est la Maison de Jean où habite Marie (Jean 19, 25-27). En ce sens, elle est plus mariale qu'apostolique, parce que le ministère ne fait qu'appliquer une grâce qui a sa figure dans la Vierge (*Mulieris dignitatem* n° 27, note 55). La fonction ne peut s'ériger au-dessus de la sainteté, qu'elle communique sans s'identifier avec elle. C'est un point sur lequel nos frères orthodoxes appuient très fort (Paul Evdokimov, Olivier Clément). L'Humanité sauvée, c'est cette Femme à la mesure du cosmos, la Femme vêtue de soleil (soleil, mot féminin dans les langues sémitiques) dont parle l'Apocalypse (12, 1). Voilà ce qui est central : le ruissellement de l'Esprit sur le corps de l'Épouse ; car l'Esprit est inséparable de l'Épouse (Apocalypse 22, 17). Quand donc une femme convoite les charismes du masculin, elle veut alourdir encore plus la cléricalisation de l'Église au lieu de travailler, à sa place, à sa « pneumatisation » [9]. Non, dit Olivier Clément, la prêtrise n'appartient pas aux charismes du féminin : elle n'est pas le propre de Marie. La *Theotokos* est bien au-dessus du sacerdoce et de tout ordre hiérarchique, elle, « plus glorieuse que les séraphins ». En 1972, à Lourdes, nos évêques (qui manquaient de prêtres, et qui tentaient de « compenser » pour se rassurer) avaient hasardé cette expression : « L'Église, tout entière ministérielle ». Mais ce n'est pas vrai. Il faut dire : « L'Église, tout entière théologale, tout entière mariale ». La substance de l'Église, c'est la foi, l'espérance et la charité de Marie : rien d'autre. Dans la journée du Samedi-Saint, ce grand Hiatus dans le Plan de Dieu, alors que les apôtres pleuraient dans leur coin et croyaient tout fini, tout ne reposait plus que sur la prière de Marie, cette Femme forte qui était l'Église à elle toute seule : l'Église croyante, espérante, aimante ; l'Église priante, dispen-

9. Mais il ne faut pas non plus opposer le ministériel au charismatique. En effet, pour Paul, les ministères sont les premiers charismes (Éphésiens 4, 11), et le sacerdoce se confère par le plus « pneumatique » des gestes : l'imposition des mains. Seulement il y a un équilibre à respecter dans l'Église : c'est d'elle d'ailleurs que le prêtre tire, s'il le veut, la sainteté qui doit être la sienne.

sée d'aller voir au tombeau parce qu'elle n'en avait pas besoin et que cela ne lui aurait rien apporté. Faire un va-et-vient essouflé entre le domicile et le sépulcre, soit pour chercher un Vivant parmi les morts, soit pour constater un vide et peut-être, avec de la chance, des froufrous angéliques : elle n'en était pas là. Elle communiait à son Ressuscité au nom de nous tous.

Et ne va pas me dire que c'est de la « poésie » !

La vie concrète

N'attends pas que je te dise maintenant ce que tu dois faire quotidiennement. Mais je veux quand même revenir à ton problème.

Le masculin-féminin, ce n'est pas du neutre, du biologique, « la vie », comme on dit sans préciser. C'est l'image du Mystère dont je viens de te parler. Tu vois, noblesse oblige. Célébrer le sacrement du mariage, ce n'est pas de la part des fiancés, demander « une petite bénédiction » sur un amour inchangé, un peu comme un porte-bonheur, voire une colle vinylique extra-forte : c'est vouloir vivre cet amour au niveau du Plan de Dieu, ce pour quoi il a été fait. C'est en faire pour les autres une vraie révélation. Heureux ceux qui le comprennent et qui le mettent en pratique.

Le péché originel (dont je te parlerai une autre fois) a été commis en couple (1 Timothée 2, 13-14) et s'est répercuté sur le couple. Il a atteint l'homme et la femme dans leur communion, alourdissant leur regard jusqu'à le polariser sur cet « objet », vers le bas, à conquérir à tout prix. Il les a conduits à se « chosifier » l'un l'autre, l'homme ayant la plupart du temps l'initiative de ce trafic utilitaire et commercial (mais pourquoi donc les féministes s'insurgent-elles si peu contre la prostitution ? Y verraient-elles un droit de la femme ?...). Une telle « domination » (Genèse 3, 16) n'est évidemment pas dans le Plan de Dieu, puisqu'elle fait perdre l'égalité fondamentale et obscurcit le regard.

Ce n'est pas une perte totale de la ressemblance : c'en est l'amoindrissement. Alors la communion des personnes fait place à la possession et à la manipulation de l'objet. On peut aussi désirer obtenir le même frisson sans recourir à un sexe différent du sien.

Le salut du mariage, c'est de lui faire retrouver « le don réciproque des personnes (qui) s'ouvre au don d'une nouvelle vie, d'un nouvel être humain » (*Mulieris dignitatem* n° 18). La maternité est liée à la structure personnelle de l'être féminin et à celle du don amoureux. La naissance, alors, est accueillie avec joie : « J'ai acquis un homme de par le Seigneur », s'écrie Eve à la venue de Caïn (Genèse 4, 1). La femme, dit Jean-Paul II au même endroit, est plus capable d'attention envers la personne concrète du bébé : c'est de la maman que le papa apprend sa propre paternité, car il s'est trouvé en dehors de la gestation et de l'accouchement.

La consécration virginale ne reste pas en dehors de ce mystère, mais elle le vit autrement. Les célibataires « pour le Royaume » ne fuient pas l'image des noces : ils s'y retrouvent pleinement, à leur manière. Loin de renoncer à la fécondité, ils engendrent d'une autre façon, comme le fait l'Église (Galates 4, 19). Les couples heureux leur servent de parabole, et eux, ils témoignent aux couples de ce qu'est l'amour au-delà du sacrement. Les uns et les autres s'épaulent ensemble pour vivre une identique fidélité.

Quant au fameux texte de Paul (Éphésiens 5, 21-33) que certains fiancés hésitent à lire à leur messe de mariage, il ne veut pas faire de l'épouse l'esclave docile de son maître et seigneur, puisqu'il commence par dire, au verset 21 : « Soyez *soumis les uns aux autres* dans la crainte du Christ ». Le mari n'est donc pas le seul maître à bord (*Mulieris dignitatem* n° 24). Mais, là même où les décisions se prennent ensemble à une nécessaire unanimité, il est des initiatives que la femme attend de son mari, spontanément, parce que c'est un homme. Elle aime « obéir » au sens où, en certaines occasions et en certains domaines, elle est heureuse de « suivre » un époux entreprenant et dégourdi qui fait face aux événements, à la place qui est la sienne. On peut donc, en la repensant, sauver la notion de «chef de famille», même si la concertation entre époux, voire entre les parents et les grands enfants (par exemple pour une adoption) est toujours nécessaire. Le chef, c'est celui qui exerce l'autorité et assure la protection. Ce rôle est indispensable pour que soit structurée la psychologie des petits: l'enfant, en effet, n'attend pas la même chose de son père et de sa mère, et il lui faut cette double référence pour être pleinement normal. Le garçon, lui surtout, désire parler avec son papa: s'il se sent évité par lui, il manque cruellement d'un modèle qu'il recherche. Ajoutons aussi que l'effacement du masculin et du féminin en ce qu'ils ont de complémentaire est l'une des causes possibles de la déviation homosexuelle. Voilà ce que je développe aux fiancés qui me demandent comment comprendre ce texte de Paul, un peu brutal pour nos oreilles contemporaines.

De toutes manières, le temps des fiançailles (et même avant) est à bien utiliser: il ne s'agit pas seulement ni d'abord de découvrir les défauts de l'autre, qui en a sûrement quelques-uns et qui les gardera sans doute toujours, mais de deviner sa psychologie profonde. L'harmonie du masculin et du féminin est sans doute plus importante que l'exploration des corps sur laquelle bien des jeunes bondissent,... sans que cela donne davantage de chance à la réussite de leur amour, comme les faits le prouvent.

Ceci dit, je suis heureux de voir le modèle familial se modifier dans le bon sens, avec des époux plus coopérants, un mari plus attentif aux enfants (ne serait-ce que parce que sa femme travaille), une épouse moins confinée dans son intérieur. Je suis heureux aussi de voir aussi que, dans les nouvelles communautés par exemple, le partage des responsabilités se fait dans la liberté la plus totale, sans qu'il ait fallu revendiquer pour parvenir à un tel résultat. De même, que l'on essaie, ici ou là, la convivialité de plusieurs vocations, qui pourrait être une chance pour l'Église. La créativité n'est certes pas en panne aujourd'hui.

LE CORPS ET L'ÂME

Il est important de bien préciser ce qu'est un homme, cette créature composite qui n'est pourtant pas une créature incohérente ni même un curieux tandem, mais un ensemble harmonieux. Chaque époque a eu ses préjugés: les uns s'offusquant de ce qu'une âme puisse être unie directement à de la matière (à moins qu'elle y ait été précipitée par punition) ; les autres ne voulant envisager que le corps avec ses fonctions biologiques (le cerveau secrétant la pensée comme le foie secrète la bile) ; d'autres (des chrétiens) niant l'âme immortelle pour mieux faire ressortir la résurrection ; d'autres enfin retrouvant l'âme, mais comme un esprit totalement autonome s'offrant à volonté une multitude de réincarnations. Aussi, avant de parler de l'âme et du corps séparément, je dois te rappeler quelques vérités au sujet du composé humain. Tu verras, ce ne sont pas là des choses anciennes, puisqu'elles ne cessent de réapparaître, l'erreur profitant toujours des trous de la catéchèse ou de l'enseignement religieux pour y insérer ses fantaisies.

Le composé humain

« Corps et âme, mais vraiment un, l'homme est, dans sa condition corporelle même, un résumé de l'univers des choses, qui trouvent en lui leur sommet et peuvent librement louer leur Créateur» (*Gaudium et spes* n° 14 § 1). Ne perds jamais de vue cette affirmation du dernier concile faisant de l'homme un monde en miniature, ce qui, traduit du grec, se dit «microcosme».

Mais, avant d'en arriver là, que d'hésitations, que de déviations ! C'est un peu normal, en un sens : «Qu'est-ce donc que l'homme ?...», chante, ébahi, le psaume 8. Nous faisons spontanément l'expérience d'une dualité qui nous habite et qui nous questionne de quatre façons. Sous l'angle de la *mort*, qu'est-ce qui échappe à la dissolution et franchit le difficile passage ? Sous l'angle de la *morale*, qu'est-ce qui commande en nous, de la liberté ou des pulsions ? Sous l'angle de la *mystique*, où se trouve en nous le lieu nous permettant de communiquer avec Dieu ? Sous l'angle du *salut*, devons-nous sauver autre chose que «notre âme» ?... Nous sentons en nous de la vivacité et de la lourdeur, de la luminosité et de l'épaisseur. Nous appartenons au monde matériel et pourtant nous lui sommes irréductibles. Par notre intériorité, nous sommes bien plus qu'une parcelle de la nature ou qu'un élément anonyme de la cité humaine. Quand nous faisons retour sur nous-mêmes, nous atteignons cette profondeur où nous décidons de nos vies sous le regard de Dieu. «Ainsi, conclut le concile, lorsqu'il reconnaît en lui une âme spirituelle, (l'homme) n'est pas le jouet d'une création imaginaire qui s'expliquerait seulement par les conditions physiques et sociales ; bien au contraire, il atteint le tréfonds même de la réalité» (*Gaudium et spes* n° 14 § 2). Mais comment comprendre tout cela, sans oublier le Saint-Esprit qui, nous dit saint Irénée, entre dans notre composition ?

Le corps-tombeau

Nous avons déjà rencontré le dualisme et le fossé qu'il place entre l'esprit et la matière. Dès lors, le corps (*sôma*) devient le tombeau (*sêma*) de l'âme, c'est-à-dire la gangue où se trouve enfoui quelque morceau d'une divinité brisée, ou bien une âme qui a chuté. Dans l'histoire de l'Église, cette opinion s'est trouvée blâmée de nombreuses fois sous toutes ses formes. Non, dit aux disciples d'Origène le Synode de Constantinople (en 543) : les âmes humaines ne sont pas des esprits préexistants (un peu comme des anges) qui, lassés de contempler Dieu, se seraient tournés vers les choses inférieures en se refroidissant dans leur amour, et qui, pour cela, auraient été envoyés dans des corps en guise de châtiment (FC 261). Non, redit aux disciples de Priscillien le 1er concile de Braga (en 561 ou 563) : les âmes n'ont pas commis au ciel un péché qui leur aurait valu d'être défenestrées pour chuter dans ce bas monde et s'y trouver incarcérées dans la chair (FC 262), en demeurant toutefois liées à des astres qui règlent leur destinée (FC 263 : le Zodiaque déjà !). Non, dit le 4e concile de Constantinople (en 870) à des formules plus corsées mais qui trahissent le même esprit : il n'y a pas deux âmes en l'homme, l'une végétative, s'occupant de la basse besogne qu'est l'animation de la chair, et l'autre, vraiment spirituelle, délivrée de ce souci pour vaquer à Dieu (FC 264). Oui, répète le concile de Vienne (en 1312), l'âme unique que nous avons est unie à notre corps sans intermédiaire, et c'est elle qui est le support de notre vie corporelle (FC 265). À travers ces théories condamnées, qui sont celles des Cathares, ceux d'hier et ceux d'aujourd'hui, une même idée persiste : l'âme est un dieu ou un ange dont la présence dans la chair est le résultat d'une punition. Ou bien l'âme est un être céleste, entreposé dans un grenier supérieur dans l'attente d'une incarnation, mais qu'un principe végétatif, jouant le rôle d'un tampon, préserve d'une trop grande promiscuité avec le corps humain. La littérature poétique s'est faite l'écho nostalgique de cette « chute des anges » qui n'est pas une chute dans le péché mais une chute dans la chair. Peut-être y a-t-il là une réminiscence païenne qui a laissé une trace dans la Bible : celle d'une liaison amoureuse entre la catégorie inférieure des anges et les filles des hommes ; mais alors, ce n'est pas pour nous montrer la naissance d'une race dégénérée : c'est pour expliquer, par un croisement inattendu, la présence des géants d'autrefois, du type de l'abominable homme des neiges (Genèse 6, 1-4). Ailleurs, en réfléchissant sur le meilleur de lui-même, le poète y voit une sorte d'aérolithe égaré sur la planète :

> « Borné dans sa nature, infini dans ses vœux,
> L'homme est un dieu tombé qui se souvient des cieux ».

Mais alors, ne s'agit-il pas plutôt des suites du péché originel ? Il nous faudra en avoir le cœur net.

Mais je n'ai pas épuisé toutes les conséquences possibles du dualisme. Le pape Jean XXII (en 1329) a dit non au dominicain Maître Eckhart qui voyait dans l'âme quelque chose de non-créé et de non-créable, à savoir l'intelligence (FC 265). C'est donc toujours, pour des fins hautement mystiques cette fois, l'idée qu'un élément divin se cache en l'homme, enfoui là on ne sait pas trop comment ni pourquoi. Mais on a vu surgir aussi l'opinion inverse : que l'âme humaine était aussi mortelle que le corps, le ciel et la terre ne communiquant pas à ce point qu'une parcelle de la création pourrait ne pas périr. Le 5e concile de Latran (en 1513) a fait justice de cette théorie qui, d'une manière assez logique, en venait à n'imaginer qu'une seule âme pour tout le monde (FC 267). A quoi bon en effet multiplier les êtres préposés à l'animation d'un chacun, s'ils ne garantissent aucune immortalité ?

Le corps-étui

Je reviens une fois de plus sur la réincarnation, parce que cette affabulation a la vie dure. Ceux qui y succombent partent d'un bon sentiment : réfuter l'incroyance et occuper le vide créé par le silence de l'Église, en proposant aux hommes un au-delà réinséré dans la vie présente. Ils ont donc peur du néant, mais aussi de l'âme qui se trouve séparée du corps et qui demeure dans l'attente d'une résurrection très problématique. D'ailleurs, la prédication courante ne se hasarde plus sur ce terrain dangereux, le purgatoire fait souvent hausser les épaules et la prière pour les défunts passe de mode. Autant donc récupérer un désir que l'Église laisse en friche, parce que ce secteur du champ doctrinal semble impossible à cultiver [10].

Quatre solutions se présentent. 1) Ou bien se voir infliger une réincarnation *punitive* afin d'expier ses péchés. De cette manière, comme le souhaitait Origène, l'enfer n'a plus aucune raison d'être : il suffit d'attendre un peu pour que l'ordre troublé se rétablisse, et cela arrange tout le monde. 2) Ou bien trouver *une vie meilleure* pour compenser les misères de la vie présente en s'offrant une occasion de rattrapage. Mais là, gare à la psychiatrie ! 3) Ou bien *s'achever* en déployant dans un autre corps les multiples possibilités de devenir soi-même, car une seule vie, c'est trop peu pour y parvenir. 4) Enfin, se réincarner par *compassion* pour aider les autres.

Tout cela, Irénée l'a déjà rencontré de son vivant, au 2e siècle, et il l'a décrit avant de le réfuter : « Les âmes devront de toutes façons, moyennant leur passage dans des corps successifs, expérimenter toutes les manières possibles de vivre et d'agir... en sorte qu'à leur sortie du corps elles ne soient en reste de rien ». Oui, continue-t-il, « chacun passe sans cesse d'un corps dans un autre, et cela aussi longtemps qu'il n'a pas accompli toutes les actions qui se font en ce monde ; lorsqu'il n'en manquera plus aucune, son âme, devenue libre,

10. D'autant que le dernier concile n'a pas été très bavard sur la question. Il a discuté avec des marxistes sur le rapport entre progrès terrestre et Royaume de Dieu (*Gaudium et spes* n° 39 § 2), mais peu sur l'au-delà (*Lumen gentium* n° 49). Il a quand même dit : « quand s'achèvera le cours *unique* de notre vie terrestre » (ib. 48).

s'élèvera vers Dieu... Ainsi seront sauvées toutes les âmes, soit que, se hâtant, elles s'adonnent à toutes les actions en question au cours d'une seule venue, soit que, passant de corps en corps et y accomplissant toutes les espèces d'actions voulues elles acquittent leur dette et soient ainsi libérées de la nécessité de retourner dans un corps» (1, 25, 4) [11].

À la base de cette erreur, la vague impression d'avoir déjà vécu telle ou telle situation dans une vie antérieure ; mais surtout le branchement sur une tradition venue de loin, du 6e siècle avant Jésus-Christ (ce qu'on appelle l'orphisme et le pythagorisme), tradition d'ailleurs nullement universelle, il s'en faut. Sans parler de textes bibliques mal compris, en particulier ce fameux retour d'Élie qui n'est pourtant pas la réincarnation de son âme mais la présence d'un même esprit que le sien dans la mission du Baptiste. Jean a d'ailleurs pris la précaution de nous dire : «Je ne suis pas Élie» (Jean 1, 21). Quant à l'expression «naître de nouveau» ou «naître d'en-haut», elle désigne la vie nouvelle du baptisé, et rien d'autre (Jean 3, 3-8). Jésus précise bien qu'il s'agit d'une infusion du Saint-Esprit, et Paul également (Tite 3, 5). Pas moyen de se tromper avec des textes aussi évidents.

Cette tentation reflue au cours des âges pour des raisons bien diverses. Le Catharisme s'est voulu un correctif des mœurs de l'Église ; il a présenté aussi tout un côté culturel. La Renaissance a voulu plonger dans l'antiquité païenne sans réticence aucune. Aux deux derniers siècles, le romantisme a apporté sa touche particulière. De nos jours, le public réincarnationniste est plus nombreux et plus divers : il subit de cette manière ce qu'on appelle «le retour du religieux», en s'adonnant au charme de l'insolite. Et puis, tout semble tellement plus vrai quand ce n'est pas l'Église qui l'enseigne : alors, n'importe quoi peut passer sans difficulté. N'oublie pas non plus que chaque secte ajoute à cette croyance ses nuances propres, Rose-croix ou autres ;

---

11. Reporte-toi à *Sources chrétiennes* n° 264, p. 339 et 341.

Si tu veux discuter de ce sujet avec quelqu'un, prends bien soin de ne pas mélanger les choses. Distingue : 1) la *préexistence* des âmes, dont je t'ai déjà parlé, et qui ne va pas nécessairement à leur réincarnation. 2) la peur des *revenants* qui tenaillait tant le cœur des apôtres (Matthieu 14, 26), mais qui se bornait à leur faire imaginer des fantômes, pas plus. Quant à l'évocation des défunts, la Bible l'a interdite (1 Samuel 28, 2-25), mais cette pratique magique ne suppose pas davantage la réincarnation du disparu avec qui l'on recherche le contact. 3) *l'influence des morts* sur les vivants, croyance qui est à la base du culte des ancêtres, mais qui ne les situe jamais dans un autre corps. Au contraire, dans certaines cultures du Tiers-Monde (je pense au « retournement des morts », au *Famadihana* de Madagascar), ce sont les ossements du défunt que l'on déterre pour les honorer. On n'imagine donc pas le grand-père dans une autre carcasse ! 4) et notre *résurrection*, qui n'est pas le retour de notre âme dans nos cendres pour les revivifier (où seront-elles à la fin des temps, et dans quel état ?), mais le surgissement de notre être personnel tout entier pour une vie totalement neuve, opération dont nous laissons le soin à Dieu et à ses anges, sans éprouver le moindre souci ! Insiste bien pour montrer que le ressuscité ne revient pas à sa vie antérieure, car alors il mourrait de nouveau, comme Lazare a dû le faire, le pauvre ! Qu'il n'endosse pas non plus une autre existence du même type que la précédente, car cette survie aurait les mêmes inconvénients que la vie. Non : il n'y a ni retour en arrière (pas de machine à remonter le temps !) ni prolongation par étirement, ni rafistolage par restauration. Il y a la parole de Dieu : « Voici que je fais toutes choses nouvelles » (Apocalypse 21, 5). Toutes choses, corps y compris.

La réincarnation est une doctrine qui pèche de plusieurs manières et me fait réagir de la façon suivante :

1) Je n'ai qu'*une vie* pour exprimer ma vocation et pour aimer à la folie : « Les hommes ne meurent qu'une fois, après quoi il y a le jugement » (Hébreux

9, 27). Le Christ a suffisamment insisté sur le sérieux du temps, qui se déroule comme un sursis limité, à ne pas manquer. « C'est maintenant, le temps favorable » (2 Corinthiens 6, 2). Il ne faut donc pas rêver à des examens de rattrapage : l'amour ne va pas s'effilocher indéfiniment comme font les nuages.

2) Je ne possède pas un corps : *je suis dans mon corps propre*. L'âme n'est pas un esprit baladeur qui pourrait entrer dans tous les étuis possibles, sans avoir de lien avec aucun, comme l'acteur dans son costume de théâtre. Ma peau n'est pas un déguisement dont je pourrais changer : je dois être « bien dans ma peau ». La réincarnation suppose une philosophie débile : elle détruit l'unité de la personne, elle casse l'être humain en deux, elle en fait un esprit ganté de chair. C'est démentiel. C'est contraire à l'expérience profonde.

3) Je serai sauvé, non par frottement, non par usure, mais par une *miséricorde*. Le ciel me sera ouvert par Quelqu'un, non par un compteur Geiger constatant que j'ai perdu ma radioactivité pécheresse et débloquant la porte close. La réincarnation se plaît dans l'anonymat : celui de l'homme et celui du divin. D'ailleurs, elle ne désire aucun ciel, aucune communion : elle fuit en avant, dans le vide. Elle ne rencontre Personne.

4) Dans la foi chrétienne, *« tout est grâce »* : il n'y a aucune mécanique, mais rien que le Don, ce Don que méconnaît le paganisme. Car le paganisme remplace la vie par la méthode, le péché par la gaffe, la prière par le maniement d'un « truc », le pardon par un règlement « à la longue », le ciel par le vide.

Excuse-moi d'insister, ami, mais cela me semble important pour toi aujourd'hui. N'imagine surtout pas que tu pourrais mélanger avec ta foi chrétienne des théories qui contredisent du tout au tout ses affirmations. Et vois les conséquences pratiques d'opinions que tu émets à la légère, sans bien peser ce que tu dis.

Le corps-objet

Jusque là, nous avons tenté de mieux comprendre ce qu'est le composé humain en articulant correctement le corps et l'âme, à partir d'erreurs qui nous sautaient aux yeux. Nous avons constaté que l'homme avait tendance à casser son être en deux parce qu'il changeait insensiblement le sens des mots. Ainsi, quand il parle de l'âme, le dualisme le confond en fait avec une parcelle de divinité, ce qui n'est pas du tout la même chose. Dès lors, le mot « corps » perd sa signification noble pour ne plus être qu'une gangue immonde et pesante… dont on peut faire n'importe quoi. De même, quand les réincarnations parlent de la transmigration des âmes, ils en viennent à camper un esprit complètement autonome qui ressemble plutôt à un ange. Du coup, le corps, qui n'est plus le corps de personne, devient un pur déguisement, une carcasse, une peau de serpent.

L'histoire de la philosophie nous montre ce glissement continuel. On a beau continuer à parler de l'âme, on la confond toujours avec autre chose, mais sans le dire. D'abord avec l'esprit, lequel est conçu comme le pilote d'un corps réduit à l'état de machine. Puis, l'esprit lui-même cède la place à la liberté, et l'on en arrive au corps-objet que l'on possède et que l'on cherche à dominer au maximum : le sien puis celui des autres. Et l'on n'a toujours pas défini ce qu'était le composé humain, dans son unité fondamentale. L'homme cherche simplement à être le maître à bord : à se donner un corps sophistiqué qu'il modèle à sa guise, pour le *look* ; à ressentir le maximum de plaisir avec le minimum d'engagement et de risque ; à éliminer tout ce qui se met en travers, à commencer par l'enfant. Mais il se rend compte un jour que sa chair n'est pas une chose qu'il pourrait manipuler impunément, comme s'il s'agissait d'un simple instrument. Les psychologies sont rapidement blessées par des manœuvres qui semblaient de la pure chirurgie ou de la pure médecine. « Qui veut faire l'ange fait la bête », disait Pascal, qui savait bien que l'homme n'est ni ange ni bête mais corps et âme, ce qui n'est pas du tout pareil.

Pour bien se comprendre, l'homme doit donc cesser de se casser en deux pour vivre dans l'harmonie avec lui-même. Cette unité profonde, c'est le fruit d'une véritable éducation humaine et chrétienne.

L'homme biblique

L'homme biblique n'a pas fait de philosophie, mais la Révélation lui a fait faire un grand bond en avant, préparant ainsi la réflexion future. Dans la majeure partie de l'Ancien Testament, il n'a pas encore découvert l'immortalité de l'âme, et il n'accède à la résurrection qu'au seuil du Nouveau. Mais, curieusement, ce retard aura été sa chance : il n'aura pas succombé au dualisme de tant de peuples païens qui imaginent après la mort le cheminement aérien d'un « double », seul admis aux réjouissances célestes. Il sera prêt à croire au salut de l'homme tout entier, à la glorification de la personne humaine comme telle, sans qu'il faille faire la part du feu.

Mais son espérance sera réaliste : elle sera conquise sur le tragique de la vie. Car l'homme biblique ne fait pas comme beaucoup d'autres païens pour lesquels la mort n'existe pas, parce que la tribu se reconstitue aussitôt de l'autre côté autour des ancêtres. Non : il sait bien que le passage ne se fait pas en douceur, que la rupture n'est pas une illusion d'optique ; et il ne confond pas la vie éternelle, don gratuit de Dieu, avec une survie spontanée qui ne supposerait aucun salut. D'ailleurs, il ne canonise pas ses ancêtres : il ne les confond pas avec des saints. Il ne se laisse pas non plus impressionner par les défunts, avec lesquels l'Écriture lui défend de vouloir communiquer : il n'est pas sous la tyrannie des morts et il dort tranquillement sans se laisser impressionner par des rêves où se manifesteraient les revendications de disparus jamais contents

(« C'était pendant l'horreur d'une profonde nuit... »). Soit dit entre nous, ami, vérifie quand même si tes idées sont bien au point, en ces temps de néo-paganisme récurrent...

L'homme biblique se saisit comme un tout sans jamais se dédoubler. Dans les psaumes, il sait dire « Mon âme », mais sans jamais s'évaporer ; car cette âme s'exprime concrètement dans toutes les parties du corps : les reins pleins de fièvre, le foie qui fait mal, les lèvres qui jubilent, les os qui tremblent, les yeux qui se troublent, le gosier qui brûle... « Mon âme soupire et languit..., mon cœur et ma chair crient de joie », dit-il (Psaume 84, 3). Ou encore : « Mon âme exultera... Tous mes os s'écrieront » (Psaume 35, 9-10). Voilà un homme qui ne prie pas en faisant le vide, comme tant de « méditations » transcendantalement désincarnées. Pas plus que les gens des évangiles n'implorent Jésus en oubliant qu'ils sont malades ou qu'ils ont un fils en train de mourir. Le psalmiste fait monter vers Dieu la totalité de son aspiration : « Seigneur, dit-il, tout mon désir est devant toi » (Psaume 38, 10). On n'en finirait pas de recenser de tels cris dans l'Écriture. L'homme biblique est tout un, depuis le plaisir de déguster un vin « gouleyant » jusqu'aux délices de la présence divine : « Goûtez et voyez comme est bon le Seigneur » (Psaume 34, 9). Que nous sommes loin des abstractions de tout-à-l'heure ! Dans le psautier, tout frémit en même temps, et c'est un signe de santé.

Adam a bien conscience qu'il y a en lui quelque chose de terreux, qui vient de la terre et qui y retourne, mais il n'en a pas honte du tout, puisqu'il attribue au Créateur lui-même le modelage de la glaise qui le constitue. Évidemment, quand il se définit comme de l'argile dans laquelle Dieu a soufflé, il semble loin de nos formules philosophiques savantes : mais ce parler sonne plus clair que la langue de bois. Certes, dans le mot « chair », la Bible aperçoit la fragilité de l'homme : celle de sa vie biologique, celle de sa vie morale. Mais, s'il y a une « chair du péché » (Romains 8, 3), ce n'est pas la chair qui est péché ; et le mot « chair » n'est jamais synonyme de sexe, comme en français les fameux « péchés de la chair » (qui ne se commettent pas d'abord dans la chair, d'ailleurs !). Et quand, en grec, Paul utilise le mot « corps » (*soma*), il désigne toujours le corps vivant, jamais le cadavre seul, contrairement à nous qui parlons, aux enterrements, de la « levée du corps ».

C'est pour cela que Jésus a pu se donner à nous en disant : « Prenez et mangez, ceci est mon corps » (*soma*) ; ou bien, en araméen, « ceci est ma chair » (*bashar*) (Jean 6, 51). L'Eucharistie te permet de vérifier quelle conception tu te fais de l'homme, ami. Toi peut-être, tu aurais laissé « tes idées », « ton message », « ton souvenir », mais pas plus. Jésus est plus concret que toi : il ne donne pas seulement sa vie, mais son corps vivant de Ressuscité. Toi, tu ne pourrais guère que « donner ton corps à la médecine », pour qu'il serve à des expériences après ta mort, mais ce n'est pas pareil, évidemment. A la messe, je ne communie pas au cadavre de Jésus, je ne suis pas un nécrophage... C'est peut-être cela qui a heurté violemment les Juifs de l'évangile (Jean 6, 52).

Ami, ne te laisse jamais impressionner par les curiosités de l'ésotérisme, qui essaieront toujours de t'offrir quelque dédoublement de ta personnalité. Tu es corps, tu es dans ton corps propre, tu ressusciteras tout entier ; ton âme n'ira pas faire du tourisme dans une autre carcasse, trouvée au vestiaire des défroques charnelles disponibles. Quand tu dis « Je » ou « Moi », tu es tout d'une pièce. Quand tu me serres la main, c'est toi en personne qui me dis ton affection, pas une prothèse que tu manœuvrerais mécaniquement, encore moins un membre d'emprunt que tu aurais enfilé au magasin de la réincarnation. L'âme n'est pas un esprit gyrovague sans feu ni lieu, un vagabond fantômatique : c'est l'âme d'un corps, ou bien ce n'est pas une âme.

Le corps

Après avoir insisté sur le composé humain comme tel, nous pouvons maintenant étudier séparément le corps, puis l'âme, sans jamais oublier leur articulation. Commençons par le corps, mais en faisant bien attention : il n'est pas question de succomber à la mode, car la mode déprécie ce dont elle parle ; il faut aborder sans cesse un tel sujet, que ce soit à temps ou à contretemps. D'ailleurs, en l'examinant à temps, nous ne prendrons pas « l'air du temps »...

Le corps, relation à soi

« Mon corps est à moi », cela veut dire que je refuse de voir mon corps utilisé par autrui, et j'ai raison. Mais la formule est insuffisante : que quelque chose soit à moi, cela ne lui confère aucune valeur, sinon pour moi. Dire que « je suis un corps » est inexact, car je ne suis pas n'importe lequel. Dire que « je suis mon corps » est exagéré : je ne suis pas sans mon corps, mais je ne suis pas mon corps : il est mien sans être moi. En d'autres termes, je ne puis pas exister sans vivre. Mais, sans que je réduise mon corps à une chose docile qui serait étrangère à moi, je ne m'identifie pas non plus à lui, je n'accède pas à toutes ses requêtes. Tu vois, le vocabulaire de l'avoir et celui de l'être ne conviennent ici ni l'un ni l'autre : je dois exprimer mon unité en gardant une distance ; je dois garder une distance sans perdre mon unité. Il n'en reste pas moins que, sans m'accaparer, mon corps se manifeste. Je suis ce regard qui se dirige vers un pôle de tendresse. La trajectoire du geste exprime une visée spirituelle. De même, c'est moi qui fais face : mon visage n'est pas un outil.

Voilà pourquoi j'utilise des expressions sensorielles pour exprimer ma vie intellectuelle et même ma vie spirituelle. « Toucher du doigt », « sentir », « subodorer », cela veut dire que je réalise ce qui se passe.

« Ouvrir l'œil » traduit ma vigilance. « M'aveugler à » dit mon indulgence. « M'entendre avec quelqu'un » indique une compréhension mutuelle. « Avancer » qualifie aussi le progrès spirituel. « Caresser le projet » exprime l'espérance. « Baisser le nez », c'est avoir honte. « Perdre la face » aussi. « Faire face », c'est être courageux. Et j'emploie le mot goûter aussi bien pour un gâteau que pour un concerto et que pour la prière.

Mais mon corps a ses lourdeurs et ses opacités. Je dis alors que mes forces m'abandonnent, ou que je ne parviens pas à « percer » son secret, son intimité. Mon regard peut se poser sur l'autre d'une façon trouble, parce que je vise en lui la partie de son corps qui m'intéresse et que je transforme en objet convoité. La pudeur est la réaction d'autrui à cette menace que mes yeux font peser sur lui ; mais l'être pudique n'attend pas qu'on l'agresse pour se défendre : il prend la précaution de cacher ce qui pourrait être provocant [12]. L'anonymat d'une foule suffit-il à donner à deux amoureux qui s'embrassent longuement qu'ils sont seuls au monde ?

Il est difficile et pourtant primordial d'accepter son corps, ou, comme on dit, de se sentir bien dans sa peau. La « peau », c'est notre personnage, notre sexe, notre esthétique, notre éducation, nos ratés, notre santé : un ensemble de données à la fois naturelles et culturelles, innées ou acquises. La « peau », c'est surtout ce que nous ne parvenons pas finalement à guérir, à évacuer, à oublier : il faut alors « faire avec », sans s'exaspérer, sans régler d'interminables comptes, humblement. « Tu aimeras ton prochain comme toi-même », cela veut dire : tu le supporteras comme tu te supportes toi-même, tu l'accueilleras comme tu t'accueilles toi-même.

Il est des accidents corporels qui peuvent - et doivent - devenir des événements spirituels. Le Père Liber-

---

12. Tu as de belles pages sur ce sujet dans Jean-Paul II, *Le corps, le cœur et l'esprit* (Cerf 1984), p. 33-42.

mann, qui était épileptique, a réussi à assumer « sa chère maladie », comme il disait. De son terrible accident qui lui a fait perdre les yeux et les bras, Jacques Lebreton a pu, Dieu aidant, tirer une conversion. Et toi, Christian, jeune aveugle revenu à la foi, qui nous a souvent dit : « C'est quand j'ai perdu la vue que j'ai trouvé la Vie »...

Ami, aime ton corps, tel qu'il est. N'en fais pas fi en négligeant de le laver, de lui accorder hygiène, détente et exercice. Ne sois pas « fagoté » : respecte-toi et respecte ceux avec lesquels tu vis. Comprends que la maîtrise de toi (au plan gourmandise, au plan sexuel, au plan rêverie, au plan farniente...) est le contraire d'une servitude ou d'une destruction : ceux qui reviennent de la gabegie te le diront savamment. Tu ne seras pas libre sans élaguer dans le fouillis de tes envies, sans discipliner ton emploi du temps : les végétaux qui broussaillent dans tous les sens ne portent guère de fruits (Jean 15, 2).

Le corps, relation aux autres

Ton corps te fait dépendre d'autrui : de tes parents, qui te l'ont donné, qui t'ont nourri et qui t'ont éduqué. Nul n'est un Robinson dans son île, et encore moins un enfant sauvage. Ce que tu es aujourd'hui est le fruit d'un ensemble de relations qui s'appelle ta famille et tes amis. N'imagine donc pas que tu pourrais être une liberté à l'état pur, une liberté inconditionnée. Tu es toi, certes, mais dans un corps qui possède une hérédité et qui te fait être ton père ou ta mère « tout craché », que tu le veuilles ou non.

Ton corps est l'espace dans lequel tu vis : il te trace le lieu où tu existes, distinct de tous les autres, mais aussi en relation avec eux. Il est ta première façon de parler, parce qu'il signifie quelque chose pour l'homme d'en face. Il est pour lui masculin ou féminin, jamais neutre. En toi donc le langage a pris corps : le pire serait sans doute que tu ne sois remarqué par personne, comme le pauvre Lazare à la porte du riche (Luc 16, 20).

Je t'ai déjà montré la signification de la stature debout (*homo erectus*). Arraché à l'animalité, tu as une bouche qui est faite pour la parole ou pour le baiser, et qui n'a plus rien du groin, c'est-à-dire du bulldozer facial destiné à chercher la nourriture. Tu causes à autrui face-à-face, en le regardant dans les yeux. Tu es de plain-pied avec lui. Les mots « origine » et « éducation » signifient un surgissement, un lever. A quoi s'ajoute la dimension horizontale : aller vers les autres, cheminer avec eux, être au coude-à-coude avec eux. Toute la symbolique pascale est dans ce « Lève-toi et marche ! ». On ne ressuscite que pour suivre le Christ. Paul ne cesse de nous dire que nous devons « marcher dans la charité » (Éphésiens 5, 2).

Tu dois faire une place spéciale à la face. Olivier Clément, l'écrivain orthodoxe bien connu, nous dit souvent que le christianisme est la « religion des visages » : c'est vrai des deux Testaments. Un philosophe juif, Emmanuel Levinas, nous reproche, à nous Occidentaux, d'avoir voulu tout expliquer dans notre philosophie, depuis les temps les plus reculés. Car cette manie a fini par créer le Goulag, c'est-à-dire le passage de la prison intellectuelle à la prison tout court. Or, dit-il, le rationalisme ne pourra jamais trouver Dieu, car Dieu se révèle dans le caractère unique de la personne humaine. Et la personne se concentre dans son visage, cette face qui me regarde et me supplie de lui faire justice. C'est le titre d'un de ses livres (pas facile !) : *Totalité et infini*. En d'autres termes, jamais la totalité d'une explication ne pourra venir à bout de l'Infini qui transparaît dans un visage. Jamais les catégories d'un fichier n'emprisonneront la personne. La face d'autrui, dit Lévinas, c'est la hauteur où Dieu se révèle : c'est le lieu de son épiphanie, c'est la trouée du ciel. Je trouve cela superbe, superbe... Mais qui respecte le visage ? La tête de l'autre, c'est « ce qui ne me revient pas », ce que je veux d'abord agresser en « lui cassant la figure». Les révolutionnaires qui ont saccagé les cathédrales ont toujours commencé par briser les têtes des statues, pour les empêcher de les regarder. Ou bien alors, j'essaie de vaincre autrui en lui faisant «baisser les yeux». Je puis aussi le «regarder de haut». Ou encore le dévorer du regard, comme un objet de convoitise. Cherche bien, et tu verras que la figure est l'endroit du corps où se porte la violence, celle de la destruction ou celle de la concupiscence. Mais elle peut devenir ce qui finit par me transpercer. Aux ravisseurs inconnus qui lui avaient pris son jeune enfant, une maman disait, en les suppliant à la télévision: «Mais regardez les yeux de mon petit, et vous ne pourrez plus lui faire aucun mal!»... Hélas, le mal était déjà fait.

Le corps devenu tout entier langage, même sans parole articulée, c'est le beau métier du mime, si expressif, si drôle ou si poignant.

Mais n'oublie pas l'essentiel: pour toutes les mamans du monde, pour tous les gens dévoués, le corps, c'est la charité en gestes fatigants, en gestes répétés jusqu'à l'épuisement, en gestes attentifs et délicats. Jean dit (1 Jean 3, 18) que nous devons aimer «en actes et en vérité».

Le corps, relation au monde

Le corps est dans l'espace, mais il crée une rupture de l'étendue: il y dessine sa singularité au moyen d'une clôture, de ce que j'ai appelé plus haut un «périmètre de dignité». Telle est la fonction du vêtement, qui arrache l'homme au tohu-bohu. La personne éprouve à ce sujet un double désir. D'une part, elle refuse l'entassement, celui d'une ville surpeuplée ou d'un H.L.M. sans espace, celui d'une foule bourrant les gradins d'un stade jusqu'à l'écrasement des premiers entrés, celui d'un wagon de déportés en route vers les camps de la mort... Mais elle souhaite aussi, non pas un désert, non pas un ensemble vertigineux, mais un urbanisme tenant compte de cette unité de mesure qu'est le corps humain. L'espace ne doit pas être hostile mais familier. Dans l'univers maussade et triste, l'homme vit corporellement son ennui, face morose et dos courbé. Dans l'univers harmonieux, l'homme vit corporellement sa joie, en se promenant tout doucement, sans se presser ; en s'y dilatant le cœur.

Les diverses époques n'ont pas éprouvé les mêmes sentiments face à l'environnement naturel. Dans la Bible, le désert est hostile, parce qu'on n'a pas les moyens d'y vivre ni d'en sortir à volonté. Rien à voir avec le Club Méditerranée à l'Assekrem !... De même, Madame de Sévigné trouvait les montagnes « affreuses », c'est-à-dire, non pas laides, mais provoquant des terreurs, des « affres ». Avec des aménagements techniques, on éprouve autre chose que l'angoisse, parce que l'univers s'est trouvé humanisé.

Le corps, relation à Dieu

Mon corps, c'est le lieu dans lequel je puis reconnaître mon Dieu. Le Créateur me l'a donné, non pas comme un espace qui serait dû à ma faute et qui constituera une dégradation, mais comme le champ de mon éclosion vers lui, de mon surgissement vers le ciel. Je n'ai pas à fuir mon corps comme une perdition : en s'incarnant, Jésus ne me sauvera pas *de* la chair, mais *dans* la chair. Tu dois lutter de toutes tes forces contre la dépréciation spirituelle d'un corps que l'on fait semblant de promouvoir en l'asservissant au plaisir. Ne sois pas dupe de cette opération de camouflage : il ne suffit pas de fabriquer des divans au galbe soigneusement étudié si c'est pour y forniquer tout à loisir.

Il y a un lien entre la façon dont j'imagine Dieu et celle dont je traite mon corps. Si j'admets un divin anonyme, impersonnel et sans aucune relation intérieure, je risque fort, en voulant singer Dieu, de déserter le sensible, de nier mes désirs dans une sorte d'indifférence, de faire taire mes pensées dans un silence aux confins du vide. Mon corps alors rallie le règne animal et s'adonne à ses besoins n'importe comment... Si je vois en Dieu une Volonté tyrannique aux exigences purement arbitraires, je vais, en usurpant son pouvoir, bouleverser complètement des valeurs morales sans fondement aucun, et, à coup sûr, décréter bonne cette licence corporelle dont je désire la canonisation rapide... Si je me représente le divin comme un ensemble d'énergies fantastiques – bonnes ou mauvaises, qu'importe ? – qu'il s'agit avant tout de capter, je suis prêt à vendre mon âme pour obtenir une puissance en échange d'une emprise ; et mon corps sera inévitablement le lieu de la tractation... Si je divinise les pulsions sexuelles, je livrerai ma chair à l'Eros qui les provoque... Cherche bien, ami : derrière les théories qui ont cours aujourd'hui, il y a une constante : l'homme désire être *une liberté sans corps et sans Dieu*. Ou bien, s'il se réclame quand même du christianisme, il met Dieu tellement haut, il lui interdit tellement d'intervenir dans ce monde, il nie si fort son activité créatrice, qu'il s'octroie paisiblement la licence morale en son absence.

Mais c'est là oublier une réalité essentielle : l'Incarnation. Le corps, en effet, c'est ce que Dieu peut prendre s'il le désire. Et il l'a désiré, dans la personne de son Fils : « Tu n'as voulu ni sacrifice ni oblation, mais tu m'as façonné un corps... Alors j'ai dit : Voici, je viens... pour faire, ô Dieu, ta volonté » (Hébreux 10, 5-7). Non, « ce qui a été cloué à la Croix n'était pas un déguisement » (Claudel), parce que Dieu peut assumer un corps et y mourir tout en restant Dieu. Il peut même agir ainsi pour montrer qu'il est Dieu d'une façon beaucoup plus éclairante : car la substance de son Être, c'est le don, et le Don a voulu prendre Corps, afin de pouvoir nous dire : « Prends et mange, ceci est mon corps livré pour toi ». C'est l'Esprit-Saint, qui n'a rien à voir avec une abstraction, qui a réalisé l'incarnation de Dieu dans le sein de Marie ; c'est lui qui, à la Pentecôte, a donné au Ressuscité son Corps mystique, l'Église ; c'est lui qui, à la messe, réalise la consécration du pain et du vin, dans cette prière nommée « épiclèse ». Tu vois, tout se tient.

Grâce au Christ, je comprends jusqu'à quel point je suis créé à son image et à sa ressemblance : moi aussi, je suis un être-pour-le-don, et j'ai mon corps pour le donner ; il est suffisamment mien pour qu'en le donnant, ce soit moi-même que je donne. Mon corps devient alors le lieu et la matière du culte véritable, car « il est pour le Seigneur » (1 Corinthiens 6, 13). Aussi Paul dit-il : « Je vous exhorte, frères, par la miséricorde de Dieu, à offrir vos corps [13] en hosties vivantes, saintes, agréables à Dieu : c'est là le culte spirituel que vous avez à rendre » (Romains 12, 1).

Dans cet offertoire du corps, il y a bien des choses. Le chrétien présente sa vie, ses facultés, ses fatigues et ses joies. Il fait aussi l'oblation de sa pureté, traitant son corps et celui des autres avec sainteté et respect (1 Thessaloniciens 4, 3-5). Ami, mets ton honneur et ta joie à demeurer propre au milieu des sollicitations de ce monde. Comprends l'Église quand elle déploie, en sa morale, les exigences que tu connais bien et que tu approuvais à Compostelle en applaudissant Jean-Paul II aux passages-clés de son discours. Ne te contente pas de dénoncer les pratiques d'autrui, la prostitution et la torture par exemple : si, heureusement, elles ne sont pas ton fait, il y a bien des choses à rectifier dans ta vie. Aimer l'autre, ce n'est pas céder à tes instincts ni aux siens : c'est être capable de maîtriser tes pulsions pour accomplir un acte d'homme, un acte vraiment libre, afin de construire une union durable et fidèle.

Comprends enfin le respect avec lequel l'Église entoure ce que nous appelons « le corps » du défunt : elle le place à l'honneur, elle le bénit, elle l'encense, elle l'accompagne au cimetière. Constatant un changement de mentalité, le Saint-Siège a autorisé les catholiques

---

13. Pourquoi donc les traductions s'obstinent-elles à gommer le mot « corps » (*somata*) pour mettre à la place « personnes » ? Refoulement ?...

à se faire incinérer après leur mort [14] : cet usage, en effet, n'a plus le sens irréligieux qu'il affichait au siècle dernier, à savoir nier la résurrection et même l'immortalité de l'âme ; il est parfois rendu nécessaire par les contraintes de l'urbanisme moderne. Mais l'Église n'y tient guère, et elle encourage l'inhumation traditionnelle, comme représentant le mieux la symbolique du grain enfoui dans la terre pour une germination éternelle. Sur sa tombe, le poète Paul Claudel a fait graver le mot « semence ». Chez les moines, on enterre les frères à même le sol, sans cercueil, ce qui est encore plus signifiant et beaucoup plus beau. Mais l'Église ne défend pas au fidèle de donner son cadavre à la science, pour qu'il serve aussitôt à des greffes ou à des expériences profitables. Lorsque tu entends discuter de tout cela, sois capable de le relier au cœur de ta foi : vois les enjeux profonds, ami ; comprends que tout se tient.

L'âme

Au début du siècle et jusqu'à la dernière guerre, les catholiques étaient très attachés à l'immortalité de l'âme, d'autant qu'elle était niée par les libres-penseurs, ceux qui encourageaient l'incinération. Ils faisaient célébrer des messes pour leurs défunts et pour « les âmes du purgatoire ». Loin de moi de dire que cette croyance et cette pratique ont disparu. Mais, avec le renouveau biblique et liturgique de l'après-guerre, on a vu se déployer et s'amplifier la foi en la résurrection : celle de Jésus, remise en valeur par l'institution de la Vigile de Pâques (1951) ; la nôtre, soulignée par la présence du Cierge pascal aux enterrements. De tout cela, nous n'avons qu'à nous réjouir, bien sûr. Toutefois, il est

---

14. Tu trouveras ce texte de la Congrégation pour la Doctrine de la Foi dans la *Documentation catholique*, année 1964, colonnes 1711-1712.

arrivé, comme toujours, que le balancier reparte trop fort sur le versant d'en face. En effet, certains théologiens se sont mis à nier l'immortalité de l'âme comme une doctrine philosophique contraire à la foi biblique. Ils allaient ainsi à l'encontre de Vatican II, qui – d'une manière bien peu bavarde, il faut le reconnaître – avait parlé du composé humain en termes non ambigus (*Gaudium et spes* n° 14 § 1). Aussi, en 1979, le Saint-Siège a-t-il rédigé une mise au point [15] courte et claire, donnant des précisions que le concile n'avait pas cru devoir faire, car ce n'était pas son souci du moment. Ce rappel était d'autant plus important que, profitant du silence de nombreux pasteurs, des sectes enseignaient n'importe quoi sur l'au-delà et trouvaient une audience, les gens étaient toujours très sensibilisés en ce qui concerne leurs morts. Mais ce débat aura eu le mérite de faire progresser la réflexion, et c'est ce que je voudrais te montrer, ami.

Des exagérations, des durcissements

C'est vrai, durant les années qui ont précédé ta naissance, on a parlé de l'âme d'une manière outrancière, parfois du moins.

1) D'abord, l'âme remplaçait l'homme et lui confisquait son corps. On disait « une ville de 15 000 âmes » pour « une ville de 15 000 habitants ». On priait « à la fine pointe de son âme ». On parlait de « sauver son âme » (sans d'ailleurs trop se soucier de celle des autres). On cherchait dans l'amitié « une âme-sœur » ou une « belle âme ». Pendant ce temps, on essayait d'éviter les « péchés de la chair », comme s'ils ne se commettaient pas aussi avec l'âme, avec l'esprit et l'imagina-

15. Tu trouveras ce texte dans la *Documentation catholique*, année 1979, p. 708-710.

tion (Matthieu 5,28). C'est en vain que Péguy avait tenté de réhabiliter le mot « charnel », comme Teilhard la sainte Matière. Aussi, en présence d'un tel « angélisme », les pionniers de l'apostolat moderne parlaient de l'incarnation, en utilisant un mot qui avait une tout autre signification : car seul le Fils de Dieu s'est incarné au sens strict, pas mon âme... Tu me diras que ces excès ne t'atteignent pas, mais est-ce si sûr ? Si tu crois à la « transmigration des âmes », qu'est pour toi le corps sinon un étui ? La seule différence avec autrefois, c'est que, pour cette raison, tu ne crains pas de pécher avec, puisqu'il n'est pas toi. Mais ton angélisme est aussi grand : et c'est parce que tu fais l'ange que tu fais la bête.

2) Dans la catéchèse, il arrivait que l'on présente l'âme comme une sorte de fluide entrant dans le corps pour en rassembler les morceaux, et le quittant pour amorcer sa décomposition. Je me souviendrai toujours de cette leçon de catéchisme (à Versailles, près du Grand Séminaire) où l'abbé montrait tout le mal que l'âme avait à quitter complètement le corps — l'agonie, disait-il — au risque de s'attarder dans les dernières molécules plus de temps qu'il n'aurait fallu. Et un « titi » de s'écrier, heureux d'avoir compris : « Alors, M'sieur l'abbé, elle est coincée ! ». Tu imagines le fou rire... Non, l'âme n'est pas un fluide glacial ni une arête de poisson spirituelle. Mais va expliquer cela aux enfants avec des mots simples !... Quant à toi, ne triomphe pas : l'âme qui se réincarne à volonté, n'est-ce pas un peu la même chose ?

3) Dans les sermons d'enterrement, on avait l'impression que l'âme fonctionnait un peu comme le « double » des anciens Égyptiens. Au fond, seul le corps mourait. L'âme, elle, se contentait d'assister à cette agonie qui ne la concernait pas : elle constatait le trépas de la chair avec une certaine satisfaction, heureuse d'être enfin débarrassée de ce poids lourd et d'assister au supplice d'un être étranger. Elle pourrait alors va-

quer librement à ses occupations spirituelles… Ceci est faux : l'expérience le montre suffisamment. En effet, si l'âme est immortelle, il n'empêche que nous entrons tout entiers dans la mort, et c'est notre âme qui prend conscience de cette mort. L'homme qui agonise ne dit pas « Mon corps meurt », mais « *Je* me meurs ». Rien donc d'un drame intime qui comporterait deux partenaires dissociés, l'un regardant l'autre passer un sale moment. Mon ami Rémi Brague a écrit : « L'âme n'a donc pas pour fonction de mettre une partie de nous-mêmes à l'abri de la mort, mais de permettre que ce soit nous qui la traversions » [16].

4) L'enseignement religieux se braquait sur le sort individuel de l'homme, sur le jugement particulier qui suit le trépas et qui est terrible. Là se décidaient enfer, purgatoire ou paradis, sans qu'il y ait un examen de rattrapage. Quant au reste, c'est-à-dire la poursuite de l'histoire, la fin des temps, la résurrection, le Jugement général, cela paraissait peu important. L'individu voulait assurer son bonheur, un point c'est tout, et il ne voyait pas bien ce que cela lui ajouterait de récupérer un jour son corps ; d'autant que ladite opération lui semblait difficile à réussir, parce qu'il l'imaginait d'une façon très matérielle, avec la crise du logement qui ne manquerait pas de s'ensuivre [17].

5) Face au matérialisme de certains savants, qui faisaient découler la pensée de la matière, on avait dû démontrer la spiritualité de l'âme et son immortalité.

---

16. Je me permets de te recommander, si tu as un peu de culture, deux articles de cet ami, dans la revue *Communio*. L'un, intitulé « Le corps est pour le Seigneur » (V, 6, p. 4-19). L'autre, « L'âme du salut » (XII, 3, p. 4-17). C'est excellent.

17. Un encyclopédiste du 18e siècle avait calculé l'épaisseur approximative des corps ressuscités sur les continents émergés du globe, si la fin du monde survenait de son vivant : des dizaines de mètres ! …O naïveté !…

Alors que, dans les enterrements civils, des discours creux et pompiers célébraient la survivance du défunt dans la seule mémoire des vivants, pas plus — une mémoire qui devient vite le plus ténébreux des tombeaux! —, les chrétiens, eux, chantaient l'âme immortelle, devenue incapable d'échapper à son Dieu. Certes, si elle avait bien conclu sa vie terrestre en recevant «l'extrême-onction» (le sacrement des malades), le Seigneur lui faisait cadeau du ciel, mais ce qui paraissait le plus important, c'était l'éternité de ce cadeau, qui semblait dépendre davantage de l'âme que du cadeau lui-même. Au fond, l'homme possédait en lui une garantie de vie infinie, qui venait d'une sorte de propriété chimique de l'âme, et c'est cela qui le rassurait. Il voyait l'éternité comme une nécessité, non comme un don; comme une chose allant de soi, non comme un salut. Dieu se contentait de colorer d'une nuance heureuse une survie qui, de toutes façons, ne faisait pas problème. Or on a compris qu'il fallait inverser les choses. L'immortalité est avant tout rencontre avec Dieu, et c'est seulement en conséquence qu'elle est survie. Vouloir persister dans son individualité et dans la conscience de soi, cela ne présente absolument aucun intérêt pour un être raisonnable, qui ne peut pas se prendre lui-même pour son propre but. Une telle éventualité serait indigne de susciter chez lui le désir. Dans le christianisme, l'idée d'immortalité est donc secondaire par rapport à l'idée de salut: c'est le salut qui constitue notre immortalité. Dieu a donc créé l'âme impérissable en vue du projet qu'il avait sur elle, et pour rien d'autre: il l'a faite ainsi pour qu'elle soit capable du bonheur sans fin, pas pour qu'elle puisse s'en passer gaiement. Autrement dit, le ciel est inconcevable s'il n'est pas le don d'un amour. L'immortalité de l'âme n'est que la condition pour accueillir ce cadeau: elle n'est pas la béatitude, et elle ne dispense pas de la béatitude. D'ailleurs, l'éternité ne se confond pas avec l'immortalité: elle n'est pas le temps *non-stop* (ce que ce serait ennuyeux! Ennuyeux à en... mourir!), mais une manière de vivre tout autre; elle n'est pas quantité mais qualité. N'oublie jamais que le salut est avant tout la communion avec Dieu, et non pas l'étirement indéfini de l'existence (quelle horreur ce serait !). N'oublie pas non plus que ce salut est une grâce, et non pas une garantie mécanique fonctionnant toute seule.

Des réactions à corriger

Face aux positions que je viens de discuter, certains ont émis des idées elles aussi discutables. Venons-y.

1) Rejeter l'âme sous prétexte que les Grecs ont parlé, c'est infantile. De nos jours, on passe son temps à prêcher l'inculturation de la foi : pourquoi, dès lors, toutes les cultures auraient-elles des éléments positifs,... sauf la culture grecque ? Certes, le christianisme a dû apporter des correctifs sérieux, mais il doit en apporter partout. Moi, je remercie le Seigneur des soutiens que l'Évangile a pu trouver ici et là, en les purifiant bien sûr.

2) Taire l'âme, en faire l'économie, c'est impossible. L'Église, nous dit le document romain, affirme qu'après la mort subsiste un élément spirituel doué de conscience et de volonté, en sorte que le « moi » humain n'est pas détruit. Pour le désigner, elle emploie le mot « âme », consacré par l'Écriture et par la Tradition. Sans ignorer que ce terme prend plusieurs sens dans la Bible, elle estime néanmoins qu'il n'existe aucune raison sérieuse de le rejeter ; elle pense même que cet outil verbal est indispensable pour soutenir la foi des chrétiens.

L'âme est créée par un appel de Dieu. Elle assure l'unité de l'homme, au cours de l'aventure dans laquelle la vie le lance. Elle est l'organe de sa communion avec le Créateur. Elle n'est pas à confondre avec l'esprit qui, lui, n'a rien de commun avec la chair. Elle est l'âme d'un corps. Elle assure la persistance du « moi » tout au long de la vie et au travers de la mort. Elle fonctionne comme une mémoire, elle récapitule tout ce qui a été vécu : loin de s'évader par en-haut, elle est fidélité à la terre, corps y compris. Sans elle, l'homme n'est plus un homme : il perd toute continuité, dans le renouvellement constant de ses molécules puis dans leur destruction. La résurrection ne succède pas à l'anéantissement de la créature : Dieu ne contredit jamais l'amour originel par lequel il a fait l'homme et la femme. Il continue d'appeler le « toi » qu'il a suscité.

3) Certains ont dit alors que, dans la mort, l'homme est conservé dans la mémoire de Dieu comme un projet qui n'est pas abandonné mais qui devra être repris de fond en comble, en repartant à zéro. Non. Car cela voudrait dire qu'au moment du trépas, le Créateur cesse de dialoguer avec sa créature, pour monologuer avec ce qui serait redevenu une simple idée en laboratoire. La mort totale de l'homme, ce serait une sorte d'*aparté* divin sans efficacité, le murmure solitaire d'une Parole à voix basse qui ne serait plus créatrice. Voilà qui est impensable, quand on connaît tant soit peu la Bible. Je suis pour mon Père une personne définitive qui ne redeviendra jamais plus un simple concept, un pur projet. Croire en l'âme immortelle, c'est affirmer que le dialogue entre le Créateur et sa créature est incapable de rompre. Le « Adam, où es-tu ? » ne cessera de retentir en direction de quelqu'un : il ne sera plus la cogitation mentale d'un Dieu se parlant à lui-même.

4) Pour éviter ce temps mort, cette rupture, certains avancent alors que, sitôt mort, l'homme « commence à ressusciter », comme en prenant son temps pour arriver au bout de l'opération. Idée saugrenue, dont la seule excuse est qu'on n'ose pas parler d'une « résurrection totale », parce que cela rendrait inutile la venue en gloire du Sauveur, et que cela banaliserait le privilège marial de l'Assomption. Aussi le même

document romain interdit-il d'ôter son sens à ce que ce mystère de la Vierge a d'unique, en anticipant dans une seule personne la glorification destinée à tous les élus.

5) L'Église rappelle aussi ce que comporte pour la foi « l'intervalle » entre la mort de chaque individu et la résurrection finale : la rencontre « immédiate » entre la créature et son Créateur ; la possibilité de la damnation ; la possibilité du purgatoire, « purification préalable à la vision de Dieu, mais tout-à-fait étrangère à la peine des damnés » ; la possibilité d'une communion béatifiante « sans délai ». Excuse-moi d'avoir utilisé des mots suggérant quelque chose de temporel là où notre temps n'existe plus : je les ai mis entre guillemets pour ne pas t'abuser. C'est l'infirmité de notre langage humain. L'Église s'oppose aussi à ce qui rendrait inutile ou absurde la prière qu'elle ne cesse de faire pour les défunts et qui vient de très loin (2 Maccabées 12, 43-45). Elle a bien conscience de la pauvreté de nos images, mais elle est assez réaliste et assez humble pour ne pas s'en passer ; elle nous demande de ne pas les atténuer, ce qui risquerait de vider de leur substance les réalités qu'elles désignent. Elle respecte le travail des théologiens, à condition qu'il s'exerce à l'intérieur des données de la foi et qu'il tienne compte de ses répercussions sur les fidèles, surtout ceux qui sont moins avertis.

6) Ce disant, l'Église réaffirme la primauté de sa foi en la résurrection des morts : résurrection de l'homme tout entier que nous n'avons pas à imaginer et qui est l'extension à tous les hommes de ce qui est arrivé au Christ dans son mystère pascal, et à Marie dans son Assomption.

Un point particulier

Ceux qui veulent légitimer l'avortement ont plusieurs arguments. Ils disent d'abord que la femme est maîtresse de son corps, ce qui réduit ce corps à un pur objet dont on pourrait disposer à son gré. De cette manière, l'embryon n'a pas plus de réalité qu'une tumeur menaçante : il est lui aussi un objet à extraire. D'autres prétendent que le fœtus n'est pas humain parce qu'il n'a pas d'activité intellectuelle en fonctionnement : ce faisant, ils confondent l'âme avec l'esprit. Or, la personne est constituée alors même qu'elle n'a pas encore de quoi déployer ce qu'elle est, ce qui apparaît dans le tout petit nouveau-né. Étonnons-nous alors que les avorteurs s'avancent jusqu'à proposer l'infanticide, pudiquement dans les trois jours qui suivent la naissance (pour le moment)[18].

D'autres utilisent l'argument bien connu du maître et de l'esclave : pour eux, l'autre n'existe vraiment que si je le reconnais ; sa substance dépend de mon décret. Je suis donc le despote absolu qui décide arbitrairement du sort qu'il doit faire à ses sujets. Comme Hitler qui, ne reconnaissant pas les Juifs, les faisait partir en fumée. Comme le père de famille romain qui avait sur son nouveau-né droit de vie et de mort. Étonnante régression qu'on s'est surpris à rencontrer dans certains articles de théologiens.

D'autres enfin essaient de reculer le plus loin possible l'apparition de l'âme pour se donner le temps de réaliser l'avortement avec une conscience tranquille. Mais, nous a dit l'Église, l'homme n'a pas deux âmes : l'une, végétative, qui interviendrait dès le moment de la

18. Le droit français se contredit d'ailleurs. Il stipule en effet deux choses en même temps : et que la grossesse peut être interrompue (« Ah ! Qu'en termes galants ces choses-là sont dites ! »), et qu'un nouveau-né peut hériter pourvu que sa naissance intervienne dans un délai de 300 jours à partir de l'ouverture de la succession. Ainsi donc, l'embryon a droit à l'héritage, mais il n'a pas droit à la vie !...

conception, l'autre, spirituelle, qui surviendrait beaucoup plus tard. C'est un principe unique qui fait vivre la créature humaine dans la totalité de son être. Or, ils sont bien vivants, ces bébés-fœtus dont on voit, sur les photos, qu'ils résistent à l'agression qui leur est faite par quelque aspirateur criminel. Non, ami, cesse tes calculs impossibles et ridicules : Dieu crée en même temps que l'homme et la femme procréent [19]. L'âme n'a rien à voir avec une injection tardive faite par un Dieu précautionneux qui espacerait ses interventions. L'acte d'amour des époux constitue, Dieu aidant, la personne du petit troisième, et c'est merveilleux. Voilà pourquoi on ne joue pas à s'aimer : on aime pour de bon et on s'y prépare.

---

19. C'est Dieu qui crée l'âme, pas les parents. On appelle « traducianistes » ceux qui prétendent que l'âme de l'enfant surgit de l'union corporelle des époux (FC 260), ou qu'elle se propage à partir de l'âme paternelle (FC 266).

LA COMMUNAUTÉ

La grande idée de l'Église, c'est que la personne humaine est faite pour la vie communautaire, et que ces deux aspects sont inséparables. Cela, elle ne cesse de le répéter depuis presque un siècle, à la fois contre l'individualisme négateur de la communauté, et contre le collectivisme négateur de la personne. Mais ses différents discours tiennent compte, bien évidemment, de ce qu'ils ont sous les yeux. Or, de nos jours, en France notamment, nous vivons ce qu'on appelle « un nouvel individualisme » : c'est dans cette ambiance que doit retentir le message. Sans oublier, bien sûr, les chrétiens persécutés qui expérimentent l'inverse dans les régimes totalitaires.

La personne, un être communautaire

L'homme est un « être-pour » : c'est ainsi qu'il nous apparaît dès sa création. Yahweh le veut par amour et l'insère dans une relation d'amour : il en fait un fils, capable de connaître et de chérir son Père ; il imprime en lui cette ressemblance qui le constitue interlocuteur de Dieu ; il attend de lui sa réponse (*Gaudium et spes* n° 12 § 3). L'homme n'est donc lui-même que tourné vers le Père, comme le Verbe dans la Trinité (Jean 1, 1).

De plus, tu le sais, la créature humaine est couple :

Adam et Eve sont faits pour se donner l'un à l'autre comme des êtres harmonieusement complémentaires. Jésus entrera dans cette symbolique matrimoniale quand il offrira « son corps livré *pour* nous ». Dans les évangiles, il se définit souvent lui-même avec cette préposition : il se dit « venu pour » ; il n'est pas sans « être pour ». Sa personne ne va jamais sans la mission qui fait corps avec elle.

Or, depuis deux siècles surtout, bien des philosophies ont fait du social une chose surajoutée qui ne s'enracine pas profondément dans l'homme (*Gaudium et spes* n° 25 § 1). Elles campent avant tout un individu qui se construit des associations factices pour réaliser ses intérêts ou exorciser ses peurs. Les divers groupes deviennent alors des bâtisses juridiques sans âme aucune.

C'est vrai de la vie du *couple*. Les théoriciens du 18e siècle ont considéré l'union de l'homme et de la femme comme un pacte intéressé qui poursuivait des buts très précis (éviter la solitude, fournir une entraide, assurer un plaisir, donner des enfants, permettre une vie économique satisfaisante), mais qui, pour la même raison, pouvait être rompu par consentement mutuel le moment venu, quand les intérêts étaient satisfaits ou quand ils paraissaient impossibles à satisfaire entre conjoints désaccordés. Ils ont autorisé le divorce et considéré le mariage indissoluble comme une véritable servitude [20]... Plus tard, la bourgeoisie donnera une grande importance aux questions financières : certains époux ne demeureront mariés que pour des raisons d'argent, mais en admettant les compensations amoureuses de l'adultère. Le théâtre de boulevard ne parle que de cela et provoque un rire gras qui se veut approbateur... De nos jours, le cynisme aidant, ou la logique allant jusqu'au bout, bien des jeunes ne se marient même plus du tout : ils vivent ensemble par contrat tacite, tant que les choses marchent bien, et en évitant

---

20. Ils ont aussi interdit les vœux de religion comme un esclavage indigne.

ce danger majeur qu'est l'enfant. Ils pensent que la société n'a rien à voir dans leur vie sexuelle, ni pour en légaliser le commencement, ni pour en déclarer la fin, ni pour normaliser l'hétéro plus que l'homo : ils la réquisitionnent seulement pour rembourser l'IVG. Privatisation de la sexualité, politisation de la fécondité, a-t-on dit. Pour le reste, le plaisir est la règle suprême. Bien sûr, je ne veux pas généraliser, mais est-ce exceptionnel ? Dès lors, l'intérêt prime tout, le don en particulier.

Pour ce qui concerne la société *politique*, on a voulu y voir une création de la peur : c'est la théorie de l'État-gendarme dont le seul rôle est de rassurer. On a voulu y voir aussi un simple pacte social, le meilleur moyen pour l'individu de soigner ses intérêts. En tout cela, il n'y a qu'une construction artificielle : l'homme se contente de déléguer ses pouvoirs pour que son mandataire s'occupe de ses petites affaires, et de rien d'autre. Il ne s'engage pas : il gère son bien par député interposé. La nation n'a pas d'autre fondement que le vouloir des individus ; elle n'a pas d'autre réalité que la combinaison de tous ces calculs. Tu vois, ça ne vole pas très haut ! On oublie totalement la communion des personnes ainsi que leur histoire nationale. Quant à la morale, n'en parlons pas !

Il s'en va de même dans la vie *économique*. Le libéralisme, si souvent réfuté par l'Église, voudrait tout réduire au jeu spontané des intérêts et des entreprises, de l'offre et de la demande. C'est dans cet « esprit » qu'on a fait travailler dans les filatures, à raison de dix heures par jour ou davantage, des enfants de 6 ans et au-dessus, qui mouraient de tuberculose avant l'adolescence [21]. Et qu'on a interdit à la Hiérarchie d'élever

21. Un de mes lecteurs, un adulte, qui se dit chrétien, m'écrit qu'il trouve cela très normal. On n'a fait, dit-il avec satisfaction, que d'appliquer à l'industrie ce qui se passait dans le domaine rural, où les enfants travaillaient de la même manière sans trop de problèmes. CQFD !...

la voix, parce que ce n'était pas son affaire. Remarque ici que, de nos jours, la même réaction se produit, non plus dans le domaine économique, où la voix des évêques est davantage reconnue (on en a pris l'habitude), mais dans le domaine de la sexualité, où le libéralisme rugit quand le Pape ouvre la bouche. On se croirait revenu en 1891, à la sortie de la première encyclique sociale.

En tout cela, une même erreur : on dépersonnalise la vie sociale parce qu'on dé-socialise la vie personnelle. La Genèse contredit cette philosophie du tout au tout.

Certes, les trois exemples que j'ai pris ne sont pas homogènes. La vie familiale, la toute première de l'humanité et la plus essentielle, suppose un engagement totalement libre de la part des époux, un engagement indissoluble et monogame créant la communauté la plus belle qui soit, celle de « l'heureuse mère au milieu de ses fils » (Psaume 113, 9), « comme des plants d'olivier autour de la table » (Psaume 128, 3). La vie politique, elle, s'effectue dans une réalité nationale qui, pour la plupart des gens, n'a pas été choisie, mais le citoyen fait autre chose que de la subir passivement : il y participe, sans l'estimer facultative. La vie économique va de pair avec la société politique, mais, quand ce n'est pas le totalitarisme, elle se déroule dans une certaine liberté qui permet à des groupes de se créer au gré des initiatives. Sans parler du domaine culturel où quantité d'associations sont possibles et souhaitables, sans revêtir pourtant aucun caractère obligatoire. On se trouve donc devant des réalités fort diverses qui ne peuvent être confondues. Pourtant, c'est toujours la personne qui s'y trouve engagée, pas seulement l'individu sordide ; et jamais aucune d'entre elles ne doit faire abstraction de la personne.

L'éclairage chrétien

Sur la vie en société, l'Église ne dit ni tout ni rien : quand elle s'affirme « experte en humanité », elle parle au niveau qui est le sien, en demeurant dans sa mission propre. Évidemment, au cours des âges, sa « doctrine sociale » s'est amplifiée et approfondie. Mais tu penses bien que je ne vais pas ici te faire un cours sur ce vaste sujet. Je voudrais me contenter de te donner les éclairages fondamentaux qui viennent de l'Écriture et qu'on ne peut pas ignorer quand on traite de la création.

Sur la famille

La *famille* est vraiment au cœur de la Genèse, nous l'avons suffisamment vu. Jésus n'a plus qu'à la restaurer dans l'état où elle se trouvait au commencement, mais il ne le fait pas de façon théorique : il entre dans le mariage comme l'Époux définitif, celui de la Nouvelle Alliance. C'est à Cana qu'il accomplit symboliquement ses épousailles avec l'Église, en célébrant une Noce qui apparaît en filigrane de la fête galiléenne. Paul n'aura plus qu'à en tirer les conséquences (Éphésiens 5, 21-33) et l'Apocalypse la leçon dernière (Apocalypse 21-22). Ceci dit, tu dois quand même noter que si Jésus restaure le mariage avec énergie, il ne nous livre aucun enseignement sur la famille comme telle. On a même l'impression qu'il prend ses distances vis-à-vis d'une institution qui fonctionnait trop bien (si l'on peut dire) et risquait d'étouffer les libertés personnelles. Lui-même a dû se dégager du carcan que sa parenté représentait pour lui (Marc 3, 20-21 et 31-35) et rappeler les règles de la parenté spirituelle (Matthieu 12, 46-50). Sur la Croix, il a enfreint deux coutumes juives, en arrachant Marie à sa famille pour la confier à Jean, et en arrachant Jean à sa mère pour lui en donner une autre (Jean 19, 25-27). Il a encouragé ses disciples à quitter leur maison familiale en leur promettant l'équivalent spirituel (avec des persécutions : Marc 10, 28-31), et leur a recommandé de couper le cordon ombilical sans ménagement (Luc 9, 59-62). Il est pour la paix des ménages, mais il ne cache pas que le passage du Royaume va déstabiliser les familles, comme toute conversion (Luc 12, 51-53). On ne peut pas rayer cela de l'Évangile, même si l'on cherche, sans du tout contester le caractère abrupt de la Parole divine, à mettre plus de délicatesse dans l'exécution.

Au cours de son histoire, l'Église devra elle aussi empêcher les parents de marier leurs enfants sans leur demander leur avis, voire sans qu'ils aient eu la possibilité de se rencontrer et de se connaître. Le concile de Trente, au 16e siècle, confiera au curé, et à lui seul, la mission de célébrer le sacrement après avoir constaté la liberté des fiancés. Mais il y a encore fort à faire en certaines cultures (dans le Tiers-Monde) où la parenté règle les affaires de façon souveraine, au nom des intérêts du clan. C'est après avoir redonné aux époux le droit de se choisir que le Magistère pourra approfondir la spiritualité du couple et celle du foyer, l'« ecclésiole », la petite Église en miniature dont parlent Paul VI et Jean-Paul II. Mais il lui faudra en même temps prendre la défense d'une institution devenue menacée de toutes parts dans les temps modernes : tu en sais quelque chose, ami. Mais ne désespère pas pour autant : on ne peut pas vivre indéfiniment dans le non-sens, et un renouveau s'amorce timidement.

Sur la vie politique

En ce qui concerne *la vie politique*, l'Écriture n'est guère loquace. L'alignement de Salomon sur les royaumes païens s'est avéré une catastrophe : Yahweh aurait préféré de beaucoup continuer à gouverner lui-même son peuple par l'intermédiaire des prophètes (1 Samuel 8, 7-9) ; d'autant que certain précédent royal n'avait pas été une réussite (Juges 9, 7-21). Pour Israël, la politique, c'est surtout la menace des puissants empires qui finiront par détruire sa capitale et déporter sa population ; même si Yahweh a pu se servir de ces tyrans pour corriger son peuple infidèle. Bien sûr, le roi Cyrus apparaîtra l'instrument de la libération (Isaïe 45, 1-7), mais, au temps de Jésus, le Romain est l'usurpateur, et il a la main lourde. Paul essaie d'être bon joueur avec un César dont il est le citoyen (Actes 22, 25-29), en recommandant de prier pour les chefs (1 Timothée 2, 1-2), afin qu'ils assurent la tranquillité des pays. Il va même jusqu'à demander qu'on lui obéisse et qu'on lui paie des impôts (Romains 13, 1-7). Mais peut-on faire plus ? Bientôt c'est la persécution, et, sans soulever la révolte, l'Apocalypse prêche la résistance spirituelle : un livre que l'empereur Constantin n'aimera guère, et pour cause.

Car la conversion des empereurs apporte, en même temps que la paix, bien d'autres inconvénients. Ce vont être les luttes incessantes entre la Papauté et les princes chrétiens : un poison pour quinze siècles ! La Révolution française créera son lot de difficultés, rétablissant le martyre pour des milliers de catholiques fidèles à l'Église et saccageant l'organisation pastorale. Le Concordat de Napoléon se voudra une pacification des esprits, mais au prix de quelle servitude ! La République enfin décrètera la Séparation de l'Église et de l'État, moyennant des spoliations radicales, prix d'une liberté retrouvée (merci mon Dieu !). Mais auparavant, en 1892, Léon XIII invitera les catholiques de France à ne pas bouder le régime que s'était donné la nation, et il les encouragera à prendre part à la vie politique du pays. Difficile opération qui coupera en deux l'Église française, la droite et la gauche, division dont elle ne s'est pas encore totalement remise, du moins chez les adultes.

Après la Première Guerre mondiale, avec l'avènement des régimes totalitaires (communisme soviétique et nazisme allemand) et des laïcismes persécuteurs (Mexique...) les Papes rappellent aux États qu'ils ne sont pas à eux seuls toute la vie sociale et qu'ils doivent laisser la liberté aux familles ainsi qu'à l'Église, en ne s'opposant ni aux écoles privées ni aux mouvements catholiques. Ils rappellent aussi aux politiciens, y compris aux chrétiens, que l'engagement politique ne supprime pas les requêtes de la conscience morale, sous peine de reproduire les erreurs de Machiavel, le subtil tacticien des Médicis à la Renaissance. De toutes manières, l'État n'est pas fait pour absorber à son profit toutes les initiatives, ou bien il recrée très vite la fameuse Tour de Babel (Genèse 11, 1-9), avec sa langue unique, son parti unique, son syndicat unique, son école unique, son information unique, son avortement unique, son euthanasie unique: l'idéologie dans toute son horreur!

Vatican II continue d'encourager les catholiques à participer à la vie politique. Il leur demande quand même de ne pas tout mélanger, de ne pas voir dans l'option qu'ils adoptent la seule position qui puisse se prétendre évangélique (*Gaudium et spes* n° 75 § 5). Les prêtres doivent éviter de soutenir une idéologie ou de prendre parti pour une faction (*Presbyterorum ordinis* n° 6). Car l'Église n'entend se lier à aucun système politique (*Gaudium et spes* n° 76 § 2). Le concile préfère de beaucoup un régime pluraliste où tous peuvent s'exprimer. Il rappelle en tout cas à chaque gouvernement le devoir qu'il a de respecter la liberté religieuse. Et puis il s'étend sur la vie internationale, demandant que cesse la course aux armements, préjudiciable à l'aide au Tiers-Monde. Excuse-moi, ami, de te dire les choses aussi rapidement: je ne puis ici que te mettre en appétit.

Actuellement, en France, la situation a bien changé: dans la nouvelle culture qui s'est installée, la politique a perdu le prestige qu'elle avait il y a dix ans encore aux yeux de l'opinion. Aucun catholique n'oserait plus se vanter d'avoir trouvé un parti qui se confonde avec l'Évangile! Les grands hommes font défaut, les vues sont courtes, les tendances se déchirent à l'intérieur d'elles-mêmes, les scandales éclaboussent tous les clans; la marge d'action est menue, notamment en ce qui concerne la morale sexuelle, où tous les programmes sont à peu près identiques. D'où cette inquiétante désaffection pour le devoir électoral les jours de vote. Les jeunes chrétiens préfèrent entrer dans l'action familiale, dans l'aide aux « paumés », dans l'évangélisation directe, dans l'accompagnement des sidéens... On les comprend un peu : les mouvements de militants se sont souvent laïcisés et ils ont perdu leur élan missionnaire. Mais comment pourrions-nous nous désintéresser de ce devoir important que le pape Pie XI appelait la « charité politique » ?

De l'Évangile, nous devons tirer deux enseignements. Le premier, c'est que l'autorité est un *service*, et rien d'autre (Marc 10, 41-45) : non qu'elle doive pour cela démissionner – le chef qui n'ose pas prendre ses responsabilités ne rend aucun service à ceux qui comptent sur son courage – mais elle ne doit pas s'idolâtrer elle-même comme une puissance. Le second, c'est qu'aucun conflit ne peut se régler sans qu'on en vienne au *pardon* d'une manière ou d'une autre : en politique, le pardon s'appelle amnistie. L'épisode-clé, c'est Jésus lavant, comme Seigneur et Maître, les pieds de ses disciples (Jean 13, 13-15). Ce n'est pas l'homme faible que la peur de la mort conduirait à accepter la servitude : c'est l'homme fort et bon qui assume le service des autres jusqu'à en mourir. Le contraire de Karl Marx.

L'Église doit montrer l'exemple en prenant ses décisions autrement que par le jeu du vote, c'est-à-dire en évitant de tout réduire à un rapport de forces. Ce n'est pas la quantité qui fait la vérité, et la vérité ne peut pas s'imposer sans la charité. Bien sûr, dans toutes les assemblées chrétiennes, on recourt au vote, mais après avoir essayé de s'entendre, de rectifier ses positions. D'ailleurs, pour les choses importantes, le résultat doit s'approcher le plus près possible de l'unanimité. Et, lorsqu'une décision est adoptée, elle ne donne pas lieu à des pieds de nez de la majorité à l'opposition. Ceux qui ont voulu introduire dans l'Église le jeu brutal de la politique ont détruit les communautés. Où se trouve alors le signe que nous devons porter au monde ?...

Enfin, la communauté chrétienne doit éviter de se confondre avec la communauté nationale. D'abord parce que, dans un pays donné, elle comprend des gens qui ne sont pas forcément des ressortissants, et qui ont les mêmes droits que les autres. Ensuite, parce que les Églises qui se sont voulues étroitement nationales ont fini par décrocher de l'Église universelle : le gallicanisme a fait beaucoup de tort à la France, et il a beaucoup inspiré les prêtres jureurs au temps de la Révolution de 1789. Oserions-nous dire que ce poison a perdu de sa virulence ? Quand elles coïncident avec un pays donné (ce n'est pas toujours le cas), les conférences épiscopales ont l'énorme avantage de pouvoir traiter des problèmes locaux qui ne sont pas les mêmes partout. Mais, à trop durcir ce découpage, à y voir une réalité théologique, on dénature l'Église du Christ : on casse son unité et on abîme sa liberté. Les États totalitaires le savent bien d'ailleurs : qu'ils soient de droite ou de gauche, ils ont toujours compris l'intérêt qu'ils avaient à diviser pour régner. Une Église nationale est pour eux une proie facile, surtout quand elle succombe au « complexe anti-romain ».

Sur la vie économique

La Bible n'est pas un manuel d'économie, bien sûr. Elle se contente de nous donner quelques conseils fort utiles. D'abord, elle loue le travail de la mère de famille courageuse (Proverbes 31, 10-31) : que n'invite-t-elle son bavard de mari à lui donner un coup de main au lieu de le laisser palabrer avec ses amis ! Elle aperçoit la complémentarité des blouses blanches et des blouses bleues... mais en complimentant tout de même un peu trop les premières, comme par souci de carrière ! (Sirac 38, 24-34). Les Proverbes passent leur temps à railler les paresseux (24, 30-34 ; 19, 24...). Ceci dit, l'Écriture a la sagesse de règlementer la vie sociale pour que le pauvre ne soit pas oublié. Ainsi, le cultivateur ne doit pas tout ramasser quand il récolte : quelques épis volontairement oubliés, quelques olives non cueillies, feront la joie des petits (Lévitique 19, 9). Pas question de molester l'étranger, alors qu'on a vécu soi-même en Égypte (Exode 22, 20; 23, 9). Et si l'on a confisqué le manteau du pauvre pour le garder comme gage, on aura soin de le lui rendre chaque soir car il n'a pas d'autre couverture pour dormir (Exode 22, 25-26). Au retour du pélerinage annuel à Jérusalem, où il a offert au Seigneur les prémices de sa récolte, le fidèle aura bien soin de faire la fête en y invitant le lévite et l'immigré (Deutéronome 26, 11). Inversement, les prophètent tapent à coups redoublés sur la richesse abusive : Amos surtout fustige les luxueuses Samaritaines qu'il appelle «vaches de Basan» (4, 1-3) ; il menace les nantis, vautrés sur des lits d'ivoire (6, 4-8) ; il dénonce ceux qui truquent les balances et faussent les poids (8, 4-6), sans parler des dessous-de-table, des pots-de-vin et d'autres combines malhonnêtes. Sophonie montre la préférence que Yahweh a pour les pauvres et les humbles (2, 3), les fameux *anawim*. À défaut d'un manuel, nous ne sommes quand même pas démunis de tout.

L'Évangile continue sur cette lancée. Il béatifie la pauvreté spirituelle comme disponibilité à Dieu et aux hommes. Il voit dans la richesse un empâtement du cœur de l'homme qui se croit dispensé de compter sur le Seigneur, les affaires tournant très bien sans lui (Luc 12, 16-21), du moins un certain temps!... Il y voit aussi un péché de distance dont les conséquences sont terribles : car les quelques mètres séparant le riche attablé d'avec le pauvre Lazare vont, en s'élargissant à l'infini, devenir un abîme infranchissable (Luc 16, 26) ; un peu comme une erreur de compas, minime au départ, finit par engendrer une déviation considérable. Face à l'esprit de lucre et aux sentiments sordides, qui ne font des cadeaux que pour en provoquer de plus grands en retour, quoi de plus simple que d'inviter à sa table des gens sans moyens, incapables de vous rendre la pareille ? (Luc 14, 12-14). Quant au débiteur impitoyable, qu'il craigne de se voir appliquer la même rigueur! (Matthieu 18, 23-35). En tout cas, une chose est certaine : le salut ne fonctionnera pas comme un salaire au *prorata* des heures de travail : spéculateurs, s'abstenir ! Jaloux, au diable ! (Matthieu 20, 1-16). Et si chaque homme doit faire valoir son talent, la récompense sera sans proportion avec la peine qu'il se sera donnée (Matthieu 25, 21 e 23). Quant aux règles religieuses, elles n'ont jamais voulu prohiber l'exercice de la charité, même un jour de shabbat.

Paul s'avancera dans la hardiesse, non pas en abolissant l'esclavage (il y faudra du temps : 1 Corinthiens 7, 20-24), mais en demandant à Philémon de traiter comme un frère son esclave en fuite, cet Onésime enfin de retour et qui risquait gros. Il dénoncera l'avarice comme une idolâtrie (Colossiens 3, 5). Ce qui ne l'empêchera pas de quêter pour les pauvres de Jérusalem et de transporter sur lui des sommes d'argent considérables (2 Corinthiens 8-9 ; Galates 2, 10).

Les Pères de l'Église n'hésiteront pas à fustiger le gaspillage des riches avec une ironie parfois cinglante. Si la veuve de l'Évangile a donné de son nécessaire (Luc 21, 1-4), ils peuvent bien, eux, donner de leur superflu, de cette somptueuse inutilité qu'ils entassent [22]. Le grand principe, ici, vient de la création elle-même : c'est la destination universelle des biens, qui passe avant le droit de propriété, surtout dans une situation de grave pénurie.

Au cours des âges, l'Église affinera sa doctrine (sur le juste prix, sur le juste salaire, sur le prêt à intérêt, sur la propriété, sur le développement). Ce sont les Papes modernes qui, à la naissance de la société industrielle, ont produit ces grandes encycliques sociales que tu apprendras à connaître [23]. Les dernières sont *Laborem exercens* (1981) et *Sollicitudo rei socialis* (1987) de Jean-Paul II. Mais ces documents ne sont pas nés tout

---

22. Le Père Hammann a rassemblé de beaux textes de Basile, Jean Chrysostome, etc, dans un livre commode intitulé *Riches et pauvres dans l'Église ancienne* (Grasset 1962). Si tu le lis, ne pense pas aux riches que tu connais : vois d'abord ce que tu peux faire, toi !

23. Tu les trouves rassemblées dans un gros livre lui aussi commode, *Le discours social de l'Église* (Centurion 1984).

seuls : ils ont été précédés par des messages plus modestes émanant de certains évêques dont les diocèses étaient industriels : en ces temps difficiles, ils rappelaient entre autres choses la règle du repos dominical, non seulement pour permettre la sanctification du dimanche, mais aussi pour le délassement d'un travailleur éreinté. De nos jours, tout est devenu plus complexe et plus vaste, avec la présence des immigrés, le problème du chômage et surtout l'enlisement du Tiers-monde dans des dettes insolvables. Mais je ne peux pas t'en dire plus ici.

L'Évangile ne résout pas tout : il est toujours nécessaire d'aimer, mais il ne suffit pas de le répéter. En tout cas, Jésus tient un propos étonnant en nous disant, après la Genèse (2, 2), que Dieu travaille (Jean 5, 17), chose inouïe dans le monde païen, pour lequel le labeur appartenait aux pénibles nécessités de l'homme seul, des pauvres du moins, ceux dont la vie « laborieuse » était un non-sens parce qu'elle était un « non-loisir » (*nec-otium* = négoce). L'Écriture ne nargue pas les impératifs de la science économique. Elle rappelle simplement que le travailleur est une personne humaine, la plupart du temps dotée d'une famille à nourrir. Elle place la justice avant l'aumône. Elle montre la fragilité des biens et le caractère précaire des hiérarchies terrestres, le pauvre étant le préféré de Dieu. Dans un monde de requins où le profit est roi, elle redit inlassablement que le payant n'abolit pas le gratuit, que le besoin ne supprime pas la fête, que le travail s'accorde bien avec le repos. La société n'est certes pas un bureau de bienfaisance, mais l'Économie divine demeure basée sur le Don. Une rigueur trop stricte ne peut que bloquer les situations conflictuelles : on n'arrive à rien sans essayer de s'entendre.

Sur la culture

Plus récemment, le dernier concile (*Gaudium et spes* n° 53-62) et Jean-Paul II (dans son discours à l'UNES-

CO en 1980 [24]) ont réfléchi sur la dimension culturelle de l'homme. Que ce mot n'évoque pas d'abord pour toi l'exotisme polynésien avec ses curiosités pour vacances: cela, c'est du médiatique, du superficiel. Ne pense pas non plus aux grands concerts du Théâtre des Champs-Élysées, en opposant ces sublimités à l'accordéon sous les platanes, quelque part dans la Provence. Ne songe pas seulement à la culture réalisée: n'oublie pas les masses qui sont encore à alphabétiser, ni les régions désolées qui sont encore à humaniser.

L'Église veut nous dire que l'homme n'existe pas en solitaire, en dehors d'une culture: une culture qui est son œuvre et qui vise à perfectionner son mode de vie; car il en est le sujet et l'objet, l'artisan et le bénéficiaire. Nous devons avoir un double souci: et que les échanges entre nations ne fassent pas périr les richesses ancestrales en les noyant dans le rock et le blue-jean; et que les cloisonnements n'entraînent pas la disparition d'une culture universelle. D'autant que tous les éléments d'un petit monde local ne sont pas nécessairement à conserver: sinon l'on en arrive vite au fanatisme. Pense à la sinistre coutume de l'excision pour les femmes, et ne va pas dire qu'elles y ont droit, puisque c'est la coutume: aucune coutume ne peut justifier une atroce mutilation. De telles sornettes sont le fait d'«intellos» qui vivent en chambre. Il faut aussi prendre garde que les transformations d'une société n'aboutissent à tuer des valeurs fondamentales, comme la famille par exemple. D'où cette exigence première qui est l'éducation.

L'Église missionnaire a été conduite vers des cultures qui lui étaient étrangères. En d'autres lieux, elle s'est trouvée l'inspiratrice de la civilisation, et ce n'est pas là un détail. De toutes manières, elle est heureuse de communiquer en profondeur avec les arts et les sciences: le «culte» s'opère dans une «culture» et avec les œuvres d'une culture. A condition de ne pas engloutir la foi dans une culture qui en viendrait à bout totale-

24. *Documentation catholique*, année 1980, p. 603-609.

ment : la Cène de Jésus s'est déroulée avec du pain et du vin, pas avec de la bière et du mil ; la Passion a utilisé une croix, pas une mitrailleuse, une guillotine ou une chaise électrique : l'événement est impossible à biffer [25]... À condition de ne pas tout réduire au superficiel, comme il suffisait d'introduire dans la messe danses et plumes pour avoir une liturgie significative. Oh ! Ces Européens qui bavent d'admiration devant des Eucharisties exotiques, sans être capables chez eux de rendre leurs messes vivantes et belles, tant l'on s'y ennuie parfois !

Voilà, cher ami, ce que je voulais te dire sur la création de l'homme et de la femme. Ne m'accuse pas d'en avoir trop dit. Ne m'accuse pas d'en avoir trop peu dit. Vois dans ces pages un fil conducteur qui te permettra de développer tel ou tel point qui t'intéresse davantage. En mon âme et conscience, je ne pense quand même pas avoir perdu mon temps : si j'ai pu créer en toi un peu de cohérence, Dieu en soit loué ! En tout cas, je me suis régalé de t'écrire tout cela et de m'apprendre ces choses en te les disant.

---

25. Il y a aussi des incompatibilités dans le *way of life*. Traitant *Des spectacles* si cruels ou si impurs de son temps, Tertullien s'écrie : « ... les mains qu'on a levées vers Dieu, les fatiguer l'instant d'après à applaudir un histrion ! De la bouche qui a répondu AMEN à l'Eucharistie, se faire garant d'un gladiateur ! » (25, 5). Tu as le texte dans *Sources chrétiennes*, n° 332, p. 291. Il n'est pas impossible que de pareilles situations reviennent. Pense aux médecins et aux infirmières qui ont un mal fou à faire valoir, en ce qui concerne l'avortement, leur droit à l'objection de conscience.

III

LES ANGES

Les anges : nous y voilà donc, et je devine ton sourire. Tu te demandes sans doute pourquoi j'aborde ce sujet désuet, disparu de toute catéchèse et de toute homélie (sauf deux jours par an, le 29 septembre et le 2 octobre !). Et tu es curieux de voir comment je vais m'en tirer. Passe encore pour les anges déchus : aujourd'hui, ailleurs que dans l'Église, on parle assez volontiers de Satan, pour y voir, hélas, une divinité concurrente [1]. Mais les bons anges, avec toute leur hiérarchie quasi militaire ? Et cet ange gardien, dont tu te demandes bien qui il est et ce qu'il fait « à tes côtés » ?

Pourtant, j'ai plutôt la conviction contraire : j'ai tellement rencontré de jeunes qui m'ont dit : « Écris-nous sur les anges : on veut savoir ; on devine que c'est important ; n'aie pas peur de te lancer ». Alors, sans hésiter, je tiens une promesse que j'ai souvent faite. Une chose me rassure : de son temps, quand Jésus parlait des anges (« plus de douze légions », dit-il en Matthieu 26, 53 : cela fait 50 000 environ ! Bigre, il y croyait !), il avait contre lui tous les « curés » juifs, tous les Sadducéens. Donc, rien de nouveau sous le soleil. Mais il avait avec lui cette forme de « Renouveau » où se trouvaient le meilleur et le pire, je veux dire les Pharisiens : nous allons le voir dans un instant. Je suis donc en bonne compagnie.

---

1. Je ne te parlerai pas ici des anges déchus, des démons : ce sera dans le livre suivant, qui traitera du péché originel.

Ceux qui critiquent la croyance aux anges le font pour trois raisons :

1) Ils trouvent cela *infantile*, parce qu'ils se rappellent certaines images pieuses ou certains décors baroques dans les églises du 18e siècle. Je les invite alors à aller voir les superbes peintures d'Arcabas dans l'église Saint-Hugues de Chartreuse : l'ange du songe de Joseph, l'ange de la résurrection, l'ange du tabernacle. Ils n'y trouveront rien de fade !... Ils évoquent aussi des débats grotesques qui auraient eu lieu sur le sexe des anges [2]. Ou bien ils banalisent complètement ce mot en le rapportant à un petit enfant bien sage (qui dort comme ange, qui est mignon comme un chérubin) ou bien à un conjoint tendrement aimé (« mon ange chéri ! »). Ils disent aussi, en dérapant quelque peu : « Je ne suis pas un ange », c'est-à-dire « j'ai des besoins physiques à satisfaire ». On pourrait allonger la liste des drôleries.

2) D'autres, qui jouent aux savants, trouvent que cette notion d'esprits date d'une époque *non scientifique* où l'on voyait des influences célestes derrière les phénomènes naturels. Aujourd'hui, disent-ils, tout cela doit être « démythisé » : certains même osent ajouter : « Jésus ne l'était pas »... Ils lui reprochent en particulier son langage et son attitude à propos des démons, qui sont sans équivoque possible. Certes, le Christ ne s'attarde pas aux causes physiques de la maladie : mais il a raison de nous montrer que, finalement, c'est le péché

2. Ce sont les juges de Jeanne d'Arc qui, d'une manière... « cauchonne », lui ont posé cette question scabreuse : à quoi reconnaissait-elle le sexe de ses apparitions : au costume, à la voix, à la figure, ou... à autre chose ? Au sujet de l'archange saint Michel, Jeanne a trouvé la répartie moqueuse qui s'imposait : « Interrogée s'il était nu, 'pensez-vous, répond-elle, que Notre-Seigneur n'ait pas de quoi le vêtir ?' »... Bravo, Jeanne !... Ton ignoble inquisiteur a dû partir... se rhabiller !...

qui a fait entrer le mal et la mort dans le monde ; et lui, qui n'est pas médecin mais Messie, il s'attaque à la cause profonde. Il refuse de tout « naturaliser », de tout trouver normal. Par ailleurs, si certaines personnes ont l'esprit dérangé, cela ne veut pas dire que l'exorciste (sous une forme ou sous une autre) doive céder la place au psychanalyste ; il se peut d'ailleurs que le problème spirituel retentisse sur le psychisme, car tout se tient. Mais quel orgueil démentiel ne faut-il pas pour accuser Jésus, le Fils de Dieu, d'être un demeuré !

3) Finalement, quand on critique quelque chose (les anges, la virginité de Marie, etc), c'est qu'*on n'a pas compris ce que cela voulait dire*. L'ignorance est la cause principale du doute et de la raillerie. Nous en avons fait la preuve en lisant intelligemment les deux récits de la création, qui ne sont pas des contes stupides mais des enseignements profonds. Continuons dans la même ligne, sans perdre notre assurance. Je ne te parlerai pas de la nature des anges (comme le fait saint Thomas d'Aquin), mais je te dirai leur signification dans le Plan de Dieu. Alors tu en seras ébahi, et tu pourras t'unir de tout cœur au prêtre quand, à la fin de la Préface, il demande à toute l'assemblée de chanter le *Sanctus* « d'une seule voix avec les anges et les archanges ».

NAISSANCE DE LA FOI AUX ANGES

Revenons une fois de plus à l'Écriture. Oui, ami, il y a une histoire pour expliquer comment s'est formée la foi aux anges. Au point de départ, les Hébreux avaient assez à faire pour balayer le polythéisme, sans qu'ils aillent s'encombrer d'esprits qui auraient pu troubler les cerveaux. Mais, au terme, ils ont dû éviter de faire du Dieu unique un Solitaire distant, dénué de tout moyen d'action. C'est de cette manière qu'ils ont découvert le rôle des anges, qui apparaît très développé dans les apocalypses.

Balayer le polythéisme

Le pays de Canaan où sont entrés les Hébreux était plein de lieux sacrés : sources, collines, arbres, pierres levées. Une divinité impersonnelle était censée accrocher un peu partout des lambeaux de son énergie. Israël n'a pas laïcisé ces sites, mais il y a vécu des expériences d'un tout autre type : le chêne de Mambré n'était pas sacré parce qu'il aurait été habité par un génie, mais parce qu'il avait reçu la visite de Yahweh sous la forme de trois mystérieux personnages, l'un nettement divin, les deux autres l'accompagnant sans rien dire (Genèse 18). De même, lorsque Agar, la servante d'Abraham, doit s'enfuir au loin pour fuir la jalousie de Sarah, l'épouse légitime et stérile, « l'Ange de Yahweh la rencontre près d'une certaine source au désert, la source qui est sur le chemin de Shur» (Genèse 16, 7). Sans doute le récit veut-il supplanter de cette élégante manière la croyance païenne en un «génie de l'eau», en un dieu du puits. L'Ange vient donc recouvrir un élément polythéiste, car on ne supprime bien que ce que l'on remplace. Il en va de même dans la vie de l'Église, quand le culte de saint Michel s'implante sur des monts déjà consacrés à une divinité ; quand le culte de Marie fleurit près de la source, dans le creux de la grotte ou sous le chêne où se déroulaient auparavant des cérémonies druidiques. Attention : la foi ne s'adjuge pas telle coutume sans la transformer du tout au tout. En se fixant le 25 décembre, jour de la célébration païenne du «Soleil non-vaincu» (*Sol invictus*), la fête de Noël n'a pas voulu continuer le même culte sous un autre nom : elle a chanté un autre Soleil, distinct de l'astre cosmique. D'où la peine qu'éprouvait le pape saint Léon en voyant des chrétiens se prosterner devant le disque solaire avant d'entrer dans la basilique. Dans l'Ancien Testament, l'ange permet, sans qu'on quitte jamais le monothéisme, d'honorer un Dieu unique qui est très présent sur les routes humaines et qui, dans ses manifestations, respecte la symbolique de toujours : la fraîcheur de l'eau et de l'ombre notamment. Tout comme Marie, quand elle apparaît, respecte la symbolique maternelle, celle de la grotte et celle de la source : pense à Lourdes en particulier. Telle est la pédagogie divine, qui fait mon admiration. Au début, d'ailleurs, on craint de trop isoler l'ange d'avec Dieu : on dit «l'Ange de Yahweh», c'est-à-dire Yahweh agissant.

Montrer un Dieu agissant et proche

Les gens de la Bible ont fini par réaliser, après l'Exil sans doute, que le monothéisme risquait de périr dans son triomphe s'il campait un Dieu inaccessible et inopérant. L'Islam a vécu quelque chose de similaire. Il ne s'agissait certes pas d'imaginer comme un dégradé entre le ciel et la terre, le divin s'humanisant progressivement dans une sorte de fondu-enchaîné. Non. « Le ciel, c'est le ciel de Yahweh. La terre, il l'a donnée aux fils d'Adam » (Psaume 115, 16). Les réalités sont donc bien nettes, bien distinctes. Les anges qui montent et descendent sur l'échelle de Jacob ne sont ni des dieux ni des hommes (Genèse 28, 12) : ils mettent en contact des êtres qui ne peuvent pas s'amalgamer.

Grâce aux anges, Yahweh peut, sans cesser d'être *unique*, produire une multiplicité d'opérations et se manifester en divers endroits. Grâce aux anges aussi, Yahweh peut, sans cesser de demeurer le *Tout Autre,* se faire *proche* de l'homme autant qu'il est nécessaire. L'ange éloigne et rapproche à la fois ; il effraie et rassure en même temps. En d'autres termes, *il fait barrage* et *il porte message*. Ainsi se comporte le personnage mystérieux qui vient annoncer à Manoah la naissance de son fils Samson : il lui apporte une bonne nouvelle (« Tu vas concevoir et enfanter ») mais, sommé de dire son nom, il réplique : « Pourquoi t'informer de mon nom ? Il est merveilleux » (Juges 13, 7 et 18). De même dans le Nouveau Testament : à Pâques, l'Ange du Seigneur proclame que le Christ est vivant, mais il invite les femmes à quitter le tombeau vide, parce que ce trou noir est devenu une impasse (Matthieu 28, 1-8) ; à l'Ascension, les deux anges consolent les Onze en leur disant que le Christ reviendra à la fin des temps, ce qui est une espérance prodigieuse, mais du même coup ils leur demandent de ne pas rester là le nez en l'air, car, avec des yeux d'hommes, il n'y a plus rien à voir désormais (Actes 1, 11) ; l'instrument d'optique est inopportun, il devra faire place aux « yeux du cœur » (Éphésiens 1, 18), aux yeux de la foi. Oui, message et barrage : je pense que tu m'as bien compris. Le croyant n'a donc pas à ressentir de l'effroi devant un monothéisme trop impitoyable ; mais il n'a pas non plus à redouter d'être insidieusement retourné au polythéisme.

Pour remplir cette double fonction, la Bible nous présente divers types d'anges, dont les fonctions sont différentes. Les uns montent la garde auprès de Dieu : ce sont les *Keroubim* ; les autres sont envoyés en mission auprès des hommes (*mallak* en hébreu, *angelos* en grec, d'où vient le mot français « ange ») ; d'autres se trouvent comme à mi-chemin, les *Seraphim*. De cette manière, la religion d'Israël, de type prophétique, accorde deux exigences : annoncer Dieu tel qu'il est, dans son mystère, en répudiant toute idolâtrie ; l'annoncer à un peuple pour lequel il se propose d'intervenir. Ou, si tu veux, elle peut donner de Yahweh l'image d'une *transcendance familière*. Aussi l'ange va-t-il revêtir une figure difficile à identifier : abordable comme un homme et fuyant comme un esprit ; à la fois proche et distant.

Les Keroubim

Keroubim, c'est le mot hébreu dont on a fait, en français, le terme « chérubin », si ridicule, car les *keroubim* n'ont rien de délicieux, rien de mièvre. La Bible les représente sous la forme de ces taureaux ailés qui montaient une garde vigilante et redoutable autour du palais royal. Ce sont deux êtres de ce type qui se trouvent figurés sur le couvercle en or de l'Arche d'Alliance (Exode 25, 17-22), curieuse exception au commandement qui interdit de sculpter des images représentant des créatures du ciel ou de la terre (Exode 20, 4). Israël a donc récupéré, en leur donnant une toute autre réalité, ces grosses bêtes impressionnantes pour traduire la majesté du Seigneur, qui ne le cède en rien à celle des roitelets humains. Placés sur l'Arche, les *keroubim* n'y remplissent aucun effet particulier : ils servent simplement à délimiter, entre leurs ailes déployées, le lieu où il plaît au Seigneur de demeurer au milieu de son peuple. Car Yahweh se trouve « assis sur les *keroubim* » (Psaume 80, 2) : c'est là qu'il siège. Tu vois combien cela est paradoxal : d'un côté, Dieu entend se manifester sous la forme du vide, afin qu'aucune image ne s'interpose entre lui et nous ; mais, de l'autre, ce vide a quand même une certaine surface. Les *keroubim* décrivent en effet une sorte d'espace officiel : ils réglementent la Présence divine. Ce fut le grand étonnement du général romain Pompée, quand il s'empara de Jérusalem (en 63 avant J.-C.), de ne trouver dans le Temple qu'un vide mystérieux : c'est donc là, dans ce « rien », que les Juifs puisaient leur formidable énergie !... Tu mesures ainsi le jeu serré qu'a dû mener le monothéisme d'Israël, pour demeurer en même temps prophétique : car Yahweh est au-dessus tout, et il est innommable : mais son Nom signifie « Je suis là » (Exode 3, 13-15), « Je suis là, et un peu là », dirions-nous en français familier. Tu comprends pourquoi l'ange est une pièce essentielle dans la Révélation : non pas pour prendre la place de Dieu, mais pour en montrer le véritable visage : une transcendance familière, comme je te l'ai dit.

Les Seraphim

Les *Seraphim* (les « brûlants », les êtres de feu) interviennent dans la vocation d'Isaïe (Isaïe 6). Le prophète se tient comme à distance de Dieu dont il ne dit rien, sinon « Je vis le Seigneur Yahweh » ou « J'entendis la voix du Seigneur ». Mais il ne donne aucun détail ni sur la vision, ni sur l'audition. Les anges semblent se situer à l'intérieur de cette distance, puisque l'un d'eux juge bon d'intervenir, comme en tiers dans cet événement mystique. Non, Isaïe ne mourra pas pour avoir vu Dieu. Quant à son impureté, elle est guérissable. C'est à ce passage que faisait allusion jadis la prière faite par le célébrant avant la proclamation de l'Évangile : « Purifie mon cœur et mes lèvres, Dieu tout-puissant, toi qui purifias les lèvres du prophète Isaïe avec un charbon ardent ». Voilà pourquoi les anges demeurent mentionnés dans le « Je confesse à Dieu », comme des êtres capables de cautériser en nous toute plaie purulente. Dans cette scène, ils ne sont plus de simples objets, comme les *Keroubim*, qui entrent dans le mobilier sacré : ce sont des intermédiaires agissants. Ils servent Dieu en voletant à l'entour de sa gloire. Ils viennent au secours de l'homme en le libérant de sa terreur sacrée, bien qu'ils aient commencé par la renforcer en montrant un abord impressionnant. Mais, en finale, ils s'effacent, mission accomplie. Ils prennent bien place dans la vision, mais ils se distinguent nettement de Dieu : Isaïe ne s'y trompe pas [3].

Le mallak (messager)

Tu connais la scène dans laquelle Élie, marchant vers l'Horeb pour fuir la reine Jézabel, s'arrête, harassé, sous un buisson et s'y endort (1 Rois 19). Le texte nous dit qu'alors un « *mallak* » vient le toucher pour l'éveiller et l'inviter à se restaurer, manœuvre qu'il recommence une seconde fois. Ce mystérieux messager, venu on ne sait d'où ni par quel chemin, ne reçoit ici aucun nom ni aucune description : seul importe le message. En tout cas, dans ce récit, l'ange semble davantage du côté de l'homme que du côté de Dieu.

Même chose dans l'annonce faite à Manoah pour lui annoncer la naissance d'un fils inattendu, Samson le costaud (Juges 13). Ici, le messager se trouve appelé de diverses manières : il est question d'un « Ange de Yahweh », ou d'un « Homme de Dieu », ou d'un « Ange de Dieu ». On se trouve donc en présence d'un vocabulaire flottant désignant un être mal identifié, dont on pense à la fois qu'il représente l'intervention du Seigneur mais qu'il n'est pas exactement le Seigneur. Un être visible et pourtant innommable, tant il est merveil-

3. Dans la vie de sainte Thérèse d'Avila, c'est un séraphin qui lui transperce le cœur de son dard brûlant, pour consommer son mariage spirituel avec Dieu.

leux. Nous retrouvons donc le même souci d'un bout à l'autre de la Bible : montrer la transcendance familière de Dieu. Toutefois, au terme du récit, le messager à forme humaine se spiritualise de plus en plus, et le couple reconnaît l'Ange de Yahweh dans la flamme qui monte du sacrifice vers le ciel. L'intermédiaire a donc laissé la place au Seigneur lui-même dont il a préparé et introduit la présence. Aussi Manoah croit-elle avec frayeur qu'elle va mourir, pour avoir vu Dieu, mais son mari la rassure : le Seigneur ne leur voulait aucun mal, bien au contraire.

La cour céleste des apocalypses

La doctrine des anges marche vers une forme plus élaborée : au lieu de simples interventions ponctuelles venant de nulle part, nous nous trouvons devant une « corporation » de créatures spirituelles qui constituent le monde céleste et invisible. Les apocalypses non-bibliques mettent beaucoup de soin à répertorier ces êtres et à les classer d'après leur emploi : il y a ceux qui constituent la cour divine la plus immédiate, il y a ceux qui sont préposés au gouvernement de la terre : anges chargés du fonctionnement des astres et des réservoirs d'en-haut (pluie, grêle, vent) ; anges chargés des individus et des nations. Ainsi Yahweh fixe-t-il les limites des peuples d'après le nombre d'anges à sa disposition (Deutéronome 32, 8). Et Jésus nous parle de ceux qui veillent sur les petits enfants, sans cesser pour autant de voir la face du Père en permanence (Matthieu 18, 10). Ce sont les *anges gardiens* et chacun a le sien, nous dit l'Église, en nous proposant de le fêter le 2 octobre, sans nous interdire d'y penser quotidiennement ! On parlera plus tard de *l'Ange de la Pénitence* [4],

4. Dans un livre intitulé *Le Pasteur* et écrit par un dénommé Hermas, vers 150.

qui accompagne les pécheurs dans la démarche qu'ils font pour recevoir le pardon divin; de *l'Ange de la Paix*, qui accompagne les justes en Paradis (comme le chante la Liturgie des défunts: *In Paradisum deducant te angeli* [5]. Tels sont les principaux des officiers de Dieu. Mais l'Apocalypse de saint Jean ne se soucie pas d'en dresser la liste ni d'en collectionner les noms, comme le font les écrits apocryphes: elle s'arrête surtout à l'archange saint Michel (12, 7). Il faut louer cette sobriété.

Dans les apocalypses, les anges sont des messagers qui viennent expliquer les visions d'un prophète perplexe, ou qui lui donnent le sens des événements. Tu n'as qu'à lire le début du prophète Zacharie, et tu apercevras le schéma de base: l'homme voit des choses inconnues de lui et il demande à l'ange qui les lui montre de les lui commenter, car il ne comprend pas. Alors l'ange lui dit, sur le ton de la confidence: «Je vais te le dire, à toi». De cette manière, le messager divin révèle la suprême Sagesse qui échappe à l'homme courant. Mais, en finale, il fait une recommandation instante, avertissant loyalement celui qui l'écoute de ne pas le prendre pour Dieu (Apocalypse 22, 8-9). Les anges ont donc pris place dans la foi biblique sans la pervertir, mais aussi sans y paraître inutiles.

5. Dans son *Requiem*, Gabriel Fauré a mis sur ces paroles une musique merveilleuse. C'est le final.

LES ANGES DANS LE NOUVEAU TESTAMENT

Tu vas sans doute me dire que le rôle des anges s'arrête avec Jésus-Christ, et pour deux raisons : d'abord parce que la révélation du Dieu-Trinité suffit à nous montrer un Dieu qui n'est plus solitaire et qui est capable d'intervenir dans le monde ; ensuite parce que le Fils incarné est assez grand pour accomplir lui-même en personne tous les projets que le Père possède dans le cœur. Ta réaction est excellente, ami, mais tu vas voir qu'elle n'est pas tout-à-fait exacte. Si les anges n'étaient que pures fonctions explicatives, oui, leur existence s'évanouirait sans problème quand se lèverait le Soleil divin. Mais ce sont des réalités permanentes, pas des projections de nos besoins ; ils demeurent donc, tout en ayant à compter avec le Seigneur Jésus-Christ [6].

---

6. Ils n'ont fait difficulté que sur un seul point. Au début du christianisme, certains Judéo-chrétiens ont confondu les Personnes divines avec des Anges, le Fils ayant la figure de Michel ou de Gabriel. Était-ce une confusion ? C'est difficile à dire. Certains théologiens (le cardinal Daniélou par exemple) pensent plutôt à un emprunt : en des temps où l'on n'avait pas encore le mot « personne », ni aucun terme spéculatif approprié, les judéo-chrétiens se servaient des anges pour parler du Père, du Fils et de l'Esprit. Cela semblait commode, l'ange étant une figure céleste, immatérielle et distincte. C'est Tertullien qui supprimera cette manière de parler, trop ambiguë.

Les anges et la Trinité

C'est vrai, ami : les Pères de l'Église (saint Justin, saint Irénée...) ont abondamment répété que les apparitions de Dieu dans l'Ancien Testament sont à mettre au compte du Verbe dans la Trinité, car c'est cette seconde Personne qui est la manifestation du Père, son rayonnement (Hébreux 1, 3). Le premier des trois visiteurs d'Abraham sous le chêne de Mambré (Genèse 18), l'ange contre lequel lutte Jacob au gué du Yabboq (Genèse 32), la flamme même du Buisson parlant devant lequel se trouve Moïse (Exode 3), c'est le Fils en personne qui déjà remplit son rôle avant même de s'être incarné en Marie. De cette manière, les Pères montrent aux Juifs que la Trinité n'est pas en contradiction avec l'Ancien Testament. Elle est aussi insinuée dans la Sagesse qui préside à la création de tout (Proverbes 8). Donc, à première vue, les anges semblent réduits au chômage. Bien plus, ils paraissent comme des notions provisoires qu'on a utilisées un moment faute de mieux, mais qui en fait n'ont pas d'existence réelle.

Pourtant, ce n'est pas vrai : ils sont et ils demeurent. Mais, dans le Nouveau Testament, on a parfois l'impression qu'ils sont dépossédés de leurs privilèges et de leur activité. Ne te trompe pas, ami : si Paul est méfiant contre le culte des anges, c'est que certains judéo-chrétiens s'égarent en ce domaine, au point de mettre les esprits créés au-dessus du Christ. Alors son sang ne fait qu'un tour. Même si un ange, par impossible, venait annoncer un autre Évangile que le mien, dit-il aux Galates (1, 8), ne le croyez pas : d'ailleurs, par avance, je l'excommunie !... Il met aussi les Colossiens (2, 18) en garde contre des pratiques cultuelles d'origine juive pour lesquelles des questions de nourriture, de nouvelles lunes et de shabbats étaient mises en rapport avec des anges bons ou mauvais. Surtout, il soumet toutes les créatures spirituelles à l'empire du Christ (Colossiens 1, 16). Si la Loi a été apportée à Moïse par les anges, le Christ s'énonce tout seul, sans autre Médiateur que lui-même (Galates 3, 19). Cela doit être bien clair dans les cerveaux. L'épître aux Hébreux fait de même, opposant nettement le Fils unique, « resplendissement de la gloire de Dieu et effigie de sa substance » (Hébreux 1, 3) aux anges qui n'appartiennent qu'au service des Messageries célestes ! Prière de ne pas confondre.

Il en va de même dans l'Apocalypse. Les anges, figurés par des étoiles, se trouvent dans la main droite du Christ (1, 16 et 20 ; 2, 1), qui les contient et qui les maîtrise, pour le service de son Église. Leur médiation a cessé avec la Pâque, au profit du Ressuscité vivant dans son Peuple. L'Économie ancienne finit au moment où Jésus expire : le silence d'une demi-heure au ciel figure l'espace entre la croix et la Résurrection, l'analogue du rideau déchiré (Matthieu 27, 51). Seul le Seigneur détient le Grand Livre (Apocalypse 10, 8) et fait la moisson (14, 6). Dans la fonction qui lui reste, l'ange s'efface devant le Dieu unique, ce qu'il a toujours fait : « C'est Dieu que tu dois adorer, dit-il au croyant » (19, 10 ; 22, 9), en lui montrant le premier l'exemple (19, 4).

En tout cela, le Nouveau Testament évolue dans un univers qui n'est plus le nôtre, car, aujourd'hui, ce n'est pas le culte des anges qui nous fait commettre des hérésies, hélas ! Que nous dirait Paul alors ? La même doctrine, mais en partant du bord opposé, voilà tout !

Les anges autour de Jésus

En tout cas, si les anges faisaient double emploi avec la Révélation du Nouveau Testament, il en est un qui aurait dû s'en apercevoir le premier : Jésus. Or Jésus lui-même nous parle des anges avec une tranquille simplicité : des bons anges, s'entend. Quand il est tenté au désert et que le démon consent à s'éloigner, des anges s'approchent pour le servir (Marc 1, 13). Quand il souffre l'agonie dans le jardin de Gethsémani, un ange intervient pour le réconforter (Luc 22, 43). À Nathanaël qui se trouve tout ébahi d'avoir été deviné dans le fond de son cœur, il prédit une découverte encore plus belle : percevoir que la personne du Fils incarné est cette autoroute terre-ciel où les anges circulent sans s'arrêter dans les deux sens (Jean 1, 51), ce qui réalise le songe de Jacob (Genèse 28, 10-19). Ailleurs, le Christ indique une gradation significative lorsque, parlant du calendrier de la fin des temps, il précise que nul n'en sait la date : « ni les anges dans le ciel, ni le Fils, personne d'autre que le Père » (Marc 13, 32). Il se met donc au-dessus des esprits célestes. Il demande à l'homme de respecter les petits enfants, dont les anges voient la face de Dieu (Mattheu 18, 10). Il nous promet après la mort une vie semblable à celle des anges (Luc 20, 36). Et, au cours de sa Passion, il dissuade Pierre de tirer l'épée, car, s'il voulait se défendre, il n'aurait aucun mal à obtenir du Père une garnison de 50 000 anges (Matthieu 26, 53). Il est curieux de constater qu'alors que les anges s'effacent devant lui respectueusement, c'est Satan qui l'aborde résolument, le tente d'une façon fielleuse, ou bien l'interpelle avec brutalité.

Les anges dans le Plan de Dieu

Avec tous ces renseignements, il est facile de faire une synthèse. Les anges appartiennent aux acteurs qui interviennent dans le jeu du Salut. Ils sont créés, non pas avant le commencement, mais quand Dieu tire du néant le ciel et la terre, nous dit saint Thomas d'Aquin (ST 1, 61, 3). Ce « ciel », est-il le firmament des étoiles, ou bien la demeure des anges ? On ne peut le dire avec certitude. Pour saint Augustin, nous l'avons vu, c'est la création de la lumière qui fait penser à celle des esprits célestes. En tout cas, tout est voulu par le Père *« in Christo »*, en vue du Christ à venir, les anges aussi (Colossiens 1, 16). Rien donc qui échappe à la Seigneurie du Fils. Peut-être l'épreuve a-t-elle consisté pour les anges à se trouver prévenus d'un événement insolite et scandaleux : l'Incarnation future, liée à la création de l'homme. L'esprit en tout cas n'a pas été préservé du choix (ST 1, 60, 2) ; il n'a pas été dispensé de recevoir la grâce (ST 1, 62, 2). Nous, pauvres hommes, nous ne mettons jamais toute notre vie dans un seul acte : nous étalons dans le temps notre oui et notre non ; aussi gardons-nous la possibilité de nous repentir et d'être rachetés. L'ange, lui, créature spirituelle simple, a le redoutable pouvoir de coïncider avec sa décision ; il atteint sa fin par un acte indivisible : d'où son bonheur instantané ou sa chute immédiate. Et cette chute est la dislocation de son être.

Les anges sont toujours à la disposition de Dieu pour remplir un ministère auprès des élus (Hébreux 1, 14). Mais, chargés de missions multiples, ils ne connaissent pas pour autant tous les mystères (ST 1, 57, 5). L'Écriture nous l'atteste. Le Dessein de Dieu, qui a été manifesté dans la chair, s'est trouvé de cette manière vu par les anges (1 Timothée 3, 16). Car ceux-ci se penchent avec convoitise sur le Mystère annoncé par l'Évangile (1 Pierre, 1, 12), et c'est par l'Église que les Puissances célestes ont connaissance de la Sagesse infinie dont fait preuve le Plan de Dieu (Éphésiens 3, 10). Quant aux démons, s'ils avaient su ce qu'ils faisaient au Calvaire, ils n'auraient jamais crucifié le Seigneur de gloire (1 Corinthiens 2, 8), grossière erreur de leur part, bévue qui a signé leur défaite.

On peut donc dire que, créés en vue du Christ et sanctifiés en prévision de sa Pâque, les bons anges appartiennent eux aussi à l'Église, soit dans son combat terrestre, soit dans sa gloire céleste. La liturgie s'associe à leur prière et elle réclame leur aide dans les grandes circonstances, celles au cours desquelles elle égrène la litanie des saints où leur nom se trouve inscrits. L'ange gardien, que nous fêtons le 2 octobre, nous est donné pour compagnon : Jésus en parle à propos des petits enfants, nous l'avons vu (Matthieu 18, 10) et, dans les Actes (12, 15), Luc mentionne celui de l'apôtre Pierre.

Les Sadducéens d'hier et d'aujourd'hui

Mais venons-en à la contestation. Celle d'hier nous est bien connue : elle provient d'une portion du peuple juif qu'on appelle les Sadducéens. Ces gens-là ne sont pas un parti politique, mais une classe socio-religieuse : celle d'une aristocratie rurale liée au personnel du Temple, avec, comme noyau, les grands-prêtres et leur entourage. Ce ne sont pas des libertins ni des rationalistes, encore moins des libres-penseurs au sens actuel, mais des réalistes ayant le sens du mondain, du pouvoir, de la stratégie, donc des êtres qui récusent l'idée de Providence, qui rejettent l'au-delà comme improbable et qui s'acoquinent avec l'occupant romain. Le haut clergé en est l'exemplaire accompli. Il s'en tient à la Torah, en niant la valeur des livres postérieurs. Il nie la résurrection, la vie éternelle et les anges. Il pratique la combinaison politique, préférant qu'un homme meure plutôt que tout le peuple (Jean 11, 50), ce qui contredit le sentiment du Bon Pasteur, pour lequel une seule brebis vaut le risque d'abandonner les 99 autres (Matthieu 18, 12-14). De fait, ce sont les Sadducéens qui décideront la mort de Jésus, pour une « raison d'Église » qui ne vaut pas plus cher que la « raison d'État »...

Dans l'Ancien Testament, aux approches de l'ère chrétienne où les idées évoluent pourtant beaucoup, cette classe sociale, née vers la fin du second siècle, étend son influence sur divers écrits. Ainsi le livre de Sirac le Sage ne comporte pas d'au-delà : « Quand un homme meurt, il reçoit en partage les insectes, les fauves et les vers » (10, 11), et il descend au trou (au schéol) sans espoir (17, 27 ; 41, 1-4). C'est dans cet ouvrage que se trouvent des pages pleines de dédain pour les classes laborieuses (38, 24-34). De même dans le 1er livre des Maccabées, où la mort du héros ne donne lieu qu'à une impuissante lamentation : restent une grande gloire et un nom immortel, pas davantage (9, 19-22). Pourtant, l'auteur connaît le prophète Daniel (2, 60) qui enseigne une tout autre espérance. Par contre, le second livre des Maccabées parle avec ferveur de la valeur du martyre et de la résurrection future (au chapitre 7 notamment) : il est sous influence pharisienne.

En effet, c'est entre les Sadducéens et les Pharisiens que le conflit éclate en permanence, d'abord en ce qui touche la mainmise sur le Temple et l'influence exercée sur les milieux populaires, mais avant tout sur le problème de la résurrection finale. Je te l'ai déjà insinué : les Pharisiens ne sont pas à jeter au fumier sans jugement. D'abord, en les prenant fréquemment comme cible, Jésus constate leur influence et leur esprit missionnaire (Matthieu 23, 15). Certes, il leur reproche leur légalisme borné, leur conception financière du mérite, leur orgueil, leur dureté et leur amour de l'argent : ce n'est pas rien. Mais il accepte de les rencontrer (Jean 3, 1 ; Luc 7, 36), même si l'abord est froid ; il accepte aussi leurs conseils de prudence face aux manigances du roi Hérode (Luc 13, 31). Et puis il partage certaines de leurs idées, notamment celles qui touchent à l'au-delà : la résurrection et les anges. Paul de même, mais Paul était Pharisien (Philippiens 3, 5) ; et, s'il a découvert le rôle capital de la grâce, de la gratuité du Don, il n'a quand même pas largué toute sa formation antérieure. Face au Sanhédrin qui le juge, il s'en vante même avec satisfaction : « Frères, s'écrie-t-il, je suis, moi, Pharisien et fils de Pharisiens » (Actes 23, 6).

Dans les évangiles, les Sadducéens passent à l'attaque en exposant le cas de conscience stupide de la femme aux sept maris, manière commode de montrer les impasses de la résurrection, car dans ce cas cette épouse se retrouverait polygame au ciel. Le Christ répond du tac au tac en associant la résurrection à la vie angélique. Ressuscité, le croyant mène une vie qui n'est plus menacée par la mort : il n'a donc pas besoin de procréer pour s'assurer une survie, pas besoin d'une épouse par conséquent pour lui faire des enfants. D'où la débilité de la question posée, et posée méchamment. Note d'ailleurs la présence de l'ange au tombeau : c'est le signe d'une existence devenue tout autre (Matthieu 28, 2). Ainsi, tout se tient. Je le remarque souvent pour ma part : les chrétiens qui ne croient pas aux anges ne croient pas non plus à la résurrection des corps ni à l'Assomption de Marie.

Dans les Actes, la bataille est encore plus dure. Les Sadducéens sont irrités de voir les Apôtres enseigner la résurrection de Jésus jusque sur les parvis du Temple (Actes 4, 1-2; 5, 17). Le conflit atteint son sommet lors du procès de saint Paul devant le Sanhédrin (Actes 23, 1-11). L'Apôtre est assez astucieux pour détourner la conversation sur le sujet religieux, afin de voir ses juges s'entre-déchirer quelques instants et, lui, de s'octroyer quelques minutes de bon temps : car « les Sadducéens disent qu'il n'y a ni résurrection, ni ange, ni esprit, tandis que les Pharisiens professent l'un et l'autre » (Actes 23, 8). Là encore, note l'enchaînement des négations. Je suis sûr que, de nos jours, la même imbrication se reproduit : il est bon que tu le saches. Note que, dans ce procès, les Pharisiens prennent la défense de Paul en protestant énergiquement : « Et si un esprit lui avait parlé ? ou un ange ? » (Actes 23, 9).

LES ANGES DANS LA VIE DE L'ÉGLISE

Venons-en maintenant à des considérations plus proches de la vie spirituelle proprement dite : en me suivant jusqu'ici, ami, tu l'as bien mérité !

Entrer dans le culte rendu par les anges

Tu t'ennuies sans doute un peu en priant, certains jours du moins, et tu voudrais savoir comment sortir de cette langueur. Je te comprends. Figure-toi qu'Origène, ce prodigieux penseur chrétien, s'est mis dans la tête une idée saugrenue à laquelle j'ai déjà fait allusion : il s'est imaginé que nos âmes avaient été créés par Dieu pour demeurer au ciel, sans corps, et qu'elles devaient décider si elles désiraient rester là-haut. Or, dit-il, les âmes se sont ennuyées de voir Dieu, et, tout compte fait, elles ont préféré déchoir dans le temps, aimant mieux se divertir sur terre dans des plaisirs moins sublimes… L'Église, bien sûr, a condamné cette reconstruction fantaisiste pour laquelle le bonheur serait derrière nous comme un bonheur perdu. Non, bien sûr, notre joie se trouve en avant : non pas une joie pour âme seule, mais une joie pour corps ressuscité, pour un être humain tout entier. C'est ce monde-ci qui, sans Dieu, frise la morosité et le marasme, voire le non-sens. L'éternité, elle, n'a rien de monotone, contrairement à ce que certains philosophes en ont écrit : ce n'est pas le râbachage ni le piétinement, mais l'incessante découverte. Le temps n'est donc pas une déchéance : c'est une préparation, un mûrissement.

C'est ici que l'ange peut nous aider. Bien sûr, il n'a pas de corps et il n'est pas dans le temps comme nous le sommes. Mais il a été créé, il a eu un commencement, un peu comme nous ; et nous entrerons dans sa façon de vivre quand nous serons morts. Quelle est donc ce mode d'existence ? C'est une éternité toute tendue vers l'avant, c'est un élan sans aucune nostalgie (cf. Philippiens 3, 13). C'est un rassasiement qui ne supprime pourtant pas le désir, une soif toujours étanchée mais qui demeure toujours une soif.

Or, quelle peut bien être l'occupation de ces myriades d'anges, en réunion de fête dans la Jérusalem céleste (Hébreux 12, 47) ? *C'est la musique, c'est le chant*, nous dit-on. Après la clôture de la prédication évangélique, nous aurons nous aussi à trouver une nouvelle voix, un nouvel usage de la langue : chanter ce Mot unique qui dit Dieu et qui est son Verbe, son Fils, son Expression parfaite. L'ange ne nous apprend pas ce que nous avons été, mais ce que nous devons être : des « louanges de gloire », disait Sœur Elisabeth avec saint Paul (Éphésiens 1, 6 et 12). Celui qui chante ainsi ne s'ennuie pas.

Aussi la liturgie nous donne-t-elle les anges comme *entraîneurs* dans la prière. Ce sont eux qui entonnent sans fin le triple « Dieu saint » (*Trisagion*) dont il est question dans la vision d'Isaïe (6, 3). Saint Basile le dit merveilleusement dans son *Traité du Saint Esprit* (9, 23) : des dons spirituels proviennent « la citoyenneté céleste, la danse avec les anges, la joie sans fin, la demeure en Dieu, la ressemblance avec Dieu, et le comble de ce que l'esprit peut désirer : devenir Dieu » [7].

La vie monastique veut entrer dans cette ronde, non pas seule, mais en y entraînant le Peuple de Dieu. « Si

---

7. Tu trouves ce texte dans la *Liturgie des Heures*, tome 2, p. 753-755 (mardi de la 7ᵉ Semaine du temps pascal).

l'on s'adonne aux vigiles dans la chasteté et l'innocence, on s'exerce sans aucun doute à la vie des anges», dit Augustin dans l'un de ses sermons. Origène s'essaie même à imaginer une répartition des cantiques: «Aux hommes, dit-il, convient le chant des psaumes, mais le chant des hymnes convient aux anges et à ceux qui mènent une vie semblable à celle des anges. C'est pourquoi les bergers qui passaient la nuit dans les champs n'ont pas entendu les anges psalmodier mais chanter des hymnes et dire: 'Gloire à Dieu au plus haut des cieux'. L'hymne, c'est la glorification». D'autres ne songent pas à une distribution des partitions mais à une manière de chanter. Le moine chante alors comme l'ange, dans la simplicité pure, donc à une seule voix et sans instruments: il s'unifie dans cet unisson. Car, dit saint Augustin en commentant le psaume 150, «c'est vous qui êtes la trompette, le psaltérion, la cithare, le tambourin, le chœur et l'orgue, et les cymbales sonnantes. C'est vous qui êtes tout cela». Je ne t'impose pas cette interprétation, qui semble considérer la polyphonie comme une imperfection (il peut exister des polyphonies lascives ou envoûtantes, c'est vrai, mais pas celle du Père André Gouzes, tout de même!); cependant, comprends que certains contemplatifs visent, non pas l'indigence ou la laideur, mais la simplicité des moyens, pour faire attention au texte avec une foi bien éveillée. En tout cas, nous dit Clément d'Alexandrie, celui qui cherche la connaissance de Dieu «est toujours pur pour la prière. Bien plus, il prie avec les anges, car il est devenu déjà égal aux anges, et il n'est jamais en dehors de leur sainte garde. Et, bien qu'il prie seul, il a le chœur des anges comme assistant».

Les anges et les sacrements

Les Pères ont souligné ici et là la présence des anges dans les divers sacrements. Je te communique ce que j'ai trouvé sur ce sujet.

Au baptême

Tertullien signale l'existence d'un ange du baptême et son rôle particulier : donner aux eaux un certain pouvoir de guérir, afin que l'esprit soit lavé dans l'eau par l'intermédiaire du corps, et que la chair y soit purifiée par l'esprit. Il voit dans le rite baptismal une extension de ce qui s'est produit dans la piscine de Bethesda, lorsque l'ange du Seigneur descendait de temps à autre dans le bassin pour agiter l'onde et lui donner une vertu curative (Jean 5, 4). En effet, dit-il, la grâce de Dieu progressant en toutes choses, les eaux et l'ange ont reçu maintenant un pouvoir plus grand. Eux qui portaient remède aux maux du corps guérissent l'âme à présent. Ils opéraient le salut temporel : ils restaurent désormais la vie éternelle. Ils délivraient un seul homme une seule fois par an : tous les jours maintenant ils sauvent des peuples» (*Traité du baptême*, 5, 6).

La mention de l'ange n'a rien de banal. Elle montre que le baptême continue les grandes œuvres accomplies par Dieu dans les deux Testaments : il est une nouvelle création, il inaugure la résurrection, il introduit à la vie éternelle. Voilà pourquoi les anges y assistent et y participent, eux, la cour du Seigneur qui seul préside et opère.

Au sortir de la cuve baptismale, saint Ambroise prend le relais et dit à ses néophytes : « Après cela, vous avez à vous approcher de l'autel. Vous avez commencé à vous avancer. Les anges ont regardé, ils vous ont vu approcher, et cette condition humaine qui était jadis souillée par la noire ordure des péchés, ils l'ont vue soudain resplendir. Aussi ont-ils demandé : 'Quelle est celle-ci qui monte blanchie du désert ?' (Cantique 8, 5). Les anges aussi sont donc dans l'admiration. Veux-tu savoir à quel point ils admirent ? Ecoute l'apôtre Pierre (1 Pierre 1, 12) dire qu'on nous a donné 'ce que les anges désirent voir' » [8].

8. *Des sacrements* (4, 2, 5), *Sources chrétiennes* n° 25 bis, p. 105.

Jean Chrysostome dit la même chose dans ses *Catéchèses baptismales* [9]. Également dans une *Homélie sur l'Ascension*, où il nous révèle un paysage inattendu : « Si tu veux voir les anges et les martyrs, dit-il, ouvre les yeux de la foi et tu verras ce spectacle, car si l'air est comme rempli d'anges, à plus forte raison l'église ». Plus loin, il s'avance sur le terrain militaire en nous montrant que la terre est peuplée d'anges comme l'Empire est rempli de soldats, surtout sur cette vaste frontière (le *limes*) où il s'agit de repousser les incursions des Barbares. Les anges sont en effet des lutteurs, mais dont le propos est paisible. Aussi le diacre dit-il : « Priez l'ange de la paix ». « Vous, les catéchumènes, conclut l'évêque, priez l'ange de la paix, demandez que toutes vos affaires soient pacifiques, pacifiques la présente journée et tous les jours de votre vie. Demandez que vos fins soient chrétiennes ».

N'est-il pas bon, ami, de découvrir une terre plus habitée qu'on ne le réalise à l'œil nu, et habitée par des présences bienfaisantes ?

À l'Eucharistie

Dans le Canon romain, le premier du Missel actuel, il y a cette prière du prêtre : « Nous t'en supplions, Dieu tout-puissant, qu'elle (cette offrande) soit portée *par ton ange* en présence de ta gloire, sur ton autel céleste ». Depuis l'antiquité, on s'est demandé de quelle opération il pouvait bien s'agir et quel ange en était chargé. Trois solutions ont été avancées. 1) Ou bien ce transfert au ciel du pain et du vin est leur *consécration*, sur cet autel qui est le corps du Christ ressuscité, au contact duquel les oblats perdent leur substance pour recevoir la sienne. Dans ce cas, l'Ange ne peut

9. *Sources chrétiennes* n° 50. Dans la septième (n° 20), il mentionne les neuf chœurs des anges.

être une créature, pas même un prêtre : c'est le saint Esprit. 2) Ou bien ce transfert n'est qu'une *offrande* que seul le Christ peut porter sous le regard du Père parce qu'il a effectué le premier cette rude montée. « Qui est cet Ange, sinon l'Ange du grand conseil qui, de ses propres mains, c'est-à-dire par des œuvres dotées d'une dignité singulière, mérita de gravir les cieux et de se hausser lui-même sur l'autel sublime c'est-à-dire en intercédant pour nous à la droite du Père » (Yves de Chartres). 3) Ou bien cette *offrande* est confiée, non pas au Christ, mais à des esprits célestes qui viennent la placer sous les yeux de la Sainte Trinité : « Nous te demandons et te prions d'accepter cette oblation par les mains de *tes anges* sur ton autel d'en-haut », dit saint Ambroise [10]. C'est sans doute la solution plausible. Mais qu'importe ? Comment les anges resteraient-ils absents ou passifs dans le déroulement du plus grand des mystères ? Comment ne seraient-ils pas les compagnons invisibles de ton adoration silencieuse. Quand il t'arrivera de somnoler ou de rêver à autre chose, tu peux y penser, ami.

À ce sujet, saint Thomas d'Aquin s'est demandé (ST 3, 64, 7), si les anges pouvaient administrer les sacrements : question toujours actuelle, car on nous dit qu'à Fatima un ange a porté la communion à l'un des voyants, phénomène qui s'est déjà produit à d'autres époques. Le théologien se fait l'écho de traditions merveilleuses, mais sans transiger sur la vérité. Les anges sont supérieurs aux hommes, mais, pour cette raison, ils agissent en proportion de leur nature : non pas sacramentellement, mais « sous un mode supérieur, en purifiant, illuminant et perfectionnant de façon invisible ». Le ministre du sacrement, lui, est pris parmi les hommes ; il agit dans la ligne de l'Incarnation dont il prolon-

10. *Des sacrements* (4, 27), dans *Sources chrétiennes* n° 25 bis, p. 117.

ge les effets [11]. D'ailleurs, si un ange a pu porter l'hostie jusqu'aux lèvres de quelqu'un, il n'a jamais consacré le pain et le vin. Je te dis cela, ami, pour répondre à une question que plusieurs m'ont déjà posée.

Au mariage

Écrivant *À son épouse*, Tertullien (toujours lui !) lui dit : « Où vais-je puiser force de décrire de manière satisfaisante le bonheur du mariage que l'Église ménage, que confirme l'offrance, que scelle la bénédiction ? Les anges le proclament, le Père le ratifie » (2, 8, 6) [12]. Ce petit texte très concis et qui cache un tas de choses est très important. En effet, il décrit le rite du mariage, calqué sur la coutume en usage, mais une coutume qui a été christianisée. En ces temps-là, les époux païens déclaraient leur intention devant une femme honnête, qui n'avait été mariée qu'une seule fois. On procédait à une offrande de farine sur l'autel domestique. Il y avait une prière aux dieux familiers. Les témoins se portaient garants de l'acte. Et le père donnait son consentement. L'Église reprend tous ces éléments en les faisant siens. C'est elle, la Femme dont l'unique mari est le Christ, qui crée le lien (*conciliat*). C'est l'Eucharistie qui prend la place de l'offrande païenne pour consolider (*confirmat*) ce qui vient de se passer. C'est la prière du prêtre qui scelle (*obsignat*) le mariage

---

11. Pour l'*Imitation de Jésus-Christ*, ce pouvoir sacerdotal met le prêtre au-dessus de l'ange : « Ineffable mystère ! Immense dignité des prêtres, à qui fut donné ce que les anges n'ont pas obtenu ! En effet, seuls les prêtres légitimement ordonnés dans l'Église ont le pouvoir de célébrer et de consacrer le corps du Christ » (4, 1). Le curé d'Ars pense de même : il salue le prêtre avant l'ange. Mais le prêtre doit mener la vie angélique (4, 5, 2) dont je vais parler plus loin.

12. *Sources chrétiennes* n° 273, p. 149.

en le couvrant d'une bénédiction. Ce sont les anges qui font fonction de témoins et donnent à cette union son caractère public en la faisant connaître (*renuntiant*). Et c'est Dieu le Père qui ratifie le tout (*rato habet*), comme un Papa qu'il est. Liturgie superbe qui ne se devinait pas au premier coup d'œil ! Les anges sont donc les témoins privilégiés du mariage chrétien : représentants du monde céleste, ils y publient la bonne nouvelle et en informent le Père. Ne trouves-tu pas cela superbe ? Toute l'Église célèbre ton mariage, celle du ciel et celle de la terre. N'est-ce pas normal, puisque l'amour des époux est le sacrement de l'amour du Christ pour les hommes. En quoi cela devrait-il être caché, réduit aux proportions de l'alcôve ? Tant de mal aimés, sevrés de tendresse, voudraient bien voir ce qu'est une famille selon le cœur de Dieu.

Dans le pardon des péchés

Je t'ai déjà cité un peu plus haut ce texte ancien qui s'appelle *Le Pasteur* [13]. L'auteur, Hermas, nous montre l'existence d'une Pénitence distincte du baptême, même si elle n'est encore célébrée que rarement, à des dates fixes et dans des formes collectives. Dans cette liturgie, si précieuse pour la construction de l'Église, les anges jouent un grand rôle. D'abord, chacun de nous possède deux anges : l'un qui le pousse au bien, l'autre qui le pousse au mal. « L'ange de justice est délicat, modeste, doux et calme. Quand c'est lui qui monte à ton cœur, d'emblée il te parle de justice, de chasteté, de sainteté, de tempérance et de tout acte juste, de toute vertu noble » (Commandement 6, 12, 1). Lorsque nous avons rencontré un monstre sur le chemin de notre vie, c'est que le Seigneur a envoyé à

13. *Sources chrétiennes* n° 53.

notre secours celui de ses anges qui a charge de dompter les bêtes sauvages, afin qu'il ferme la gueule du démon (Vision 4, 2, 4). Il nous faut donc « discerner entre les esprits », comme dira plus tard saint Ignace de Loyola, et croire possible de marcher sur le fauve et la vipère, de fouler au pied le lionceau et le dragon (Psaume 91, 13).

Mais les anges ont aussi une fonction plus communautaire dans la purification de l'Église. Ce sont eux qui conduisent vers l'Église des nouveaux venus et les poussent à faire le bien (Vision 3, 5, 4). Il existe un Ange de la Pénitence qui accompagne ceux qui se purifient de leurs péchés, afin qu'ils ne se laissent pas décourager par Satan. Il les affermit dans la pratique des commandements divins, pour que, purifiant leurs cœurs des vains désirs de ce monde, ils vivent pour Dieu (Commandement 12, 6, 5). Il existe aussi un Ange chargé de l'expiation des fautes : non pas un tortionnaire qui ferait payer, mais un éducateur qui connaît parfaitement la pédagogie du relèvement, les moyens de la conversion (Similitude 6, 2, 7 et 7, 3, 2). Tous ces êtres célestes sont sous la conduite de saint Michel (Similitude 8, 3, 3), lui-même très lié au Saint-Esprit, celui qui détache les rameaux du palmier de la Loi afin que chaque chrétien reçoive le sien propre et le garde verdoyant, non pas desséché ni fendillé ni rongé.

Sous ces images tirées du genre apocalyptique, tu devines l'activité importante de tous ces officiers célestes, qui interviennent aussi bien dans les replis de ton cœur que dans les démarches de ton corps. Ils ne te pilotent pas contre ton gré, ils ne te « possèdent » pas, mais ils t'inspirent et te donnent la force de te relever. N'oublie donc pas de demander leur aide. Dans le « Je confesse à Dieu », nous prions les anges et les saints d'intercéder pour nous auprès du Père. Dans l'ancienne formule (que je regrette), nous nommions personnellement saint Michel, qui joue un rôle tout spécial dans ces exorcismes que sont les absolutions et les bénédictions. Ne crains pas les moqueries ni les sarcasmes :

utilise toutes les ressources de ta foi. Il est un Ange, en tout cas, l'Ange déchu, qui a tout intérêt à te faire oublier l'existence et l'action de ses confrères demeurés fidèles... selon le cœur de Dieu !

LA VIE À LA MANIÈRE DES ANGES

La vie angélique n'est pas à confondre avec ce qu'on appelle l'angélisme, c'est-à-dire l'attitude de celui qui « plane » hors du réel en évoluant dans le sublime. Cette caricature, Pascal l'a fort bien « épinglée » quand il écrit : « Qui veut faire l'ange fait la bête ». Encore moins la vie angélique est-elle une condamnation de la sexualité, comme cela s'est dit. Alors de quoi s'agit-il au juste ?

La vie intra-céleste

Nous ne sommes pas des extra-terrestres, dit Daniel-Ange, mais nous sommes déjà des intra-célestes. Certes : cela se trouve maintes fois dans l'Écriture. Notre citoyenneté (*politeuma*) est dans les cieux, écrit saint Paul (Philippiens 3, 20), beaucoup plus qu'elle ne se trouve dans les bureaux d'état-civil ou sur notre passeport. Nos noms sont inscrits dans la Jérusalem d'en-haut (Hébreux 12, 23), qui est notre vraie patrie. « Car nous n'avons pas ici-bas de cité permanente, mais nous recherchons celle de l'avenir » (Hébreux 13, 14). Baptisés nous sommes déjà ressuscités avec le Christ et assis avec lui dans les cieux (Éphésiens 2, 6). Or le ciel est plein de myriades d'anges (Daniel 7, 10 ; Apocalypse 5, 11 ; Hébreux 12, 22). Paul se dit citoyen romain, pour les besoins de son ministère et la liberté d'évangéliser (Actes 22, 25-29), mais ce n'est pas là qu'il place sa dignité. La persécution vise des gens qui ne s'intègrent jamais complètement dans la cité, qui n'en acceptent pas toutes les lois, toutes les limites, même s'ils essaient de «s'inculturer» le plus possible. «Mon Royaume n'est pas de ce monde», dit Jésus à Pilate (Jean 18, 36). L'Église est catholique parce que ses ressortissants relèvent de la patrie céleste, où qu'ils se trouvent dans le monde. Curieusement, lorsque l'empereur Constantin se convertit, les moines émigrent au désert, comme pour marquer une distance avec la cité qui va tenter de phagocyter le christianisme en voulant le mettre à l'honneur. La vie angélique consiste pour eux, nous allons le voir, en deux dimensions inséparables: *la lutte* contre Satan, dans une existence réduite au minimum de biens matériels; *la prière continue*, accomplie jour et nuit comme elle l'est au ciel sans interruption (Apocalypse 4, 8), grâce à une continence permanente qui permet de «vaquer à la prière» sans s'arrêter (1 Corinthiens 7, 5).

C'est Jésus lui-même qui parle aux Sadducéens de la vie angélique (Luc 20, 27-38), sous un angle bien particulier. Ces prêtres niaient l'au-delà à cause de leur réalisme («Un 'tiens' vaut mieux que deux 'tu l'auras'»): seule l'existence terrestre leur semblait consistante. D'ailleurs, en supposant qu'elle puisse se prolonger après la mort, comme une «survie», cela donnerait des cas surprenants, ceux notamment des remariés qui se trouveraient polygames dans les cieux. Jésus les cingle sans ménagement en leur montrant que l'exercice de la vie conjugale est lié au temps de la terre, parce que l'homme est mortel et qu'il cherche ainsi à se donner des descendants. Mais, au ciel, nous ne pourrons plus mourir, étant fils de résurrection: donc nous ne prenons plus ni femme ni mari, étant sur ce point pareils aux anges (versets 34-36). Donc l'objection est sans valeur. Par ailleurs, Dieu n'est pas le Dieu des morts mais le Dieu des vivants: tous en effet vivent pour lui (versets 37-38). Nier la résurrection, c'est faire régner le Seigneur sur un cimetière.

Dans l'une de ses lettres (108, 23), saint Jérôme explique : « Si tu objectes : 'Comment serons-nous semblables aux anges, puisque chez les anges il n'y ni mâle ni femelle', écoute brièvement. Il nous est promis, non pas la substance des anges, mais leur mode de vie (*conversatio*) et leur béatitude, comme Jean-Baptiste avant d'être décapité, a été appelé un ange. Et tous les saints et vierges de Dieu, même en ce siècle, expriment en eux la vie des anges. Quand donc il est dit : 'Vous serez semblables aux anges', une ressemblance est promise, sans que la nature soit changée ». Autrement dit, le ciel ne nous déshumanise pas, ne nous désexualise pas mais il rend dépassée une fonction liée à la terre à cause de la mort. Il permet donc aux époux eux-mêmes de s'adonner continuellement à la prière, alors que, durant leur vie, il leur fallait faire des ponctions sur le temps pour pouvoir « vaquer à Dieu » (1 Corinthiens 7, 5). En cela, aucun mépris du mariage, bien au contraire : mais, si la charité entre époux dure éternellement – ils sont « compagnons d'éternité » – leur vie conjugale prendra au ciel une tout autre forme parce que la vie éternelle n'a rien à voir avec une survie, avec une rallonge identique.

Ses composantes

Le combat spirituel

Pour tous les chrétiens, la vie baptismale comporte le renoncement à Satan et cet exorcisme permanent qu'est le don de l'Esprit-Saint. L'Église est cette Femme au désert qui résiste au Dragon, avec l'aide de Michel et de ses anges (Apocalypse 12). On néglige trop cet aspect combatif, essentiel à toute vocation, essentiel aussi à celle du moine ou de l'ermite : la vie n'est pas une partie de plaisir, et le désert n'a rien d'écologique, sauf pour le touriste qui s'y aventure avec précaution et qui n'y demeure pas. Michel nous aide à lutter contre le péché et contre tout l'entraînement au péché qui nous vient du monde : il est l'animateur de notre résistance spirituelle, de notre insurrection permanente. Il est le protecteur de notre apostolat, c'est-à-dire de notre intervention sur le théâtre du monde, lieu éprouvant où le témoin se trouve moqué (1 Corinthiens 4, 9). La vie angélique n'est donc pas un doux *farniente* en dehors de la Dramatique du salut. N'oublions pas que c'est durant son agonie que Jésus reçoit le réconfort d'un ange (Luc 22, 43) : une sueur de sang ruisselait alors sur son corps. N'oublions pas non plus que, pour saint Cyprien, l'ange est présent lors du martyre : c'est lui qui administre ce « baptême de sang », c'est-à-dire qui donne au sang versé par amour la valeur d'un baptême *« in extremis »* qui introduit aussitôt le témoin dans le ciel. Il serait bon que les nouveaux missionnaires aient cela bien enfoncé dans leur tête et dans leur cœur. Les anges accompagnent et fortifient ceux qui évangélisent. Michel est le grand lutteur, juché sur sa montagne, au péril des flots, sentinelle attentive aux périls du monde : il m'a été tonique de partir de ce lieu pour aller à Compostelle, de pèleriner depuis le sanctuaire d'un archange pour aller au sanctuaire d'un apôtre. L'apôtre demande à l'archange de l'aider ; l'archange rappelle à l'apôtre qu'on peut combattre sans cesser de voir Dieu, donc que la vie « contemplative » est possible.

L'attention à Dieu

Quel chrétien fervent ne désire rester toujours en présence de Dieu, même dans l'action la plus préoccupante ? Quel chrétien généreux n'essaie de pratiquer ce qu'on appelle la « garde du cœur », c'est-à-dire la foi constamment en éveil, la vigilance de l'amoureux ? Cela, c'est la vie angélique. L'un des moines du désert, Bessarion, disait à ses disciples, en songeant au texte d'Ezéchiel (10, 12), à propos des anges couverts d'yeux: «Le moine doit être comme les chérubins et les séraphins: uniquement un œil» [14]. Mais cette simplicité de l'âme, ce regard qui ne louche pas, cette absence de duplicité (Jacques 4, 8 critique les âmes partagées, *di-psychoi*, les psychologies tiraillées), tout cela n'est pas propre au seul moine. Ou, si tu veux, il est quelque chose du moine qui peut être vécu par toutes les vocations, et que l'on appelle le «monachisme intérieur». Vers la fin de sa courte vie, mon ami Jean Ploussard, Yakhia pour les Touareg, ne perdait pas un instant de vue la présence de Jésus en pleine action. Et il y a eu dans l'histoire des couturières ou des cordonniers mystiques! Ces gens-là peuvent dire avec le psalmiste: «Je te chante, Seigneur, en présence des anges» (Psaume 138, 1). Dans le mariage, ils savent rester chastes, c'est-à-dire s'aime fidèlement et d'un cœur pur, sans se traiter comme des objets, en prenant aussi le temps de vaquer à la prière (1 Corinthiens 7, 5). Ils savent aussi jeûner de diverses manières, pour demeurer libres, pour creuser en eux le désir de Dieu, pour partager avec les autres. Or, dit Athanase, «le jeune est la vie des anges, et celui qui le pratique est digne d'être inscrit dans leur rang» [15]. Ne sois donc pas chrétien par moine interposé: n'abrite pas ta tiédeur sous le paratonnerre de leur ferveur brûlante. Ils te sont donnés comme entraîneurs, pas comme garantie pour autoriser ta flemme.

Il n'en reste pas moins qu'il existe un état de vie entièrement consacré à la contemplation amoureuse, et qui permet de «vaquer à Dieu purement et simplement», comme dit Jean Cassien, le grand interviewer des ermites d'Égypte. À la même époque, Jean Chry-

14. Dans le recueil de Jean-Claude GUY, *Paroles des anciens* (Seuil), p. 45. Tu as un très bel article de Ysabel de ANDIA, «Les yeux de l'âme», dans la revue *Communio*, n° 12, 3, p. 30-47.

15. Tu trouves la même chose dans le livre du cardinal RATZINGER, *Entretiens sur la foi* (Fayard), p. 134.

sostome demande à ses fidèles d'accueillir avec bonté les moines campagnards des environs d'Antioche, sans qu'ils fassent attention à leur accoutrement bizarre. En effet, ces hommes « passent tout leur temps à appliquer leur esprit aux louanges et aux prières ininterrompues, imitant en cela l'emploi du temps des anges... De même que les puissances incorporelles n'ont d'autre tâche que de louer en tout le Créateur de l'univers, ainsi ces hommes admirables » [16]. Mais cette liturgie *non-stop* doit être de qualité : dans sa *Règle* (n° 19), saint Benoît demande à ses moines de psalmodier en présence de Dieu et de ses anges, de telle manière que l'esprit corresponde à la voix. Allant plus loin, Guillaume de Saint-Thierry, un ami de saint Bernard, essaie de faire dériver du verbe « céler » (cacher) le mot « ciel » et le mot »cellule », étymologie tirée par les cheveux, il faut bien le dire ! Dès lors, « ce que l'on cèle dans les cieux, on le cèle dans les cellules ; ce qu'on fait au ciel, on le fait aussi en cellule. Et quoi donc ? Vaquer à Dieu, jouir de Dieu. Lorsque, pour se conformer à la règle, on se livre en cellule, pieusement, fidèlement, à cette sainte occupation, j'ose le dire : les saints anges de Dieu tiennent les cellules pour des cieux et trouvent aussi bien leurs délices dans les cellules que dans les cieux. La cellule devient alors le théâtre ininterrompu d'actions célestes » [17].

Cette veille continue se conjugue avec la chasteté totale, qui permet de vivre le *« totus tuus »*. État de vie que le concile de Trente déclare « supérieur » au mariage (FC 933), parce que Luther disait le contraire ; mais rien ne t'empêche de changer « supérieur » en *« ultérieur »*, pour montrer que la continence volontaire se situe déjà au-delà de l'horizon historique, donc qu'elle nous tire tous vers l'avant. Quand ils demandent aux

---

16. Huit catéchèses baptismales (8ᵉ, n° 4 et 5) dans les *Sources chrétiennes*, n° 50, p. 249-250.
17. Guillaume de Saint-Thierry, *Lettre aux Frères du Mont-Dieu*, (n° 31-32), dans les *Sources chrétiennes*, n° 223, p. 169-171.

évêques, aux prêtres et aux diacres de vivre à ce niveau, même s'ils sont mariés, les Pères ont en vue, certes, la disponibilité apostolique dont parle saint Paul (1 Corinthiens 7, 32-35), mais ils n'oublient pas de mentionner leur vocation de priants : si les époux eux-mêmes doivent se séparer un instant d'un commun accord pour s'adonner à l'oraison (verset 5), le prêtre, lui, doit s'abstenir de toute vie sexuelle, non parce qu'elle est sale, mais parce qu'il doit prier tout le temps. On aurait donc tort de voir dans cette recommandation une obsession de l'impureté : il s'agit simplement d'un appel à la cohérence.

Mais il ne faut pas séparer la virginité d'avec le combat : ne vouloir que Jésus-Christ seul et à tout prix, c'est aussi la définition du martyre. Virginité et martyre se vivent tous deux dans la chair : voilà deux réalités qui sont inséparables. D'ailleurs, aux origines, la consécration religieuse s'est voulue comme un remplacement du martyre quand ont cessé les persécutions, afin que soit maintenu dans l'Église le tonus de la charité, sans baisse de niveau. De toutes façons, en tout temps, mais surtout aujourd'hui, avec la provocation des media, la chasteté (toute forme de chasteté) demeure un combat incessant : l'archange Michel est donc à réquisitionner pour permettre l'intervention pacifique des anges de la prière.

Je note aussi, avec une pointe d'amusement, que le vaillant Tertullien écrit à son épouse une lettre — nous l'avons déjà rencontrée — dans laquelle il lui demande de ne pas se remarier s'il meurt le premier... parce que le veuvage volontaire la fera pénétrer dès cette terre dans la famille des anges ! (1, 4).

J'en ai donc terminé avec cette question insolite, et j'espère que ce bref parcours ne t'a pas paru inutile ou désuet. Tu as d'ailleurs une capacité d'accueil plus grande que celle des adultes, parce que ton esprit est totalement vierge sur ce point comme sur beaucoup d'autres.

Point de voyage vers les sources
Que les anges déjà n'escortent ;
Point de combat contre les ombres
Qu'ils n'appuient, en prêtant main forte.

Aucune veille dans la nuit
Qu'ils n'entourent de leur silence,
Et point de course vers l'aurore
Qu'ils ne tracent, qu'ils ne devancent.

Point de prière ni de cri
Qu'ils n'élèvent devant le Père ;
Même la mort la plus obscure,
Ils l'orientent vers la lumière.

Anges de Dieu, ses messagers,
Qui veillez au seuil de son temple,
Emportez-nous dans la louange,
Quand de loin nos yeux le contemplent [18].

---

18. *La Liturgie des heures*, 2 octobre, Fête des Anges gardiens, Office des lectures.

FINALE

Voilà donc cinq semaines que j'ai commencé cette longue lettre sur la Création. J'ai dû conquérir le temps du travail sur bien d'autres occupations, avec quelques périodes plus longues, mais surtout avec des journées littéralement hâchées où il me fallait profiter d'une heure par ci par là. Aussi, je n'en reviens pas. Grâce à Dieu, tout s'est bien passé, même si le sommeil s'est trouvé parfois perturbé, et j'ai le cœur tout plein de joie. Joie d'avoir vécu cette rédaction comme un événement spirituel, parce que le Seigneur m'y appelait. Joie de t'avoir eu en face de moi tout au long, même sans te connaître. Joie d'avoir mieux compris, en la simplifiant, une doctrine que j'enseigne d'une façon plus « compliquée » ou plus fouillée. Joie d'avoir fini ce livre pour te l'expédier et passer à autre chose dans ma vie de prêtre.

Permets-moi de te faire un aveu. Avant de commencer, j'ai hésité un court instant sur la forme à adopter. J'avais un cours très documenté (je l'ai toujours), et la tentation de l'écrire avec un luxe de notes, non pas pour étaler mon savoir mais pour mieux fonder la doctrine auprès d'adultes réticents. Je ne l'ai pas fait. J'ai préféré écrire aux jeunes, dans le style qui leur convient. D'abord parce que c'est ainsi que mes livres s'écoulent le mieux; enfin parce qu'il me semble plus « astucieux » de contourner les adultes en m'adressant aux jeunes qui pousseront leurs aînés. Quantité de fois, en effet, certains quadragénaires ou quinquagénaires ont à la bouche le mot « rétro » : ils ne pourront plus l'utiliser lorsqu'ils constateront, de gré ou de force, que ce mot devient cocasse quand il désigne des gens de ton âge, plein de fougue et de vie, plein de sérieux aussi... « Le plus rétro des deux n'est pas celui qu'on pense ».

Mais trêve de facéties. Je suis sûr que ce petit livre t'aidera à mettre dans ta foi de la cohérence, des ligaments, des jointures. Tu sais, nous avons évoqué à peu près tout l'ensemble du Credo, du début jusqu'à la fin. Nous avons parcouru toute l'Économie du salut qui ne supporte aucune fracture. Nous avons réuni des points de doctrine qui semblaient n'avoir aucun lien. Voilà qui me semble capital.

Et puis, sans perdre notre sérieux, sans perdre non plus notre humour, nous sommes restés au bord de la prière, tellement tout cela est merveilleux et doit être vécu. Nous ne sommes jamais sortis de la nouvelle évangélisaiton, car tu as reconnu au passage la plupart des points sur lesquels les jeunes demandent de la lumière, même si certains haussent des épaules comme première réaction.

Au revoir donc, cher ami. J'attends ta lettre, si l'occasion s'en présente, et je te donne rendez-vous à la suite de l'histoire : le péché originel.

Voici mon adresse :

André MANARANCHE
42 rue de Grenelle
F. 75007 PARIS

Si tu veux dialoguer avec
André MANARANCHE,
tu peux le faire par Minitel
en tapant:
3615 code EPHATA
Rubrique: Des Chrétiens vivent

c'est aussi

UN MISSEL EN 3 VOLUMES

réunissant les textes liturgiques de la semaine et du dimanche, enrichi de prières quotidiennes, de méditations, etc.
Un livre indispensable au chrétien d'aujourd'hui.

TABLE DES MATIÈRES

Achevé d'imprimer en février 1990
sur les presses de Gedit — Tournai Belgique
N° d'édition 90013
1 édition.